KB117794

© Bob Adelman 글쓰기와 낚시를 하면서 말년을 보낸 포트엔젤레스 시절의 모습(1984)

영웅의 여행
화가 알프레도 아레구인이 암 투병 중인 친구 레이먼드 카버에게 선물한 그림. 카버가 암에 걸렸다는 사실을 알고 〈영웅의 여행〉이라는 제목을 붙여 카버와 테스 갤러거의 결혼 기념으로 선물했다. 카버의 마지막 시집 『폭포로 가는 새로운 길』의 속지 그림으로도 사용된 이 작품은, 물살을 힘차게 거슬러 올라가는 연어들을 전경에 배치하고, 산란을 마친 뒤 죽어서 떠나는 연어들의 모습을 후경에 희미하게 그려 넣었다.

© Alfredo Arreguín

카버 문학의 근원이 된 야키마

야키마는 워싱턴주 내륙의 광활한 산맥 아래에 위치한 도시로, 카버 문학의 뼈와 살과 피를 만든 곳이다. 이 소도시에서 카버는 어린 시절의 대부분을 보내며 노동자들의 소외되고 가난한 삶을 지켜보았고, 이는 줄곧 카버 문학의 핵심이 되었다. 그가 즐겼던 사냥과 낚시는 글쓰기와 더불어 위태롭고 암울한 집안 분위기에서 벗어날 수 있는 유일한 탈출구였다.

7 시러큐스

뉴욕주

: 주로 미국 서부의 워싱턴주와 캘리포니아주에 집중되어 있다.

카니에서 태어났지만, 세 살 때 가족 모두 워싱턴주 야키마로 이주하면서

부분을 보냈다. 궁벽하고 투박하여 늘 떠나고 싶어 했던 야키마이지만,

의 삶은 훗날 카버의 문학 세계로 흡수되었다.

크와 결혼한 그는 오랫동안 심각한 생활고와 알코올중독으로 고통받았다.

지기 시작하면서 대학 강단에 서게 되고 마침내 술도 끊었다.

머무는 동안 작가로서 최고 전성기를 보낸다.

'삶'과 '사람'과 '사랑' 사이에서 만나는 충돌과 고통에 이어

정이 될 것이다.

레이먼드 카버 생애와 문학의 공간

8 포트앤젤레스

워싱턴주

캐스케이드산맥

1 야키마

오리건주

3 홈볼트주립대학

캘리포니아주

2 치코주립대학

4 새크라멘토

6 쿠퍼티노

5 팰로앨토

카버가 남긴 삶의 흔적
카버는 오리건주 클래츠
그곳에서 어린 시절 대
이곳의 자연과 노동자들
10대의 나이에 메리앤
그의 작품이 서서히 알
그리하여 시러큐스에서
그를 따라가는 루트는
마침내 화해에 이르는

❶ 야키마 워싱턴주
카버가 어린 시절의 대부분을 보낸 곳

카버는 오리건주 클래츠카니에서 태어났지만, 곧바로 야키마로 이주하여 그곳에서 고등학교까지 마쳤다. 남북을 가로지르는 거대한 산맥 아래 광활한 계곡 지대에 위치한 이곳을 카버는 늘 떠나고 싶어 했지만, 이 소도시 노동자들의 가난한 삶과 광대한 자연은 카버의 살과 뼈와 피를 만든 소중한 문학적 자산이 되었다.

❷ 치코주립대학 캘리포니아주 치코
작가가 되기 위해 처음 들어간 대학

1958년, 카버는 치코주립대학 영문학과에 들어간다. 이곳에서 존 가드너의 세밀한 지도 아래 소설 창작의 기본적인 틀을 익히고, 읽어야 할 작가들과 '작은 잡지'들을 추천받으면서 문학의 세계로 깊이 들어간다. 카버는 '정직한 허구'를 강조한 가드너의 가르침 대부분을 자기 소설 미학의 핵심 요소로 받아들인다.

❸ 훔볼트주립대학 캘리포니아주 아르카타
새로운 경험을 하기 위해 들어간 대학

카버는 치코주립대학에서 2년을 보낸 뒤 어떤 이유에서인지 훔볼트주립대학으로 옮겨 간다. 처음에 그는 아르카타에 있는 학교에 다니면서 옆 타운인 유리카에 있는 제재소에서 일한다. 훔볼트주립대학에서는 리처드 데이를 사사한다. 그는 카버가 제출한 「매니아」를 보자마자 대단한 작가의 재목임을 알아보고 동료 작가로 줄곧 대접해준다.

❹ 새크라멘토 캘리포니아주
학교를 떠나 생활 전선과 마주한 곳

대학을 떠난 카버는 메리앤이 어렵게 주선한 교사직을 물리치고 백화점에서 완구 조립 일을 한다. 하지만 얼마 있지 않아 그 일에서마저 해고당하고 만다. 그 후 전기마저 끊기고 집세도 못 내어 가족이 흩어지는 등 최하의 생활을 이어간다. 카버가 본격적으로 술을 마시기 시작한 것도 이 시절부터다.

❺ 팰로앨토 캘리포니아주
편집자 고든 리시와 만난 곳

1967년, 카버는 《디셈버》를 운영하던 커트 존슨의 소개로 팰로앨토에 있는 한 교재 출판사에서 일하게 된다. 카버의 업무는 다양한 문학작품을 읽고 요약하는 것과 교재용 책자에 수록할 만한 작품을 골라 추천하는 것이었다. 한편 맞은편 건물에서 일하고 있던 편집자 고든 리시와도 이때 처음 만난다.

❻ 쿠퍼티노 캘리포니아주
처음으로 자기 집을 마련한 곳

카버의 작품이 메이저 잡지에 실리면서 대학에서도 강의 요청이 들어오기 시작한다. 캘리포니아주립대 샌타크루즈캠퍼스를 시작으로 몬태나주립대, 버클리대, 스탠퍼드대 등에서 제의가 들어온다. 이렇게 대학 사회에서 자리를 잡게 될 전망이 보이자 카버 가족은 쿠퍼티노로드에 처음으로 자신들의 집을 마련한다.

❼ 시러큐스 뉴욕주
작가로서 전성기를 보낸 곳

1980년, 카버는 마흔 살의 나이로 시러큐스대학에 교수로 부임하면서 소설가로서 전성기를 보낸다. 늘 주변부만 떠돌던 그가 처음으로 갖게 된 정규직 교수직이다. 오랫동안 그를 고통스럽게 했던 알코올중독이라는 긴 터널에서도 빠져나온 터다. 1983년까지 만 4년을 이곳에서 보낸다. 이전과는 모든 면에서 다른 삶이었다.

❽ 포트앤젤레스 워싱턴주
평생 원하던 삶을 누리며 생의 마지막을 보낸 곳

카버는 미국예술문학아카데미에서 제공하는 스트라우스 기금을 수령하게 되면서 미련 없이 교수직을 내려놓고 테스 갤러거와 함께 이곳으로 옮겨와 비로소 평생 원하던 삶을 누린다. 아침에 일어나면 한 편씩 시가 나왔고, 그의 명성도 높아지고 있었다. 그는 이 시절을 잘 구운 고기 위에 얹어 먹는 소스인 '그레이비'에 비유하기도 했다.

일러두기

— 단행본, 장편소설은 『　』, 단편소설, 희곡은 「　」, 신문, 잡지는 《　》, 미술, 음악, 영화 등의
　작품명은 〈　〉로 표기했다.
— 본문에 인용된 카버의 작품은 원저작권자의 허가 아래 저자가 직접 번역한 것이다.
— 카버의 작품집 중 『풋내기들』은 『사랑을 말할 때 우리가 이야기하는 것』에 수록된 작품
　들의 초고를 복원한 것이다. 두 판본 간 수록 작품의 제목이 서로 다른 경우에는 처음 등
　장할 때 함께 밝혀두었다.
　예) 「그에게 달라붙어 있는 모든 것」(『풋내기들』에서는 「거리」)
— 본문 인용문의 출처는, 레이먼드 카버의 작품일 경우에는 저자명 없이 제목과 쪽수만을,
　다른 저자의 책일 경우에는 저자명을 함께 밝혔다. 자세한 서지 사항은 참고 문헌에 밝
　혀 두었다.
— 외래어 표기는 국립국어연구원 외래어표기법을 따랐으나, 통용되는 일부 표기는 허용
　했다.

레이먼드 카버

×

고영범

삶의 세밀화를 그린 아메리칸 체호프

arte

카버의 손과 그의 타자기

안톤 체호프, 셔우드 앤더슨, 어니스트 헤밍웨이, 존 치버를 잇는 카버는 군더더기 없는 간결한 문체, 일상의 균열에 대한 예민한 포착, 부서지기 쉬운 삶에 대한 객관적 시선, 허를 찌르는 응집된 폭발력으로 미국 소설의 '뉴웨이브의 아버지'로 불리기도 했다. 이런 별칭에 대해 카버는 "난 내 아이들의 아버지일 뿐"이라고 했다.

© Bob Adelman

CONTENTS

삶과 사람과 사랑, 그 사이에서

내가 레이먼드 카버의 이름을 처음 들은 것은 로버트 올트먼 감독의 영화 〈숏 컷〉을 통해서였다. 올트먼은 한 명의 주인공을 내세우는 대신 각자 자기 관점을 가진 다수의 인물들을 설정하는 것을 좋아하는 감독이다. 그는 열댓 명에 달하는 주요 인물들 한 사람 한 사람의 이야기를 놓치지 않고 다루면서, 그 모든 이야기를 얼기설기 엮어 하나의 커다란 사회상을 만들어내는 흔치 않은 실력을 보여준다. 〈숏 컷〉은 이런 올트먼의 구성 방식이 가장 잘 드러난 작품이다.

영화에는 로스앤젤레스를 배경으로 각기 다른 형편과 상황에 처한 모녀, 가족, 부부 등 스무 명 남짓한 인물들이 등장한다. 이웃인 이들은 각각의 이야기 속 주인공인 한편, 이런저런 계기를 통해 다른 이야기 속 인물들과도 연결되어 있다. 올트먼이 이들의 비루하고, 끔찍하고, 슬프고, 음침한 이야기들을 한 줄로 느슨하게 꿰어 수면 위로 들어올린 뒤 하나의 커다란 스케치로 보여주는 솜씨는 이와 비슷한 구조를 갖춘 두 전작인 〈매시〉나 〈내슈빌〉과 비교해도 단연 발군이다.

이 큰 그림을 이루는 하나하나의 이야기는 또 얼마나 매력적인지. 어딘가 한구석이 비밀스럽게 망가져 있거나 어긋나 있는 듯하면서 동시에 매우 일상적인 느낌을 주는 인물들은 여느 블랙 코미디의 등장인물들과는 또 다른 무게감을 지니고 있다. 그들이 일으키는, 혹은 그들에게 벌어지는 사건들은 새로운 종류의 부조리극에 대한 가능성을 상상하게 만들었다.

원작이 있는 영화라도 그 원작을 일부러 찾아보는 일은 거의 없는 편인데, 이때는 조금 달랐다. 이 영화가 아홉 편의 단편소설과 한 편의 시를 각색한 작품이라는 사실을 알게 되고 나서는 각각의 소설들이 너무나 궁금해져서 원작자인 카버의 작품을 찾아 읽었다.

그 책에 수록된 소설 모두가 압권이었다. 어린아이의 죽음이라는 끔찍한 사건을 담고 있지만 그럼에도 따뜻한 시선으로 사건을 마무리하는 「별것 아닌 것 같지만, 도움이 되는」(『사랑을 말할 때 우리가 이야기하는 것』에서는 「목욕」)을 비롯하여, 건조하고 차갑고 간결한 다른 작품들도 하나같이 매력적이었다. 카버의 소설을 읽은 많은 이들이 그랬겠지만, 나 역시 대상으로부터 차가운 거리를 유지하면서도 동시에 단도직입적으로 치고 들어가는 문장들에 곧 매혹되었다. 마치 따귀를 때리듯이 서늘하고 매섭게 넘어가는 매 페이지의 문장마다 작가의 서명이 들어 있는 것 같았다.

영화 〈숏 컷〉(1993)의 한 장면

카버의 작품을 원작으로 한 로버트 올트먼 감독의 영화. 카버의 「이웃 사람들」 「별것 아닌 것 같지만, 도움이 되는」 등 단편소설 아홉 편과 한 편의 시를 각색한 이 영화의 영향으로 국내에서도 카버에 대한 관심이 일었다. 1996년 『숏 컷』이라는 제목의 카버 소설 선집이 국내에 출간되기도 했다.

카버에 대해 다시 생각하게 된 것은 미국으로 생활 터전을 옮기고 나서 얼마 지나지 않은 2009년 가을이었다. 라이브러리오브아메리카에서 레이먼드 카버 선집을 발간한다는 소식이 들려왔다. 이곳에서 책이 나온다는 것은 오래된 작품이든 최근의 작품이든 고전의 지위를 부여받는다는 것을 뜻하기 때문에 상당히 영예로운 일이다. 여기에 수록되는 판본은 일반적으로 해당 작품의 결정판이라고 여겨지게 된다.

그런데 카버의 어떤 작품들은 서로 다른 두 가지 판본이 나란히 실린다고 했다. 좀처럼 보기 드문 경우가 아닐까 싶었다. 그로부터 불과 한 달 뒤에 영국의 조너선케이프출판사에서 『풋내기들』이라는 카버의 새 작품집이 나왔는데, 이것은 그의 미발표 원고들을 모은 것이 아니라 『사랑을 말할 때 우리가 이야기하는 것』에 수록된 작품들의 초고를 복원한 것이었다. 이쯤 되니 매우 헷갈리는 동시에 어떤 상황인지 조사해보고 싶은 마음이 들었다. 무엇보다 『사랑을 말할 때 우리가 이야기하는 것』은 내가 그때까지 접했던 세 권의 카버 선집 가운데 가장 좋아하는 책이었다. 그런데 그것이 온전한 그의 것이 아니었다니.

그 내막은 이렇다. 카버의 편집자였던 고든 리시가 『사랑을 말할 때 우리가 이야기하는 것』의 편집 과정에서 거의 재창작에 가까울 정도로 원고에 손을 댔다는 사실이 이미 여러 해 전에 밝혀졌고, 그로 인해 '진정한 카버의 작품'을 둘러싸고 논란이 있었다는 것이다. 게다가 라이브러리오브아메리카에 작품 수록을 앞두고 카버의 두 번째 아내이자 유산 집행인인 시인 테스 갤러거가 『사랑을 말할 때

우리가 이야기하는 것』을 카버의 원고 그대로『풋내기들』이라는
책으로 재간행하기를 원하면서 논란이 더욱 심화되었다.

　작가가 사망한 후 작품 관리 권한을 물려받은 이들을 속칭 '불 관
리인fire keeper'이라고 부른다. 이들의 임무는 문자 그대로 타계한 작
가가 남긴 작품의 불이 꺼지지 않도록 관리하는 것이다. 갤러거는
가장 비타협적이고 열정적인 불 관리인 중 한 사람으로 알려져 있
다. 이런 갤러거가 쉽게 물러날 리 없었다.『사랑을 말할 때 우리가
이야기하는 것』의 판권을 보유한 크노프출판사가 난색을 표했음에
도 갤러거는 출판계에서 강한 영향력을 가진 에이전트 앤드류 와일
리를 고용하여 본격적으로 작업을 추진한다. 2009년에 드디어 조
너선케이프출판사에서『풋내기들』이라는 제목으로 책이 나오게
되고, 라이브러리오브아메리카 측에서도『사랑을 말할 때 우리가
이야기하는 것』과『풋내기들』판본을 함께 수록하기로 결정한다.
갤러거의 완전한 승리였다.

　그리고 바로 그 무렵, 캐롤 스클레니카가 쓴 평전『레이먼드 카
버』가 출간된다. 10여 년에 걸친 광범위하고도 치밀한 자료 조사
의 결과물로서 상당한 역작이라는 서평이 여러 매체에 실렸고,《뉴
욕타임스》에서는 그해의 '논픽션 베스트 10'으로 선정하기도 했다.
그 책을 처음 집어 들었을 때의 내 관심사는 앞에서 언급한 카버와
리시의 관계 같은, '문학사적 사건'이라 할 만한 것의 내막이었다.

　그러나 책을 읽어나가는 동안 그 생각은 급속히 사라졌다. 거기
에는 보험이 없던 시절 건강도 좋지 않은 터에 알코올에 빠져 살면
서 직장 생활도 제대로 하지 못하는 노동자 아버지를 둔 아이의 이

고든 리시가 수정한 카버 원고 교정지

고든 리시의 '카버 작품 편집'은 일대 문학사적 사건이었다. 1991년 편집자 리시가 『대성당』 이전의 카버 소설들을 거의 재창작에 가까울 정도로 수정했다는 사실이 밝혀지면서 진정한 카버의 작품을 둘러싼 논란이 일었다. 리시는 "카버는 내가 만들었다"라는 말을 공공연히 퍼뜨리고 다녔다.

야기가 있었고, 성년이 되고서도 여전히 자기 안에 남아 있는 아이를 위로하면서 그 아이를 고통으로 밀어 넣은 세계를 이해하기 위해 글을 쓰는 사내의 이야기가 있었다. 그 사내는 덩치 크고 어눌하며 수줍음을 잘 타는 데다 거짓말을 잘하고, 대체로 온순하지만 이따금 미친 듯이 분노했다. 그리고 그가 만들고 결국은 파괴하고 마는 한 가정의 이야기가 있었다. 그것은 나도 잘 아는 이야기였다.

평전이 잘 팔리지 않는다는 것은 익히 알고 있는 사실이었지만, 이 책은 꼭 여러 사람과 같이 읽고 싶어 번역에 착수했다. 번역 작업은 매우 흥미로운 '깊이 읽기'의 과정이 되기도 한다. 우선 이 책에서 언급되고 있는 동시대 작가의 작품들을 같이 읽어나갔다. 일차적으로 카버가 높이 평가한 동시대 작품들이 어떤 것이었는지, 당시 작가들이 서로 무엇을 주고받았는지를 파악하는 것이 필요해서 시작한 일이었지만, 이 작업은 결국에 가서는 내가 여태 접해보지 못한 새로운 독서의 광맥이 되어주었다.

미국 문단에서는 카버를 선두에 세운 이 시대를 '미국 단편소설의 르네상스'라고 부른다. 당시 영미 문학계에서 가장 중요한 문예지 가운데 하나로 떠오르던 《그란타》가 1983년 여름 호에서 "더러운 리얼리즘dirty realism"이라고 적절하게 명명한 이 일련의 작품들은, 대부분 미국 노동계급 서민들의 모습을 보여주었다. 나는 이들의 작품에서 1980년대 한 시대를 풍미하다가 아무런 뒷소문도 남기지 않고 사라져버린 우리의 노동 문학, 만약 우리가 그만두지 않았더라면 여러 가닥의 문학적 연장선 위에 놓였을 법한 이야기를 떠올렸다.

번역을 마치고 나서 나는 옮긴이의 말에 이런 글을 남겼다.

스클레니카는 카버의 유년 시절에 대해 이렇게 썼다. "작가가 되었을 때, 그렇게 귀여움을 받던 그 아들은 컬럼비아강가에서 보낸 그 기간을 아버지의 '월급 시절'이라고 불렀다." 아버지가 안정된 직장을 떠나 정기적으로 월급을 받아 오지 못하던 시절을 경험해본 이라면 이 문장의 의미를 알 것이다. 개개인의 불안정한 경제 생활에 대해 어떤 사회적 안전망도 없던 시절, 아버지의 '월급 시절'과 그렇지 않은 시절은 삶의 안과 밖을 의미하는 것이었다. 저자는 카버의 삶이 삶의 바깥에서 안을 들여다보는 것이었다는 말로 이 책을 시작하고 있는 셈이었다. 이는 '작가와 편집자와의 관계' 따위와는 비교가 안 될 정도로 내게는 무척이나 낯익은 이야기였고, 다시 한번 문학의 깊은 심연을 들여다보는 일이었다. (…)

카버는 아버지가 알코올중독으로 죽어가는 모습을 지켜보았고, 본인도 그렇게 죽어가는 과정을 겪었으며, 그런 자기를 비웃던 딸 역시 같은 과정을 겪는 모습을 고통스럽게 지켜보다가 세상을 떠나게 된다. 저자는 카버의 문학이 이 고통의 순환을 드러내는 일이었고, 그 연원을 들여다보는 일이었으며, 그것으로부터 벗어나려는 노력이었고, 무엇보다 오래전에 사라진 아버지의 '월급 시절'을 회복하려는 안간힘이었고, 마침내 그 모든 과정을 견뎌내고 그 견뎌냄 자체가 자신의 성취였다는 것을 깨달은 자가 내놓은 인생에 대한 송가였다고 설명한다.

— 캐롤 스클레니카, 『레이먼드 카버』, 934~935쪽, 939쪽

그리고 몇 년이 지난 지금, 나는 다시 한번 문학의 심연을 들여다
보고 그의 인생에 대한 송가를 되감아 들어보고 있다. 대학 때 선생
님 한 분은 우리말에서는 삶과 사랑과 사람이 모두 하나의 어근 '살'
에서 시작하기 때문에 무엇이 삶이고, 무엇이 사랑이고, 무엇이 사
람인지 따로 고민하거나 질문을 던지지 않는다고 종종 말씀했다.
학문적으로 얼마나 근거가 있는 이야기인지, 심지어 농담인지 진담
인지도 모르겠지만 말이다.

우리말과는 아무 관계도 없는 카버의 삶과 문학을 놓고 이야기를
시작하려는 자리에서 이 말을 떠올린 것은, 실은 언어권을 막론하
고 이렇게 자연스럽게 붙어 있어야 할 '삶'과 '사람'과 '사랑'이 결렬
되고 또 말라붙고, 그래서 고통받은 것이 카버의 삶이고, 그 고통의
기록이, 그 결렬의 봉합 가능성을 보려 한 것이 그의 문학이라고 생
각하기 때문이다.

나는 이제부터 그가 살았던 지역들을 여행하면서 그가 경험했던,
혹은 촉발했던 결렬의 지도를 그려볼 생각이다. 그 결렬의 틈들에
고여 있는 무언가가 있을 것이다. 그것들을 들여다보면서 결과적으
로 나의 세계를 들여다보는 눈 또한 조금 더 깊어질 것이라는 기대
를 가지고 있다. 그렇게 됐을 때, 그 결렬의 너머 다른 무언가를 보
려 했던, 만년의 그가 천착했던 세계에도 조금 더 가까이 다가갈 수
있을 것이다.

01

카버의 나라로 가는 길

그레이비 같은 마지막 10년

카버는 1938년 5월 25일 미국 오리건주의 클래츠카니라는 조그
만 타운에서 태어나, 1988년 8월 2일 워싱턴주 바닷가에 위치한 소
도시인 포트앤젤레스에서 죽었다. 불과 50년의 짧은 생애였다.

당시 미국 서부 시골 동네의 아이들이 대개 그랬듯이, 카버도 열
살 무렵에 흡연과 음주를 시작했다. 그는 「운」이라는 시에서 이렇
게 쓴다.

　　난 아홉 살이었다.
　　평생을 술 근처에서
　　살았다. 내 친구들도 마셨지, 하지만 걔들은
　　술에 지지 않았다.
　　우린 담배, 맥주,
　　여자애들 두엇을 데리고

아지트로 가곤 했다.

—「운」, 『불』, 54쪽

그러고는 사이좋게 술 담배를 나누면서 서로의 신체에 대한 진지한 탐구 활동을 벌이는 것이다. 열 살도 안 된 꼬맹이들이.

이렇게 유년 시절에 술 담배를 시작한 카버는 평생을 골초로 살았고, "술에 지지 않았"던 친구들과 달리 20대 중반부터 심각한 알코올의존증을 보이다가 30대 후반에는 그로 인해 사경을 헤맸다. 카버는 거듭된 실패 끝에 목숨을 잃을 위기를 넘기고 나서야 간신히 술을 끊을 수 있었고, 이후의 삶을 줄곧 "덤으로 사는 인생"이라고 표현했다. 덤으로 산 기간은 고작 10년을 넘지 못했다.

그는 알코올의존증이 심하던 10년 동안의 자신을 "나쁜 레이먼드", 술을 끊은 후의 자신을 "착한 레이먼드"라 불렀고, 고기를 좋아했던 그답게 착한 레이먼드로서 산 10년을 고기에 얹어 먹는 그레이비에 비유하기도 했다. 잘 구운 고깃덩어리에 끼얹은 풍요롭고 깊은 맛의 그레이비 같은 10년을 살고 난 뒤 그는 결국 폐암이 뇌까지 전이되어 세상을 떠났다. 그가 죽음을 목전에 두고 쓴 시 「그레이비」를 읽어보자.

다른 말로는 안 돼. 왜냐면 딱 그거였거든. 그레이비.
그레이비, 지난 10년.
살아 있었고, 취하지 않았고, 일을 했고, 사랑했고, 또
훌륭한 여자에게 사랑받은. 11년

전에 사내는 이런 식으로 가다간 여섯 달 정도

더 살 거라는 소리를 들었지. 그때 사내는

내리막길로만 가고 있었어. 그래서 사내는 어찌어찌

사는 방법을 바꿨지. 사내는 술을 끊었어! 그리고 나머지는?

그 뒤로는 죄다 그레이비였어, 매 순간이, 사내가, 그러니까,

어떤 게 쪼개져서 다시 사내의 뇌 속에서 자라나고 있다는

그 말을 듣던 순간까지 포함해서. "날 위해 울지 마",

사내가 친구들한테 말했어. "난 운이 좋은 사람이야.

나나 다른 사람들 누구나 예상한 것보다

10년을 더 살았어. 진짜 그레이비지. 그걸 잊지 마."

　　—「그레이비」,『폭포로 가는 새로운 길』, 118쪽

　그레이비는 어떻게 만드는가. 미국 교외에 살면서 그릴을 자주 사용하는 이들은, 바비큐 소스 만드는 비법 하나 없는 집안은 제대로 된 집안이 아니라는 우스갯소리를 곧잘 한다(바비큐 소스 제조법이 대개 '부계 전승'이라는 점을 생각할 때, 이 말은 단순히 화목한 가정을 뜻하는 것만은 아닐 것이다). 그레이비 역시 바비큐 소스만큼이나 가가호호 다양한 제조법을 자랑한다. 그 모든 레시피에 공통적으로 들어가는 재료가 있는데, 바로 고기를 구울 때 나오는 육즙이다. 소금과 후추로만 간을 해서 구운 고기는 그것대로, 간단하건 복잡하건 양념에 재웠다가 구운 고기는 또 그것대로 굽는 과정에서 육즙이 나오게 마련이다. 육즙이란 따지고 보면 결국 날고기가 익는 과정에서 나오는 피와 기름을 비롯해 마치 땀을 흘리듯 배어나는 체액을 말

RAYMO

May 25, 1938 — Au...

Poet, Short Story Writer, Essayist

LATE FRAGMENT

And did you get what
you wanted from this life, even so?
I did.
And what did you want?
To call myself beloved, to feel myself
beloved on the earth.

카버의 무덤 머릿돌에 새겨져 있는 시 「그레이비」

카버는 심각한 알코올의존증으로 죽음의 고비를 넘기고 30대 후반에야 금주에 성공한다. 술을 끊은 후 평생 원하던 삶을 살았던 후반 10년을 그는 잘 구운 고기에 얹은, 깊은 풍미의 그레이비에 비유했다.

CARVER

GRAVY

No other word will do. For that's what it was. Gra
Gravy, these past ten years.
Alive, sober, working, loving, and
being loved by a good woman. Eleven years
ago he was told he had six months to live
at the rate he was going. And he was going
nowhere but down. So he changed his ways
somehow. He quit drinking! And the rest?
After that it was all gravy, every minute
of it, up to and including when he was told about,
well, some things that were breaking down and
building up inside his head. "Don't weep for me,"
he said to his friends. "I'm a lucky man.
I've had ten years longer than I or anyone
expected. Pure gravy. And don't forget it."

하는 것일 텐데, 여기에 각종 양념을 더해 만드는 것이 그레이비다. 오래 구워지는 과정에서 어쩔 수 없이 육즙이 빠져나가게 되는 로 스트는 그레이비를 곁들이지 않고는 그 풍미를 제대로 느끼기 어렵 다. 그렇다, 그레이비는 저렴한 고기를 오래 구워서 나온 육즙을 주 재료로 조리되며, 다시 그 저렴한 고기를 좀 더 먹을 만한 것으로 만 들어주는 역할을 한다. 좀 무례한 느낌이 들긴 하지만 카버 본인이 사용한 것이니 이 유비를 조금만 더 밀고 나가보자.

카버는 어느 모로 보나 질 좋은 고기는 아니었다. 제재소 노동자 의 집안에서 태어난 그는 어린 시절의 대부분을 야키마라는 서부의 분지 소도시에서, 그것도 화장실조차 갖추어지지 않은 열악한 주거 환경에서 보내야 했다. 채 스무 살도 되기 전에 결혼을 해 두 아이를 가진 가장이 된 뒤로는 40대에 접어들기 전까지 얼마간의 예외적 인 기간을 빼고는 한 주 벌어서 그다음 주를 근근이 버티는 생활을 견뎌야만 했다. 작가는 극심한 가난의 고통 속에서 단련된다는 것 이 일반적인 신화이지만, 그것은 신화가 되고 난 뒤의 이야기일 뿐 대부분의 작가들은 그 과정에서 파괴되고 만다. 몇 가지 행운과 그 것을 놓치지 않으려는 처절한 노력이 없었더라면 카버 역시 인상적 인 초기작 몇 편만을 남기고 사라진 수많은 작가들 가운데 한 명으 로 남고 말았을 것이다.

따지고 보면 고기가 구워지는 과정이란 열이 가해지면서 원래의 단백질 조직이 파괴되어 새로운 조직으로 바뀌어가는 것을 의미한 다. 카버는 그 뜨거운 변화의 매 변곡점들에서 침묵하기도 하고, 비 명을 지르기도 하고, 술의 힘으로 견디기도 하고, 그러다 결국에는 술 때문에 아무것도 할 수 없는 지경에 처하기도 하면서 근근이 살아남아 그 시간들을 관통했고, 그 지난한 과정을 통해서 자신의 남은 삶을 풍요롭게 할 육즙을 만들어냈다.

변방에서 중심으로

카버는 40대에 비로소 대학에서 자리를 잡는 한편 구겐하임재단의 지원금을 받아 안정된 생활을 누리기 시작했다. 또한 그가 마흔셋이 되던 1981년에 간행된 『사랑을 말할 때 우리가 이야기하는 것』은 세간에 화제를 불러일으키며 단편집으로는 드물게 상업적인 성공을 거두었다.

성공한 작가의 반열에 올라선 카버가 제일 먼저 한 일은 큰 집과 벤츠 자동차를 사는 것이었다. 얼핏 가난한 사람들의 이야기를 써서 성공한 작가의 타락처럼 보일 수도 있겠으나, 주변 지인들의 증언에 따르면 카버는 그와 관련하여 특별히 갈등을 느끼지는 않았던 것 같다. 그 이유에 대해 본인이 정색을 하고 이야기한 것을 찾지는 못했지만, 주변 사람들의 이런저런 인터뷰를 통해 몇 가지를 추측해볼 수는 있을 것 같다.

우선 돈벌이와 소비에 관대한 미국의 사회적 분위기를 들 수 있겠다. 카버는 서부의 변방에서 태어나서 교육받은 소위 '촌놈'이었다. 그런 그가 세련된 미니멀리스트적 문체를 사용하는 현대적 작가로 추앙받게 된 아이러니에는 흥미로운 연유가 있다. 이와는 별

개로 카버 본인은 부유하고 유명한 사람에 대한 미국 촌놈다운 선망을 줄곧 품고 살았다.

카버가 원한 것은 사회적으로 존경받으면서 돈 걱정 없이 풍요로운 환경에서 쓰고 싶은 만큼 쓰고, 낚시와 사냥을 즐기며 사는 것이었다. 그러기 위해서는 장편소설을 써야 했다. 카버도 그 사실을 잘 알고 있었다. 단편소설과 시만 써서는 생계를 유지하기 어려울 뿐만 아니라 진지한 작가로 존경받기도 어려웠다. 장편소설을 쓰려면 일단 생계가 해결되어야 하고 집필에 집중할 수 있는 환경을 갖추어야 하는데, 예나 지금이나 작가에게 그런 환경을 제공해주는 곳은 전 세계 어디를 막론하고 대학뿐이다. 다시 말해 작가는 먼저 대학에 정규직을 얻어 안정적인 집필 환경을 마련해야 한다.

그러나 교수를 채용하는 대학의 입장은 달랐다. 미국 대학의 문예창작과 교수직이란, 학위보다 작가로서의 실적과 명성을 더 중요한 평가 기준으로 삼는 자리였다. 즉, 작가 입장에서는 명성을 얻을 작품을 쓰기 위해 교수직이라는 안전판이 필요한 데 반해, 대학 입장에서는 이미 명성을 얻은 작가가 필요했다. 우리라면 창과 방패의 고사를 빌려서 말하고, 미국인이라면 조지프 헬러의 소설 제목을 빌려 '캐치-22'라고 부르는 고약한 상황이었다.

결국 카버에게는 한 가지 길밖에 없었다. 자신이 쓴 단편소설을 모아 유수의 출판사에서 책을 내 유명해지는 것이었다. 그러기 위해서는 전국에 배포되는 잡지에 작품을 발표해야 했다. 주류 잡지로부터 청탁을 받기 위해서는 일단 소규모 문예지에 작품을 자주 발표해서 작품성을 인정받아야 했고, 그러기 위해서는 자기 색채가 분명한 작품을 써야 했다. 소위 '상업적인' 성공을 위해서라도 자기가 가장 잘 쓸 수 있는 이야기를 써야 했다는 것인데, 그랬기 때문에 카버로서는 성공을 누리는 것에 별다른 갈등이 없었던 게 아닐까? 자기 자신을 배신하지 않고 일구어낸 성공이니까 말이다.

가난한 집안에서 태어나 평생 고생만 하다가 비로소 약간의 명성을 얻고 살 만해지자마자 세상을 떠나기는 했지만, 카버가 평생토록 운이 나쁘기만 한 것은 아니었다. 군대 문제만 놓고 봐도 한국전쟁 때는 너무 어려 징집 대상자가 아니었고, 베트남전 때는 이미 나이가 많았기 때문에 그는 치명적인 두 전쟁을 모두 피할 수 있었다. 그뿐만 아니라 카버는 병역을 기피하고도 별다른 처벌을 받지 않았다. 미국은 제2차 세계대전 참전 시점부터 베트남전의 종전에 이르는 기간까지는 전시가 아닐 때에도 일종의 징병제를 유지하고 있었다. 카버는 캘리포니아주와 워싱턴주를 번갈아 옮겨 다니는 동안 전출신고만 하고 전입신고는 하지 않음으로써 군 복무를 회피했다. 병역 기피는 미국에서도 물론 큰 범죄 행위지만 당시에는 주州 군사당국 간 연락망이 엉성했기 때문에 별다른 문제없이 넘어갈 수 있었다.

카버의 행운은 이것만이 아니었다. 카버는 대학원을 한 학기밖에 다니지 않았지만 약간의 거짓말과 주변 친구들의 도움으로 대학에서 강의를 맡을 수 있었고, 결국에는 작품의 성공에 힘입어 시러큐스대학의 종신 교수직을 얻는 데 성공했다. 요즘 같아서는 있을 법하지 않은 이야기이지만, 병역 기피와 학력 위조라는 범죄를 작품의 성공으로 덮은 셈이다. 술에 얽힌 온갖 만행이 예술가적 기행으

© Bob Adelman

뉴욕 시러큐스 시절의 카버

카버는 1981년 출간된 『사랑을 말할 때 우리가 이야기하는 것』이 화제를 일으키고, 시러큐스 대학의 종신 교수직을 얻음으로써 40대에 이르러 성공한 작가의 반열에 올라선다. 그는 미국 서부 변방에서 태어나 교육받은 '촌놈'이었지만, 세련된 미니멀리스트적 문체로써 현대 미국 단편소설의 르네상스를 이끈 작가로 추앙받는다.

로 포장되어 전해 내려오는 것과 더불어 지나간 시대의 흔적이라고나 할까?

이것으로 끝이 아니었다. 카버는 시러큐스대학에서 종신 교수직을 얻자마자 미국예술문학아카데미에서 제공하는 스트라우스 기금의 수혜자로 선정되어 5년 동안 비과세로 매년 3만 5000달러씩 받게 되었다. 현재 화폐 가치로 환산하면 약 8만 8000달러 정도이고, 우리 돈으로 1억이 넘는 액수다. 거액은 아닐지 몰라도 집필에만 집중하기에는 충분한 금액이었다. 5년간 기금을 수령한 후 성과에 따라 5년 더 연장해 받을 수 있는 이 기금에는, 수령 기간 동안 급료를 받는 직업을 가질 수 없다는 규정이 있었다. 실제로 기금을 연장해 받은 예는 없었지만, 어쨌거나 카버는 미련 없이 종신 교수직을 던진다. 교수직이라는 것이 애당초 장편소설을 쓸 안정적인 환경을 얻기 위해 필요한 것이었으니, 5년이라는 시간을 얻게 된 다음에야 무슨 필요가 있었겠는가. 모험이라면 모험이겠지만, 5년 동안 열심히 쓰다 보면 또 다른 길이 열릴 것이라는 믿음이 있었을 것이다. 무엇보다도 카버는 몇 년 후를 내다보는 계획을 세워본 적이 없는 사람이었다. 글을 쓰고 발표하다 보면 그것이 길을 뚫어주었고, 그 뒤를 따라 걷는 것이 그의 방식이었다.

뉴욕주 시러큐스를 떠나 서부 워싱턴주의 포트앤젤레스로 옮긴 카버는 장편을 쓰겠다는 생각을 버리지는 않았지만 거기에 매달리지도 않았다. 쾌적한 환경에서, 시만 써서는 생활이 어려울 수 있다는 불안감 없이 낚시에 몰두하면서, 일단 시상이 떠오르는 대로 매일 한두 편씩 시를 '뽑아내는' 일에 주력한다. 이 당시 카버의 홀가

분한 심정은「논쟁」이라는 시에 잘 나타나 있다.

　　오늘 아침 나는

　　나 자신에 대한 책임감, 출판사에 대한

　　의무, 그리고

　　내 집 아래를 흐르는 강물로 이끌리는 내 마음

　　사이에서 갈등하고 있다. 겨울을 맞아

　　올라오고 있는 무지개 송어,

　　이게 문제다. 이제 곧

　　동이 틀 것이고, 때는

　　밀물이다. 이 사소한 딜레마가

　　발생하고, 머릿속에서 논쟁이

　　벌어지고 있는 동안에도 고기는

　　강을 향해 올라오고 있다.

　　이봐, 나는 살 거야, 그리고 행복할 거야.

　　어떤 결정을 내리든 간에.

　　　─「논쟁」, 『울트라마린』, 111쪽

　이 시에서 화자는 일을 해야 할지 낚시를 가야 할지 갈등하고 있
는데, 이는 물론 즐거운 고민이다. 시의 말미에서 말하듯이 이 '내부
논쟁'에서 어떤 결론이 나오든 행복한 것이기는 매한가지다.

　그러나 강을 끼고 있는 바닷가 소도시에서 누린 이런 행복한 생
활, 완벽한 그레이비의 상태는 불행히도 5년을 간신히 채우고는 끝

나고 만다. 스트라우스 기금을 받고 부와 명성을 동시에 누리며 지낸 지 4년째 되던 해, 카버는 폐암을 선고받았고 이듬해에 세상을 떠났다.

카버를 말할 때 우리가 이야기하는 것

카버는 우리에게 소설가로 알려져 있지만, 글을 쓰기 시작한 후로 항상 시와 소설 창작을 병행했다. 비록 간이 출판물 형태이기는 했지만, 최초로 출간된 그의 작품집도 『클래머스 근처』라는 작은 시집이었다. 그의 첫 번째 소설집인 『제발 조용히 좀 해요』는 두 번째 시집 『겨울 불면증』이 나오고 나서도 몇 해나 더 지나서, 세 번째 시집 『밤에 연어가 움직인다』가 출간된 해에 나왔다.

카버는 이 세 권의 시집 말고도 생전에 주요 출판사에서 세 권의 시집을 더 냈다(그중 한 권은 몇 편의 산문과 단편소설을 함께 엮은 것이다). 그의 사후에 출간된 한 권까지 포함하면 모두 일곱 권의 시집을 세상에 선보인 셈이다. 첫 세 권은 나중에 나온 시집들에 모두 재수록되었는데, 평생 총 306편의 시를 내놨으니 과작의 범주는 넘어섰다고 할 수 있겠다.

한편 작가로서의 명성은 소설로 얻은 것임에도 장편소설은 한 편도 쓰지 않았을 뿐만 아니라, 단편소설도 그리 많지 않다. 그의 생전에 출간된 소설집은 『제발 조용히 좀 해요』와 100여 쪽 분량의 소책자 형태인 『분노의 계절』을 포함해 『사랑을 말할 때 우리가 이야기하는 것』『대성당』, 그리고 기존 작품집의 수록작 중 몇몇 작품을 추려낸 것에 신작 일곱 편을 더해서 펴낸『내가 전화를 거는 곳』이 렇게 다섯 권이고, 편수로는 산문, 시, 소설을 함께 엮은 선집에 수록된 것들을 포함해 총 73편이다.

카버가 상대적으로 시를 많이 쓰기는 했지만, 그렇다고 해서 그를 전통적인 의미의 '시인'으로 칭하는 것은 조금 망설여진다. 카버의 시와 소설을 일본어로 번역한 무라카미 하루키는「문학 동지」라는 글에서 "당신의 어떤 시들은 단편소설 같고, 어떤 단편소설은 시같다"라고 말하기도 했는데, 그의 시들은 대개 소설들과 출발점을 공유하고 있다. 이야기 형태로 발전하기 전의 아이디어나 상황의 스케치를 담고 있어서 그의 소설과 완전히 분리해서 생각하기 어렵기 때문이다.

다른 한편 카버가 남긴 시들은 그가 가족을 비롯하여 자신을 둘러싸고 있는 외부 세계, 자신의 생각과 삶, 자신이 글을 쓰는 행위를 어떻게 바라보는지를 이해하는 데 더없이 긴요하다.

제 단편소설들이 더 잘 알려져 있지만, 전 제 시를 사랑합니다. (시와 단편의) 관계요? 제 단편과 시는 둘 다 짧습니다. (웃음) 저는 두 가지를 다 같은 방법으로 쓰는데, 그 효과도 비슷한 것 같습니다. 둘 다 언어와 감정을 압축시키는데, 그런 것은 장편소설에서는 찾아보기 어렵죠. 제가 자주 하는 얘기지만, 단편소설과 시는 단편소설과 장편소설의 관계보다 더 가깝습니다.

—《파노라마》에 실린 인터뷰 중 (1986. 3.)

카버와 그의 동생 제임스

카버는 글의 소재를 가족을 비롯해 자신의 주변에서 찾았다. 자녀들은 카버가 자신들의 이야기를 다루는 시선과 방식에 절망하고 분노했다. 반면 카버의 동생 제임스(오른쪽)는 형의 작품 속에서 묘사된 가족의 모습이 실제와는 상당히 거리가 있다고 주장했다.

시가 됐든 소설이 됐든 카버는 주변에서 소재 혹은 사소한 실마리를 취한 다음에 그것을 오랜 기간에 걸쳐 풀어내고 가공하는 식으로 글을 썼다. 카버 본인은 실제로 있었던 일을 그대로 작품화한 적은 없다고 늘 주장했지만, 주변 사람들의 생각은 그렇지 않았다. 그의 가족, 특히 아들과 딸은 아버지의 글을 읽을 수 있게 되고 나서부터 아버지가 작품 속에서 다루는 가정사가 자신들의 이야기라고 생각했고, 그 안에서 자기들을 바라보는 시선과 방식에 절망하고 분노했다. 카버는 그런 반응 때문에 자기 작품의 방향을 바꾸려 하지는 않았다. 그의 첫 번째 아내 메리앤은 아이들과 달리 카버의 입장을 전적으로 옹호하는 편이었지만, 남편과 친한 동료 작가가 카버의 첫 작품집 표제작이자 아내의 외도를 의심하는 사내의 이야기를 다룬 「제발 조용히 좀 해요」가 실제 있었던 사건을 바탕으로 한 것인지 그녀에게 물었을 때는 미소를 지으면서 자기 이마에 난 상처를 가리키기도 했다.

그런가 하면 카버의 동생인 제임스는 형이 각종 에세이와 소설, 심지어 인터뷰 등을 통해서 묘사한 가족의 모습이 실제와는 상당한 거리가 있다고 주장했다. 그들의 부모는 폭력적인 사람이 아니었을 뿐만 아니라 두 형제를 살뜰하게 챙겼고, 집안 형편 역시 아버지가 직업을 잃기 전까지는 윤택했으며, 알코올의존자로 묘사된 아버지 역시 심각한 알코올 문제를 가지고 있지 않았다는 것이다. 또한 작품집 『내가 전화를 거는 곳』에 수록된 「코끼리」에는 형에게 돈을 빌리고 갚지 않는 동생이 나오는데, 제임스는 자신이 잠시 어려웠던 시절 형한테 돈을 빌린 적이 있는 건 사실이지만, 카버가 자기에게

갚는 대신 어머니께 드리라고 해서 그렇게 했다고 주장했다.

그가 세상을 떠나고 30년도 더 지난 지금, 어디까지가 사실이고 어디부터 과장되고 왜곡된 것인지 우리로서는 알 도리가 없다. 설사 알고 싶어서 추적해본다 해도 우리가 발견하게 되는 것은 사실 자체가 아니라, 카버와 관련된 사람 숫자만큼이나 많은 수의 다양한 판단과 서로 다른 기억일 것이다. 여기서도 우리는 카버의 삶과 그의 주변 사람들, 특히 그가 사랑했던 사람들 사이의 복잡한 연결 방식을 다시 한번 들여다보게 된다. 이 관계에서 오해와 결렬은 이해와 사랑만큼이나 중요한 내용을 가지고 있다. 다만 우리에게는 그가 경험하고 만들어낸 관계들의 위태로운 결렬을 애써 그려내려 했다는 사실을 기억하는 것이 중요할 뿐이다.

학력 위조의 연대기,
레이먼드 카버-토바이어스 울프-타블로

이 세 사람은 대체 어떤 인연으로 이렇게 한데 묶이게 된 것일까? 카버는 캘리포니아주 훔볼트주립대학에서 학사 과정을 마치고 난 뒤, 아이오와대 대학원의 창작 프로그램에 입학한다. 1963년 가을의 일이다. 그러나 그는 아이오와에서 두 번째 겨울을 맞이하기 전에 캘리포니아로 철수한다. 예술사 학위 취득에 필요한 60학점은커녕 일반 석사 학위 취득에 필요한 30학점에도 한참 못 미치는 12학점만 수료한 상태였다. 그러나 몇 년 뒤 대학에서 강의할 기회가 생겼을 때, 카버는 자신이 아이오와대 창작 프로그램을 졸업했다고 기재한다. 명백한 학력 허위 기재였다.

카버가 '더러운 리얼리즘'을 선도한 또 한 명의 작가인 토바이어스 울프를 알게 된 것은, 울프의 형 조프리가 1976년 《뉴욕타임스》에 카버의 첫 소설집 『제발 조용히 좀 해요』에 대한 우호적인 서평을 쓰면서부터다. 울프는 다섯 살 때 부모가 이혼한 뒤 재혼한 어머니를 따라 워싱턴주의 콘크리트라는 삭막한 이름의 소도시로 옮겨 갔다. 그곳에서 그

토바이어스 울프

는 자기보다 나이 많은 의붓형제들과 불편한 동거 생활을 하면서 전형적인 시골 불량소년으로 살아간다. 그러다가 부모가 이혼할 때 헤어진 형 조프리에게 연락을 받는다.

조프리의 성장 환경도 그리 만만하지는 않았던 것 같다. 그는 가난한 아이들에게 기숙사비를 포함해 전액 장학금을 제공하는 유수의 사립학교들이 있다는 사실을 알게 된다. 그리하여 그 제도를 활용해 초트로즈메리홀이라는 기숙학교에 들어간 후 마침내 프린스턴대학에 진학한다. 조프리는 동생에게 연락해 자신이 택한 것과 같은 방법으로 그곳을 빠져나오라고 조언한다.

그러나 중학교 시절을 엉망진창으로 보낸 울프로서는 형의 조언을 실천할 가능성이 전혀 없었다. 이때 그는 불량소년다운 방법을 찾아낸다. 야간에 학교 사무실에 잠입하여 각종 서류 양식을 훔쳐낸 것이다. 울프는 그것들을 토대로 성적표와 추천서를 비롯한 모든 서류를 위조하고, 읽다 보면 눈물이 철철 흐를 수밖에 없는 감동적인 자기소개서를 써내어 전액 장학금을 받고 펜실베이니아주에 있는 명문 사립 기숙학교인 힐스쿨에 입학한다. 뒤에 서류 조작 사실이 발각되면서 결국 퇴학 처분을 받았지만, 그는 재학 중에 잡지사에서 일하면서 시인 로버트 프로스트를 만나기도 하는 등 문학적 소양을 키워나간다.

한국의 삼인조 그룹 에픽하이의 리더인 타블로가 스탠퍼드대학 졸업이라는 학력을 위조했다는 의혹이 제기된 적이 있다. 이 의혹은 타블로 본인이 해명을 거듭할수록 더욱 매섭고 파괴적으로 부풀려져 일파만파 번져나갔고, 급기야 한 방송국에서 직접 스탠퍼드대학까지 가서 학적부를 확인하는 망신스러운 지경에 이르렀다. 이때 방송에 등장한, 타블로의 과거 지도 교수가 바로 토바이어스 울프다. 그는 1980년부터 카버와 같이 뉴욕주 시러큐스대학에서 가르치다가 1997년에 스탠퍼드대학으로 옮겨 갔다.

울프는 한국의 제작진에게 타블로가 자신의 학생이었다는 사실을 확인해준 뒤 한 권의 책을 들고 포즈를 취한다. 본인의 사진이 표지에 실려 있는 소설집인 『우리의 이야기가 시작된다』였다. 지금 타블로의 학력이 가짜가 아니라는 증언을 하고 있는 자기가 가짜 울프 교수가 아니라는 것을 증명하기 위해서였다.

이미 음악으로 인정받은 유명 가수가 음악과는 전혀 무관한 학력 때문에 의혹을 사고 있고, 그 때문에 온 나라가 들썩이고 있다는 사실을 들었을 때, 그는 무슨 생각을 했을까? 정작 실제로 학력을 위조했던 그의 옛 친구 카버는 이미 명예롭게 인생을 마감했고, 자신역시 자서전을 통해 그 모든 사실을 밝혀놓고도 스탠퍼드대학의 교수로 재직하고 있는데 말이다.

아버지의 월급 시절

카버 문학의 고향 야키마

야키마 시절의 두 가지 소원

　야키마는 미국의 가장 북서쪽에 위치한 워싱턴주 내륙의 소도시
다. 주도인 시애틀에서 내륙으로 약 250킬로미터 정도 떨어져 있으
니 그곳과 그리 먼 거리는 아니지만, 미국 북서부 지방을 남북으로
가로지르는 캐스케이드산맥 너머에 있기 때문에 바닷가의 도시 시
애틀과는 기후나 토양, 문화가 모두 다르다. 시애틀에서 태어난 마
이크로소프트, 아마존, 스타벅스, 너바나로 상징되는, 즉 컴퓨팅, 자
동화, 소박하고 거칠지만 그 자체를 세련되게 표현해낸 감수성 같
은 것과는 전혀 관계없는 투박한 서부가 펼쳐지기 시작하는 곳이
바로 여기다. 지도상의 위치만 놓고 봐도 정말이지 먹을 것도 재미
있는 일도 없고, 분위기는 퍽퍽할 것만 같은 동네.
　카버의 기원을 찾아가는 여정에서 야키마는 피해갈 수가 없다.
그는 오리건주에서 태어나기는 했지만 그 후에 바로 야키마로 이주
했고, 이곳에서 고등학교까지 마쳤다. 그러니 야키마는 카버의 뼈

와 살과 피를 만든 곳이다.

거대한 산맥 아래에 위치한 야키마는 광활한 계곡 지대라 물이 풍부하고, 따라서 전통적으로 농업과 목재 산업이 발달했다. 한마디로 시골인데, 철두철미하게 자본주의적인 나라답게 미국의 시골에서는 그 넓은 땅에서 지역 토양에 가장 알맞은 작물 몇 가지만을 재배한다. 야키마의 기후와 토양은 농업 중에서도 과수 농업, 특히 사과 농사에 가장 적합하다. 그 외에도 홉과 민트도 많이 재배해서 사과와 더불어 미국 내 생산량 1위를 차지한다. 맥주는 아니고 맥주 원료만 1등이다. 카버가 자라던 1950~1960년대에 과수 농업과 더불어 이 지역의 양대 산업을 이루었던 목재 가공업은 이후 점차 축소되다가 2010년을 넘기지 못하고 완전히 사라졌다.

카버의 어릴 적 소원은 두 가지였다고 한다. 하나는 야키마를 떠나는 것이고, 다른 하나는 작가가 되는 것이었다. 어니스트 헤밍웨이를 동경하던 아이답게 카버는 작가가 되려면 이야깃거리가 있어야 한다고 믿었다. 이야깃거리를 찾으려면 새로운 일이라고는 아무것도 벌어지지 않는 야키마를 떠나야 한다는 결론에 도달했다. 그러니 야키마를 떠나는 일이 결국은 그의 유일한 목표였다고 봐도 좋을 것이다.

야키마에 가본 이라면 어린 레이먼드 카버의 심정을 충분히 이해할 수 있을 것이다. 쇠락한 모텔들을 지나 시내로 들어서면 중심 도로라 할 수 있는 길에서 가장 큰 위세를 떨치는 업체가 자동차 판매상임을 쉬이 알 수 있다. 같은 규모의 다른 소도시들에서는 대개 중심가에서 조금 벗어난 위치에 몰려 있는 업종이다. 인터넷 쇼핑이 보편화되면서 가장 먼저 타격을 받은 곳은 지방 소도시의 대형 소매상점들이다. 야키마에 있던 백화점은 상권이 좀 더 잘 발달되어 있는 인접 소도시로 옮겨 갔다. 대형 소매상점 없이 아기자기하고 예쁜 작은 상점들로 다운타운을 꾸려나가는 소도시들도 있지만, 야키마는 그런 곳이 아니어서 시내 전체가 쇠락한 느낌을 준다. 야키마에서는 할 것도 먹을 것도 별로 없다.

그렇다고 야키마 방문에서 아무런 소득을 거두지 못한 것은 아니다. 카버가 경험했던 가난, 평생 주변 사람들이 놀려댔던 그의 몰취향적 성향, 그리고 몇 겹이나 되는 두꺼운 덮개 밑에 감정을 숨긴 무심한 태도 같은 것, 그러니까 카버 문학에서 두드러지는 '없는 것들'의 연원이 지금도 이 소도시에는 그대로 남아 있었다. 며칠에 불과한 짧은 체류였지만 그 연원을 실감할 수 있는 시간이었다.

묵묵히 밀고 가는 무겁고도 엉성한 삶

미국인들은 대도시는 진정한 미국이 아니라고 말한다. 대체 진정한 미국은 어떤 곳인가? 대도시 몇 개를 제외한 미국적 삶의 가장 두드러지고 공통된 특성을 찾는다면 그것은 아마도 '심심함'과 '단조로움'일 것이다. 해가 뜨면 일과를 시작하고, 해가 지면 '일제히' 귀가함으로써 집 밖에서의 활동은 막을 내리는 규칙성. 주중에는 일을 하고, 금요일 저녁이면 어김없이 외출하거나 파티에 참석하고, 토요일에는 야외 활동을 하고, 일요일에는 집에서 휴식을 취하는 규칙성. 주거지역과 상업지역이 엄격히 구분되는 획일성. 이 규칙성과 심심함, 단조로운 생활 패턴은 사람들을 스포츠와 독서, 음악 같은 취미 생활로 이끌기도 하지만, 술이나 마약 같은 자기 파괴적인 것들로 유도하기도 한다.

카버는 어린 시절부터 스포츠를 제외한 여러 유혹에 중독 수준으로 빠져들었다. 그렇게도 야키마를 벗어나고 싶어 했건만 야키마에서 형성된 성격을 버리지 못했고, 본격적으로 글을 쓰기 시작하면서부터는 오히려 야키마 사람들, 혹은 그들과 전혀 다를 바 없는 소도시 노동자들 속으로 더욱 깊이 파고들었다. 그리고 그들의 삶은 카버 문학의 핵심이 되었다. 카버의 이야기들에 등장하는 인물, 사건의 느슨한 호흡과 리듬, 그 인물들이 힘겹지만 묵묵히 살아내는 무거운 삶의 분위기 같은 것은 아마도 야키마가 그에게 지운 질곡인 동시에 그대로 카버의 문학적 자산이 된 셈이다.

카버가 야키마에서 보낸 어린 시절의 기억을 바탕으로 쓴 소설은 「아무도 아무 말도 하지 않았다」 「60에이커」 「멍청이」(『사랑을 말할 때 우리가 이야기하는 것』에서는 「우리 아버지를 죽인 세 번째 이유」) 세 편이 있다. 이 중 「60에이커」는 야키마 인디언 보호 구역에 사는 인디언을 화자로 해서 쓴 것이고, 「멍청이」는 아버지와 아버지의 직장 동료가 주인공인 소설이다. 어린 시절의 자신을 소재로 다룬 것은 「아무도 아무 말도 하지 않았다」가 유일하다. 이 작품의 대략적인 내용은 이렇다.

일인칭 화자인 아이가 아침에 잠에서 깨어 엄마가 우는 소리를 듣는 것으로 이야기가 시작된다. 곧이어 아빠가 문을 쾅 닫으며 집

어린 시절 카버의 가족사진

카버가 열 살 무렵, 어머니(가운데), 동생 제임스(오른쪽)와 함께 찍은 사진. 아버지가 캐스케이드제재소에 다니던 시절, 카버 가족은 한동안 안정된 생활을 누렸다. 하지만 그의 작품에서 그려진 가족은 이와 달랐다. 「아무도 아무 말도 하지 않았다」에서 묘사된 것처럼 하루를 싸움으로 시작해서 싸움으로 마감하는 모습이었다.

카버의 아버지가 일한 캐스케이드제재소

카버의 아버지는 캐스케이드제재소에서 톱날 다루는 기술자로 일했다. 이 제재소는 이곳 주민들의 삶을 지탱시켜주는 터전이었지만, 전성기인 1980년대를 지나면서 자동화에 밀려 많은 실직자들을 낳고는 문을 닫았다. 훗날 작가가 된 카버는 컬럼비아강 근처에서 보낸 이 시절을 아버지의 '월급 시절'이라고 불렀다. 어떤 사회적 안전망도 없던 시절, 아버지의 월급은 곧 삶의 유일한 버팀대였던 것이다.

을 나가고, 엄마는 아이를 깨워 학교에 보내기 위해 방으로 들어온다. 아이는 배가 아프다는 핑계로 결석해도 좋다는 허락을 받고는 엄마가 나가는 즉시 미리 엄마 손가방에서 훔쳐놓은 담배를 피우고, 텔레비전을 보면서 자위행위를 한다. 그러고 나서 샌드위치를 만든 다음 사냥칼과 낚시 도구를 챙겨 버치크리크로 향한다. 빨간 차를 모는 젊은 여자가 아이를 태워준다. 아이는 여자와 섹스를 하는 상상을 한다. 아이는 그 개울에서 두 자가 넘는 크기의 괴이한 녹색 송어를 본다. 낯선 아이와 함께 사투 끝에 물고기를 잡아 반으로 나눈 뒤 의기양양하게 그것을 집으로 가져온다. 집에서는 아이의 부모가 말다툼을 하고 있다. 아이는 자랑스럽게 물고기 반 토막을 보여주지만 부부는 합세해서 아이를 구박한다.

이 이야기에서 가장 두드러지는 것은 부부의 불화다. 그들은 아이가 아직 일어나기도 전인 이른 시간부터 다투고 있는데, 아이에게는 그리 낯선 풍경이 아닌 듯하다. 아이가 하루의 모험을 마치고 돌아올 무렵에도 부부는 여전히 싸우고 있다. 아이는 자신의 놀라운 수확물로 인해 부모가 화해에 이르는 작은 기적을 기대하지만, 그런 일은 벌어지지 않는다.

카버 가족은 그의 아버지가 아직 안정된 직장을 가지고 있던 1946년, 그러니까 카버가 여덟 살 되던 해에 야키마의 남15가 1505번지에 처음으로 집을 샀다. 빈민가에 있는 데다 화장실은 실외에 딸린 집이었지만, 아버지의 직장인 캐스케이드제재소가 자리 잡은 야키마강에서 그리 멀지 않은 곳이었다.

카버의 아버지는 철도 회사에서 잠시 화부火夫로 일했던 시절을 제외하면 줄곧 캐스케이드제재소에서 톱날 다루는 기술자로 일했다. 부유함과는 거리가 있는 직업이었지만 같은 직종에 종사하던 다른 친척들은 상당히 안정된 생활을 누리고 있었고, 카버 가족의 생활수준 또한 조금씩이나마 나아지고 있었다. 그러나 카버가 작품에서 묘사한, 그의 기억 속 가정은 그 반대의 길을 가고 있었다. 카버의 부모는 「아무도 아무 말도 하지 않았다」에 묘사된 것처럼 하루를 싸움으로 시작하여 싸움으로 마감했다.

쇠락한 도시, 야키마

카버 가족의 첫 번째 집은 그가 다녔던 제퍼슨초등학교에서 아이들 걸음으로 10분이면 닿을 거리에 있었다. 카버의 집으로 가는 내내 동네 개들이 사납게 짖어댔다. 평일 낮인데도 몇몇 집에서는 러닝셔츠 차림의 사내들이 현관문 앞에 나와 집 앞을 지나가는 동양인 남자를 지켜봤다. 먼저 인사를 건네도 아무런 반응이 돌아오지 않았다.

난 이런 사내들을 잘 안다. 미국에서는 한때 산업 지대였던 소도시 어디를 가든 이런 사내들을 볼 수 있다. 만만하게 보이지 않기 위해 애쓰는 자들. 위협적으로 보이고 싶어 하지만 실은 스스로가 쉽게 위협을 느끼는, 외부로부터의 모든 자극을 도전으로 받아들이고 싶어 하고 그 도전에서 자기를 보호해줄 수단은 자신의 육체밖에 없다고 믿는 사람들. 폭력의 가능성이 담배 연기처럼 항상 몸 주위를 떠돌고 있고, 그것을 삶의 기본 방식으로 삼아버린 사람들. 그런 태도의 시작은 아마도 아무런 대안 없는 상황에서 갑작스럽게 맞닥 뜨린 실직이었을 것이다.

카버가 살던 골목 쪽으로 가까이 가자 차창이 깨진 채로 세워져 있는 구형 쉐보레 자동차가 보였다. 나중에 찾아보니 1991년에서 1993년 사이에 생산된 차종이었다. 저런 고물에서 뜯어 갈 게 뭐가 있다고 유리를 깼을까 싶었는데, 자세히 보니 앞창이 아니라 뒤창 이 깨져 있었다. 라디오라도 뜯어 가려 한 게 아니라 차 안에 놔둔 소소한 물건을 탐냈던 것일 거다. 이 정도면 그저 가난한 동네를 넘 어서서 우범지대가 되어가고 있는지도 모르겠다.

동네가 이 정도로 빈곤화된 것은 미국 제조업이 처한 상황의 영향 이 크다. 이 동네 주민들이 생업의 터전으로 삼아온 캐스케이드제재 소는 1957년에 본격적인 합판 제작에 들어갔다. 사업은 1980년대 에 정점에 이르렀지만, 미국 내 대부분의 제조업체들이 그랬던 것 처럼 캐스케이드 역시 공정의 자동화를 통해 노동자 수를 반으로 줄였다. 이후 값싼 중국산 합판에 밀려 업종을 전환한 뒤에는 기신 기신 명맥만 이어가다가, 2006년에 남아 있던 노동자 225명을 해 고한 뒤 완전히 문을 닫았다. 1980년대 말부터 차곡차곡 쌓여온 이 실직자들은 예전 같았으면 다른 제조업을 찾아 미국 내의 다른 지역 으로 이동했겠지만, 다른 지역에도 일자리가 없는 것은 마찬가지였 다. 버클리대 노동연구교육센터에서 2016년 5월에 발표한 자료에 따르면, 미국 전 지역에서 제조업이 붕괴하면서 실업자가 된 노동자 들은 대개 살던 곳에 그대로 눌러앉아 빈민화되었고, 그 결과 노동자들 세 명 중 한 명은 사회보장제도에 의지해 살고 있다고 한다.

카버 가족의 집은 지금도 그 자리에 있었다. 엉성한 본채에 뭔가를 덧대어 만든 집. 처음 찾아갔을 때 그 집에는 아무도 없었다. 집 앞에서 잠시 서성거리고 있자니 옆집 개들이 맹렬히 짖어대기 시작했고 사내 하나가 집 밖으로 나와 나를 지켜봤다. 옆집에 용건이 있어서 왔다고 말을 하는데도 사내는 팔짱을 풀지 않고 위협적으로 나를 계속 지켜보기만 했다. 그 사내가 내게 직접 위해를 가하지는 않았으니 운이 아주 나쁜 편은 아니었는지도 모르겠다.

오후 늦게 다시 그 집을 찾았다. 가능하다면 집의 안팎을 꼭 둘러보고 싶었다. 카버는 이 집에서 초등학교 시절을 다 보냈으니, 아마도 이 집이 「아무도 아무 말도 하지 않았다」의 배경이 되었을 것이다. 집으로 이어지는 이 황량한 길은 바로 시 「운」에서 아홉 살 카버가 술과 담배를 들고 또래 친구들과 함께 계곡의 아지트로 향하던 바로 그 길이다.

벨을 누르자 자그마한 중년 여성이 나왔다. 멕시코계로 보였지만 악센트가 거의 없는 영어를 구사하고 있었다. 야키마의 주요 산업인 사과나 홉 농장의 노동자들이 1980년대 이후로는 거의 남미계 이민자로 대체되었다는 자료를 읽은 사실이 떠올랐다. 용건을 말하자 그 여성은 이웃들과 여러 분쟁이 있어서 집에 낯선 사람을 들일 수가 없다고 했다. 납득하기 어려운 이유여서 다시 한번 물었다. 여인은 가늘게 한숨을 쉬더니 자기도 너무 골치가 아프다고, 그래서 어떤 식으로든 잠재적으로 문제가 될 만한 행동은 하고 싶지 않다고 말했다. 집 안을 보여주지 않기 위한 변명으로 보기에는 무척 독특했다. 그녀가 구체적으로 설명해주지는 않았지만, 내가 자기 집 앞에 서 있는 것을 누가 보는 것조차 꺼릴 정도였으니 이웃들과 겪고 있는 갈등이 해결하기 쉬운 일은 아닌 것이 분명해 보였다. 카버 가족이 이 집을 매입할 때만 해도 계약 조건에 "향후 25년 동안 백인종이 아닌 인종에게는 집을 팔지 않는다"는 조항이 있었다. 카버의 부모가 그 집을 매입한 뒤 25년의 두 배도 넘는 시간이 흘렀지만, 여전히 유색인종이 집을 소유하는 것을 달가워하지 않는 분위기가 있는 것일까? 믿기 어렵지만 그럴 수도 있을 것이다.

서비스직을 제외하면 이제 야키마에 남은 산업은 농업밖에 없다. 중남미계 노동자들이 농업 일자리를 접수한 것은 이미 오래전의 일이다. 실업자가 되고 실질적인 취업 포기자가 된 야키마의 백인 노동자들이 중남미계 노동자인 이웃과 갈등 관계를 형성하고 있을지도 모른다는 것은 그렇게 무리한 짐작이 아니다.

그 여성에게 자세한 사정을 듣고 싶었지만 처음 만난 사람이 캐물을 만한 내용은 아닌 것 같았다. 아쉬운 대로 자리를 떠나기 전에 그녀에게 카버라는 작가에 대해 이야기해주었다. 여인은 즐거워하기는커녕 별 흥미를 느끼는 기색도 없이, 그래도 이곳을 빠져나가 제대로 산 사람이 있다니 다행이라고 말했다.

아무도 잠들지 못한 집

우리 시대 제조업 노동자들이 처한 암울한 상황과는 달리, 1940년대 말에서 1950년대 백인 제조업 노동자들의 고용은 훨씬 안정적인 상태였다. 물론 그전에도 중부와 동부, 남부 유럽으로부터 이민자들이 유입되었고, 그전에는 독일과 북유럽으로부터의 이민이, 그전에는 해방 흑인 노예의 북상이, 그전에는 아일랜드로부터의 이민이 있었다. 그때마다 인종 간, 출신지 간의 일자리 다툼과 반목이 이어졌다. 그러나 카버 부친의 몰락에는 최소한 이런 이유는 없었다. 꾸준히 직장 생활을 하던 그의 아버지가 끊임없이 경제난을 겪었던 것은 술 때문이었을 가능성이 크다. 이런 정황을 다룬 시가 몇 편 있다. 그중에서 「멜빵」이라는 시를 읽어보자.

엄마는 말했다, 맞는 벨트가 없다고 그러니
다음 날 학교에 멜빵을 메고 가야 할
거라고. 멜빵을 메고 오는 2학년짜리는 없다,
다른 학년에도 없다. 엄마는 말했다,
메고 가지 않으면 내가 메어줄 거야, 난
더 이상 시끄러워지는 걸 원치 않았다. 그때 아빠가 뭐라고 말했다. 아빠는
우리 작은 오두막집 한 칸 방을 거의 다 차지한 침대에
누워 있었다. 아빠는 우리한테 조용히 하라고, 내일 아침에 해결하면 안 되겠냐고
물었다. 아침 일찍 출근해야 되는 거
모르냐고? 아빠는 내게 물 한 컵 떠오라고
부탁했다. 실컷 퍼마신 위스키 때문이야, 엄마가 말했다. 위스키가

몸의 물을 말려버리는 거야.

나는 싱크대로 가서는, 왜 그랬는지 모르겠지만,

비누 풀린 설거지물을 가져왔다. 물을 마시고 나서 아빠가 말했다,
거 물맛 참

이상하구나, 애야. 물 어디서 떠 왔니?

싱크대에서요, 나는 말했다.

난 네가 아빠를 사랑하는 줄 알았다, 엄마가 말했다.

사랑해요, 사랑해요, 나는 말했다, 싱크대로 가서 비눗물에

물컵을 담갔다가 두 컵이나 마셨다 오로지

그들에게 보여주려고. 아빠를 사랑해요, 난 말했다.

그랬지만 바로 그때 그 자리에서 속이 뒤집어질 거 같았다. 엄마가
말했다,

내가 너라면 정말 부끄러울 거다. 어떻게 아빠한테

그럴 수가 있니. 그리고, 분명히 말하는데, 내일 꼭 메야 돼

그 멜빵, 아니면 그냥. 아침에 말 안 들었다간

머리카락을 다 뽑아줄 테니까. 멜빵 메기

싫어요, 나는 말했다. 메야 될걸, 엄마가 말했다. 그 말과 함께 엄마는
멜빵을 들어 내 맨다리에 채찍질하기 시작했다. 내가

울면서 방 안을 팔짝팔짝 뛰어다니는 동안. 아빠는

그만두라고 소리쳤다, 제발, 그만둬. 머리가 아파 죽겠다고, 거기다
더러운 비눗물까지 마셨더니 배가

아프다고. 다 애 덕분이지, 엄마가 말했다. 그때 누군가가

우리 옆 오두막 벽을 두들기기 시작했다. 처음에는

주먹으로 치는 것 같았다 ─쾅─쾅─쾅─ 그러더니

누군진 모르겠지만, 대걸레 아니면 빗자루로 바꿔

들었다. 이런 빌어먹을, 자란 말이야! 누군가가 소리쳤다.

관두란 말이야! 우린 그렇게 했다. 불을 끄고

침대에 들어가자 조용해졌다. 고요함이 집에 찾아왔다

아무도 잠들지 못하는 집으로.

───「멜빵」,『폭포로 가는 새로운 길』, 40쪽

초등학교 2학년인 아이는 비만인 탓에 벨트가 맞지 않아 멜빵을 메야 한다. 엄마는 술에 취해 물을 찾는 남편과 멜빵을 메지 않겠다고 고집을 부리는 아이 사이에서 돌아버릴 지경이고, 아빠는 아빠대로 숙취와 소음으로 죽을 맛이다. 아이는 아이대로 괴롭다. 엄마가 소리를 질러대는 것도 싫고, 멜빵을 하고 가서 아이들한테 창피를 당하는 것도 싫고, 엄마와 아빠가 다투는 것은 더 싫다. 아빠만 멀쩡하다면, 아빠가 술을 마시지 않고, 집안에 문제를 일으키는 대신 문제가 생겼을 때 그것을 조정하는 역할을 해줄 수 있다면 엄마는 저렇게 펄펄 뛰지 않아도 될 것이다. 엄마는 많은 것을 아빠에게 맡길 수 있을 것이고, 그래서 어쩌면 좀 더 행복할 수 있을 것이고, 그러면 아이에게 덜 가혹할지도 모른다. 아마도 그게 아이가 바라는 일일 것이다.

그러나 그런 일은 벌어지지 않는다. 아이뿐만 아니라 아빠 역시 가벼운 나뭇조각처럼 허약하다. 아이는 아빠를 사랑하면서도 증오한다. 그 두 가지가 중첩되자 아이는 아빠가 원하는 것을 갖다주기

카버와 그의 아버지

카버의 아버지(위)는 꾸준히 직장 생활을 했음에도 술로 인해 집안을 늘 위태롭게 했다. 하지만 그런 가운데서도 아들을 문학 통신강좌에 등록할 수 있게 함으로써 카버(아래)가 평생 붙들고 살게 될 작가의 길로 가는 작은 물꼬를 터주었다. 그뿐만 아니라 단조로운 생활에 질식하지 않게 사냥 장비도 마련해주어 동네에 사는 사냥꾼에게 부탁해 주말 사냥에 카버를 데려가게 했다.

는 하되 못 먹는 것을 갖다준다. 금방 탄로 날 짓을 왜 할까? 그러지 않고는 견딜 수가 없었기 때문일 것이다. 그리고 그랬기 때문에 아이는 스스로를 처벌해야 한다. 아이는 아버지에게 갖다주었던 비눗물을 자기도 그것도 두 배로 마신다. 평화로운 안식으로 접어들어야 할 저녁 무렵의 방 안은 지옥이 된다. 그 책임은 세 사람 모두에게 있다. 가장을 포함해 누구도 그 지옥을 제어할 능력이 없을 때, 주도권은 외부로 넘어간다.

카버가 중학교 1학년이 됐을 때, 가족은 좀 더 나은 집으로 이사한다. 침실이 두 개 있고, 주변 환경도 더 안정된 집이다. 앞마당도 제법 번듯하다. 「멜빵」의 마지막 연은 마치 옆집에 사는 누군가가 카버 집의 벽과 맞닿아 있는 벽을 두들긴 것 같은 인상을 주지만, 두 집 모두 그럴 수 있는 구조로 보이지는 않았다. 벽을 두들기는 소리는, 아마도 어린 화자가 스스로를 그렇게 느꼈던 것처럼, 온 집이 가벼운 판자 조각으로 지은 것처럼 엉성하다는 것을 드러내기 위해 카버가 만들어낸 장치일 것이다. 누군가 주먹으로만 두들겨도 흔들리고, 조금만 더 세게 흔들면 방어할 사람도 없이 무너질 그런 상태 말이다.

카버 가족은 새로 이사한 집에서 몇 년 살지도 못하고 쫓겨나야 했다. 아마 아버지의 알코올의존증이 심해진 결과일 것이다. 수입도 줄어들고 더 이상 융자금을 갚지 못하는 상태가 되자 집을 비워주어야 했던 것이다. 이후로 카버의 부모는 두 번 다시 집을 갖지 못했다.

두 개의 탈출구

카버에게 이 위태로운 집안으로부터 탈출할 구멍이 전혀 없었다면 아마 우리는 지금 그의 이름을 알지 못했을 것이다. 카버에게는 술 말고도 두 개의 탈출구가 더 있었는데, 바로 야키마의 광대한 자연과 글쓰기였다.

야키마는 미국 북서부의 캐스케이드산맥 바로 아래쪽에 자리 잡고 있다. 산과 벌판, 물이 두루 있는 천혜의 조건을 갖춘 지형이다 보니 오래전부터 원주민이 터를 잡고 살아왔던 곳이다. 야키마라는 이름도 이곳에 살던 여러 부족의 연합체인 '야카마네이션Yakama Nation'에서 따온 것이다. 지금도 도시 바로 남쪽으로 광막한 야키마 인디언 보호 구역이 있다. 원주민을 화자로 한 단편 「60에이커」의 배경이 된 곳이다. 작품에 나타난 바에 따르면 이 보호 구역은 백인들이 몰래 숨어들어 사냥을 하거나 혹은 아예 돈을 내고 사냥터로 빌릴 정도로 오리 사냥에 적합한 곳이다.

보호 구역 외에도 사방으로 사냥이나 낚시를 할 곳은 많다. 일단 록키산맥에서 발원해 그랜드쿨리댐을 지나 야키마를 우회하여 오리건주의 포틀랜드까지 흘러가는 컬럼비아강 유역 여기저기에 훌륭한 사냥터와 낚시터가 많이 있고, 캐스케이드산맥 등성이도 마찬가지다. 이 풍요로운 자연환경은 항상 암울한 집안에서 살아야 했던 카버에게는 축복이었다. 「아무도 아무 말도 하지 않았다」의 화자처럼 카버는 늘 낚싯대를 끼고 살았고, 주말이면 같은 동네에 사는 사냥꾼 샌드마이어를 따라 산으로 들로 나다녔다. 아이러니하게도 이 '주말 행사'를 주선한 이가 바로 가정을 위태롭게 만든 주범인 카버의 아버지였다. 그는 아들이 불안한 가정과 단조로운 생활에 질식하지 않도록 사냥 장비를 마련해주었고, 샌드마이어에게 주말 사냥을 나갈 때마다 카버를 데려가달라고 부탁했다.

사냥은, 야키마의 단조로운 일상의 대척점에 서 있었던 헤밍웨이도 즐긴 것이었다. 카버는 헤밍웨이처럼 사냥에 빠져들었고 그것에 관해 글을 쓰는 일에 빠져들었다. 가난한 주정뱅이 아버지는 아들이 할리우드에 있는 파머작가학교에서 주관하는 수업료 25달러짜리 통신강좌를 들을 수 있게 지원해줌으로써 또 하나의 작은 물꼬를 터주었다. 이 강좌는 대중잡지에 팔릴 만한 단편소설을 써내는 것을 목표로 하는 열여섯 단계의 강의와, 기존 작품들에 대한 분석, 그리고 과제들로 구성되었다. 학생이 우편으로 과제물을 보내면 파머작가학교 측에서는 빨간색 펜으로 코멘트를 적어 돌려보냈는데, 여러 사람의 증언에 따르면 상당한 내실이 있는 강좌였다고 한다.

사냥과 낚시가 아니더라도 야키마 인근에는 수려한 경관을 즐길 만한 이름난 곳이 꽤 있는데, 그중에서도 해발 4000미터의 레이니어산국립공원은 압권이다. 야키마 스카이라인 트레일을 따라 걷다가 사방을 모두 내려다볼 수 있는 가장 높은 곳에 오르면 거기가 바로 웨나스 봉우리다. 카버의 시 「웨나스 능선」의 배경이 된 곳이다. 이 시에서 카버는 바람이 골짜기 안에서 요동치며 강으로 빠져나가는 순간을 이렇게 표현했다.

나는 그때, 앞으로 올 어느 시절보다 더 살아 있다고, 생각했다.

그러나 내 인생은, 수많은 급커브들을 품고, 저 앞에 놓여 있었다.
　—「웨나스 능선」,『두 개의 물이 하나로 합쳐지는 곳』, 35쪽

정상에 올라선 카버는 살아 있음을 가장 격렬한 방식으로 느낀다. 그러나 앞으로 다가올 삶은 그가 그 자리에서 느끼던 생동감과는 전혀 다른 종류의 것이다. 앞서 걷던 한 아이가 외마디 비명을 지르고는 정신없이 욕을 내뱉는다. 방울뱀이다.

뚱뚱한, 어두운 색의 뱀이 일어서고 있다. 노래를 부르기 시작한다.
　—「웨나스 능선」,『두 개의 물이 하나로 합쳐지는 곳』, 35쪽

방울뱀은 몸을 꼿꼿이 세우고는 특유의 소리를 내면서 아이를 공격한다. 공격은 실패로 돌아가고 뱀은 바위틈으로 사라져버렸지만, 하느님의 도움을 구하면서 산을 내려오던 카버는 문득 자기 안에서 뱀이 하느님보다 더 큰 힘을 가지고 있음을 깨닫게 된다.

나를 계속 믿어, 뱀이 말했다, 왜냐면 나는
돌아올 거니까.
　—「웨나스 능선」,『두 개의 물이 하나로 합쳐지는 곳』, 35쪽

그러고 나서 시는 이렇게 이어진다.

난 벗어났어, 안 그래? 하지만 어떤 일인가가 일어났다.

웨나스 능선

미국 북서부에서 가장 인기 있는 트레일 코스에 속하는 야키마 스카이라인 트레일을 따라 걷다가 만나게 되는 가장 높은 곳이 웨나스 봉우리다. 카버는 이곳을 배경으로「웨나스 능선」이라는 시를 쓰기도 했는데, 정상에서 골짜기를 내려다보며 "내 인생은, 수많은 금커브들을 품고, 저 앞에 놓여 있었다"라고 표현했다.

나는 내가 사랑한 여자애와 결혼했다, 그러나 그 애의 인생에 독을
풀었다.

거짓말이 내 가슴속에서 똬리를 틀기 시작했고, 그곳을 자기 집이
라고 불렀다.

　　—「웨나스 능선」, 『두 개의 물이 하나로 합쳐지는 곳』, 35쪽

교만함 때문에 뱀을 만났고 그 뱀으로부터 도망쳤지만, 공포로
인해 그 뱀이 자기 안에서 커다란 존재감을 가지게 되었다는 것을
깨닫고 결국에는 자신이 뱀이 되어 사랑하는 이의 인생에 독을 풀
게 되었다는 인식의 변화는, 그 흐름이 진행될수록 독성이 더 강해
질 수밖에 없다. 이 시는 이렇게 마무리된다.

하지만 이건 누군가의, 무엇인가의 책임이야.

지금도, 그때나 마찬가지로.

　　—「웨나스 능선」, 『두 개의 물이 하나로 합쳐지는 곳』, 35쪽

자기 자신을 공포의 객체로부터 공포를 일으키는 주체, 즉 악으
로 전환시키고 난 뒤에 책임을 물을 또 다른 누군가를 찾는 행위는
절망적인 발악으로 보인다. 에덴의 동산에서도 근본적인 문제는 사
과를 건넨 뱀이 아니라 그것을 원한 사람에게 있었던 것이 아니겠
는가. 카버가 자기 안에서 발견한 이 괴물은 그의 윤리성이기도 할
것이고, 동시에 그가 아버지에게서 발견한, 그러나 차마 입 밖에 내
지는 못한 무언가와 유사한 어떤 것인지도 모르겠다.

어린 카버에게 사랑이란 것이 결코 간단치 않은 감정이라는 것을, 어쩌면 따스함과 배려에서부터 시작해 증오, 연민, 외면하고 싶은 욕망까지 삶의 모든 국면을 장악할 수 있는 괴물일 수도 있다는 것을 일깨워주고, 동시에 카버가 평생 붙들고 살게 될 두 개의 길을 열어준 아버지. 술로 인해 자신과 가족을 파괴한 아버지는 결국 캐스케이드제재소라는 직장을 잃었고, 고등학교와 중학교에 다니고 있는 두 아들과 아내를 놔둔 채 캘리포니아 북부 산간 지역에 있는 제재소에 일자리를 얻어 혼자 떠났다. 거기서 그의 알코올의존증은 본격적으로 심화된다.

수많은 급커브들을 품고

아버지가 떠나던 무렵, 카버는 그가 평생 동안 "자신의 목숨보다 사랑"하기도 하고 증오하기도 하고 연민하기도 한, 그리고 무엇보다도 그가 작가가 될 수 있도록 헌신적으로 뒷받침해준 여자 메리앤 버크를 만난다. 어머니가 웨이트리스로 일하던 도넛 가게에 들렀다가 그곳에서 여름방학 동안만 일하던 메리앤을 만난 것이었다. 그녀가 열다섯 살, 카버가 열일곱 살 때였다. 나이는 두 살 차이였지만, 메리앤이 초등학교 때 한 학년을 월반해서 학년상으로는 한 학년 차이였다.

상당히 영특했던 메리앤은 부잣집 아이들이나 다니던 사립 여학교에 장학금을 받고 다니면서 변호사가 되기를 꿈꾸는 소녀였다. 그러나 고등학교 3학년 2학기 때 자신이 임신했다는 사실을 알게 되면서 메리앤은 인생의 진로를 180도 바꾸게 된다. 당시는 10대 여자아이들이 임신을 한 채로 대학에 가기는 어려웠지만 결혼을 하는 일은 드물지 않았고 대체로 너그럽게 받아들여지던 시대였다. 두 사람은 카버가 살던 동네에 있던 성미카엘성공회교회에서 결혼식을 치르고, 동네 의사의 진료실을 청소해주는 조건으로 같은 건물 지하에 신혼살림을 꾸렸다. 그러나 이 행복하고 더 바랄 나위 없는 두 사람만의 아름다운 시간에도 그림자는 있다. 바로 시간 그 자체다. 카버는 이 시절을 다룬 시 「여자가 물가에 있다」에서 "시간은 퓨마 같은 것"이라고 썼다. 완벽한 순간은 곧 지나갈 것이고 다른 종류의 시간이 닥칠 것이다. 시간은 퓨마같이 어느 순간 두 사람을 덮칠 것이다.

이 그림자는, 어떤 소재를 다루든 정서의 낙차를 통한 효과를 만들어내고자 하는 카버식 글쓰기가 낳은 산물일 수 있다. 가장 행복했던 시절에조차 두 사람이 헤어질 조짐은 이미 있었다. 이는 두 사람의 잘못이 아니라 그저 삶이란 것이, 소리 없이 나타났다 소리 없이 사라지며 치명적인 흔적을 남기는 퓨마처럼 원래 그럴 뿐인 것이다. 카버는 이 시에서 서로 다른 시점과 정서를 한데 갖다놓아 더 깊은 드라마를 만드는 효과를 거둔다. 카버의 여러 작품에서 볼 수 있는, 그가 애용하는 이야기 구성 방식이다.

이런 면에서 매우 유사한 방식을 채택하고 있는 단편소설을 예로 들어보자. 『사랑을 말할 때 우리가 이야기하는 것』에는 「그에게 달라붙어 있는 모든 것」으로, 『풋내기들』에는 「거리」라는 제목으로

카버와 첫 번째 부인 메리앤 버크

카버는 열일곱 살 때, 두 살 아래인 메리앤 버크를 만난다. 10대에 결혼한 두 사람의 관계는 목숨보다 진한 사랑으로 시작되어 증오와 연민으로 물들고 말았지만, 열악한 생활고 속에서 메리앤의 헌신적인 뒷받침이 없었다면 나중의 카버도 없었을 것이다.

수록된 이 작품은 밀라노에 가 있는 아버지가 크리스마스를 같이 보내려고 자기를 찾아온 딸과 함께 딸의 어린 시절에 대해 대화를 나누는 구성을 취하고 있다. 딸이 자기가 어렸을 때 어땠느냐고 묻자 아빠는 자신과 아내를 각각 '사내애'와 '여자애'라고 칭하며 딸이 어렸을 때 초래한 문제들에 대해 이야기한다. 사냥을 가려고 했는데 딸이 갑자기 아프기 시작해서 못 가게 된 이야기 따위를 말이다. 아마도 딸이 듣고 싶었던 이야기와는 거리가 멀었겠지만 그녀는 아빠가 이야기를 멈추는 순간이면 재미있게 듣고 있다고, 계속해달라고 말한다.

이 이야기 속에서 사내애는 다음 날 새벽에 사냥을 가기로 하고 여자애에게 그 계획에 대해 이야기한다. 이제 생후 3주가 되는 딸이 밤에도 깨지 않고 잘 자는 듯하자 어린 남편은 아내에게 내일 아침 일찍 사냥을 나가겠다고 말한다. 아내는 그러라고 흔쾌히 대답하고는 사냥을 다녀온 뒤에 함께 언니네 집에 가자고 제안한다. 두 사람은 캐나다기러기처럼 평생을 사랑하며 같이 살 것을 맹세한다.

그러나 사내애가 일어나야 할 시간이 되기도 전에 아기가 깨서 울기 시작한다. 사내애가 눈을 떠보니 여자애가 아기를 안아 달래고 있다. 사내애는 도로 잠이 드는데, 얼마 지나지 않아 다시 아기 우는 소리에 눈을 뜬다. 경험 없는 어린 부부답게 두 사람은 아기가 왜 우는지 알 수 없다. 사내애는 그대로 깨어 있다가 사냥을 가기로 결심한다. 여자애는 그런 사내애를 막아선다. 아기가 잠을 못 자고 이렇게 울어대는데 자기 혼자서는 불안하다는 것이었다. 아내는 말다툼 끝에 "너 지금 그 문 나가면 못 돌아와. 진담이야"라고 못을 박는다. 그러거나 말거나 남편은 차를 몰고 나가고, 그 장면은 이렇게 묘사된다.

> 운전을 하고 가면서 사내애는 하늘의 별들을 흘끗 보았는데, 그 별
> 들 사이의 밝은 거리에 대해 생각하는 순간 마음이 움직였어.
> ─「거리」, 『풋내기들』, 175쪽

어린 남편은 계속 차를 몰아 사냥을 같이 가기로 한 사람의 집까지 갔다가 다시 되돌아와 아내와 화해한다.

제목의 '거리'는 이 인용문 속 "별들 사이의 밝은 거리"에서 가지고 온 것일 텐데, 소설의 후반부에서 그 어린 부부가 시간이 지나 결국 헤어졌다는 사실이 드러나면서 거리는 다른 의미를 갖게 된다. 두 별 사이의 거리는 그것이 얼마나 "밝은" 것이든 서로의 사이에 항상 유지되고 있는 것이고, 사내애가 "모든 건 변해…… 애들은 자라고. 무슨 일이 벌어졌는지 난 모르겠어. 하지만 모든 게 변해. 의식하지 못하는 사이에, 또 원하지 않아도"라고 말하듯이 한 시점과 다른 시점 간 변화의 거리이기도 할 것이다.

그러나 이 작품은 후에 단행본으로 묶이는 과정에서 편집자 리시의 손을 거치면서 상당한 변화를 겪게 된다. 리시가 「그에게 달라붙어 있는 모든 것」으로 제목까지 바꿔가면서 편집한 판본은 '두 사람 간 거리의 변화'나 '한 시점과 다른 시점 사이의 변화'라는 원래의 주제보다는, 사내의 삶에 달라붙어 있는 거추장스러운 것으로서 딸과 아내를 한층 부각하고 있다. 리시는 이 새로운 주제를 두드러

지게 하고자 어린 남편이 차를 몰고 칼이라는 사냥 동료의 집까지 갔다가 돌아오는 장면을 삭제해버린다. 그뿐만 아니라 부부 관계의 긴밀함과 그것을 파괴하는 어린 남편의 역할을 설명하는 장치였던 기러기 사냥 에피소드 또한 완전히 제거한다.

그런데 리시가 부각하고자 한 '사내의 삶에 달라붙어 있는 것들로서의 가족'이라는 주제는, 「거리」의 원래 주제와 다르기는 해도 작품에 아주 없던 것을 억지로 만들어낸 것은 물론 아니다. 심지어 카버는 이후에 이 주제를 집요하게 물고 늘어져서 산문 「불」에서는 자기가 장편소설을 쓰지 못한 것이 두 아이 때문이었다고 주장하기도 했다.

그의 두 번째 아이는 1958년 10월에 태어났다. 메리앤이 열여덟, 카버가 스무 살 때였다. 두 사람은 메리앤이 만삭일 때 캘리포니아로 떠났다. 그곳에서 대학에 다닐 계획이었다.

이 어린 가족은 캘리포니아로 향하는 가장 가까운 길을 택하는 대신 경관이 좋은 길을 택했다. 그러느라 약 100킬로미터나 더 돌아서 가야 했지만, 앞날에 대한 기대로 가득 찬 젊은 부부에게 그것은 그리 중요한 문제가 아니었을 것이다. 이들은 컬럼비아강을 끼고 내려가면서 도저히 미술관이 있을 것 같지 않은 허허벌판에 자리 잡은 매리힐미술관을 구경하고, 강 상류의 그랜드쿨리댐과 더불어 뉴딜 정책이 낳은 이 지역 양대 산물로 꼽히는 본빌댐에도 들르고, 1920년대에 건설된 컬럼비아강변고속도로를 타고 내려가면서 협곡의 경관을 즐겼다.

컬럼비아강변고속도로는 설계될 당시만 해도 미국과 유럽의 도로 건설 기술을 집대성한 획기적인 것이었고, 중간중간 공원을 배치해서 강의 경관을 즐길 수 있도록 기획되었다. 그러나 카버 일가가 이 지역을 여행한 1958년 당시에는 이미 컬럼비아강변고속도로의 상당 부분이 동네 길로 합쳐지거나 버려지다시피 한 상태였다.

군데군데 폐허가 되었지만 미국 내에서 가장 아름답게 설계되어 '도로의 왕'이라고도 불린 길을 달리는 동안, 이 젊다 못해 어린 부부는 무슨 생각을 하고 있었을까? 고향을 떠나 두 사람의 인생은 이제 막 시작되고 있었다. 그들이 향하는 곳의 지명은 심지어 '파라다이스'였다. 그러나 카버가 훗날 「웨나스 능선」에서 썼듯이, 카버의 "인생은, 수많은 급커브들을 품고, 저 앞에 놓여 있었다".

현실의 불들에서 익어가다

카버의 수업 시대

문학적 멘토, 존 가드너

캘리포니아에는 두 가지 서로 다른 주립대학 시스템이 있다. 하나는 'UC(University of California)'로 시작하는 학술 연구 중심의 시스템이고, 다른 하나는 'CSU(California State University)'로 시작해서 뒤에 지역 이름을 붙이거나 지역 이름 뒤에 'State University'라고 표기하는 실용 과목 중심의 시스템이다.

카버가 처음 들어간 대학은 캘리포니아 북부 내륙 지방에 위치한 캘리포니아주립대학교 치코캠퍼스, 즉 CSU치코의 영문학과였다. 이름에서 알 수 있듯이 치코주립대학 역시 사범대학으로 시작했고, 카버가 다니던 시절에는 지역 특성에 맞게 농과대학이 큰 비중을 차지하고 있었다. 카버는 문학에 관한 한 변두리 대학의 변두리 학과에 들어간 셈이었다.

카버가 치코주립대학에 들어간 1958년 무렵 각 대학의 영문학과에는 한 가지 특징이 있었다. 1936년에 처음 시작된 아이오와대학의 문예 창작 프로그램이 두 번째 책임자인 폴 엥글의 지휘하에 전성기를 맞아 졸업생들을 쏟아내면서 미국 문단뿐만 아니라 교육계 전체에 본격적으로 영향력을 행사하기 시작한 무렵이라는 점이다. 바로 그해에 치코주립대학 영문학과에 아이오와대학 문예 창작 프로그램에서 석사 학위를 받고 영문학으로 박사 학위를 받은 존 가드너가 교수로 부임해 작가 지망생들에게 창작을 가르치기 시작했다.

카버보다 불과 다섯 살 많았던 가드너는 치코주립대에 재직할 당시에는 아직 어떤 작품도 발표하기 전이었다. 그러나 그는 1982년 오토바이 사고로 사망하기 전까지 대표작인 『그렌델』을 비롯하여 열네 편에 달하는 장편소설과 『장편소설가 되기』 『윤리적 소설에 관하여』를 비롯한 창작 지침서와 이론서 여섯 권을 펴내는 등 왕성하게 활동한 작가 겸 교육자였다.

가드너 사후인 1983년에 간행된 『장편소설가 되기』 서문에서 카버는 그와의 인연에 대해 이렇게 말한다.

> 내가 글 쓸 공간이 없어서 애먹고 있고, 비좁은 집에서 애들과 함께 지낸다는 것을 알게 된 가드너는 내게 자기 사무실 열쇠를 주었다. 지금에 와서야 나는 그때가 전환점이었다고 느낀다. 그가 그 열쇠를 무심코 건네준 게 아니었으므로 나도 일종의 명령으로 그것을 받아들였다 — 명령이 분명했으니까. 매주 토요일과 일요일의 일부를 나는 그의 사무실에서 보냈다.
>
> — 존 가드너, 『장편소설가 되기』, 16쪽

치코주립대학

1958년 카버는 문학에 관한 한 변두리 대학인 치코주립대학 영문학과에 들어간다. 그는 이곳에서 소설 창작의 기본 토대를 쌓으며 2년 동안 단편소설 두 편과 잡지 한 권을 만들었다. 또한 그의 문학적 스승인 존 가드너를 만난 곳이기도 하다.

시골 학교에 다니는 재능 있는 제자를 향한 젊은 선생의 배려였다. 당시 영문학과는 학교 외곽에 있는 작은 2층 건물을 쓰고 있었는데, 강의실은 아래층에 있었고 가드너의 연구실은 같은 건물 위층에 있었다. 그 건물은 지금도 그대로 남아 있다.

당시 가드너는 "상고머리에 목사나 연방수사국 요원 같은 차림새로 일요일마다 교회에" 가는 사람이었지만, 동시에 강의실에서 쓰레기통을 재떨이 삼아 줄담배를 피우는 등 첫날부터 규칙 따위에 아랑곳하지 않는 모습을 보여주기도 했다. 다른 선생이 문제를 제기하자 그 후로는 창문을 열어둘 뿐, 자기 행동을 바꿀 생각은 전혀 하지 않았다. 그의 관심은 오직 글쓰기와 글쓰기를 가르치는 일에 집중되어 있었고, 나머지는 아무래도 좋다는 태도였다.

카버는 첫 학기에 가드너에게서 창작 개론 수업을 들었는데, 단편소설을 쓰려는 자는 10~15쪽 분량의 작품을 하나 쓰고, 장편소설을 쓰려는 자는 20쪽 정도 분량의 챕터를 하나 쓴 뒤 나머지 부분의 개요를 작성해서 제출하는 것이 수업의 목표였다. 이렇게 제출한 단편소설 한 편 혹은 장편소설 한 챕터는 한 학기 동안 가드너의 마음에 들 때까지 끊임없이 수정해야만 했다. 가드너는 그 끝없는 수정 과정에서 학생이 "자기가 한 이야기를 거듭 응사하는 과정을 통해 자기가 하고 싶은 이야기가 뭔지 깨닫"게 되기를 원했다. 가드너는 끊임없는 수정이 가진 힘을 믿었고, 어느 수준에 있든 관계없이 수정이야말로 작가의 발전 과정에서 핵심적인 요소라고 생각했다.

카버의 서문을 읽다 보면 그는 가드너의 강의를 통해 소설 창작에 필요한 기본적인 자세를 대부분 배운 것으로 보인다. 카버는 가드너가 칠판에 도표를 그려가면서 설명한 것을 다 이해하지는 못했지만, 학생들의 작품을 매 수정 단계에서 읽고 또 읽으면서 던지던 코멘트들은 대부분 이해할 수 있었고, 그것에서 많이 배웠다고 말한다. 가드너는 카버가 소설을 제출하면 문장의 단어부터 시작하여 문장부호에 이르기까지 수정해야 할 사항들을 빼곡하게 적어 돌려주었다. 가드너는 토론 대상이 아니라 반드시 그대로 지켜야 하는 것은 어떤 것들인지, 토론을 해볼 수 있는 것은 어떤 것들인지도 명확히 구분했다. 빼야 할 것, 첨가해야 할 것, 고쳐야 할 것이 가득 적혀 있는 원고에는 그가 발견한 마음에 드는 구절, 대화도 모두 표시되어 있었고, 그에 대한 적절한 칭찬도 반드시 적혀 있었다. 카버는 그의 비평이 항상 자기가 기대했던 것보다 더 치밀하고 분에 넘치는 것이었다고 썼다. 카버는 치코주립대학에 2년 동안 다니면서 가드너의 지도를 받았다. 그동안 카버는 「분노의 계절」과 「아버지」 두 편의 단편소설을 썼고, 가드너의 독려 속에 《선택》이라는 '작은 잡지'도 만들었다.

모조리 읽고 완전히 배출해낼 것

가드너는 소설 창작법 외에도 다른 두 가지 면에서 카버에게 중요한 영향을 끼쳤다. 하나는 학생들이 읽어야 할 작가들을 소개해준 것이었다. 가드너는 조지프 콘래드, 루이페르디낭 셀린, 캐서린 앤 포터, 이사크 바벨, 월터 밴 틸버그 클라크, 안톤 체호프, 호텐스

존 가드너

존 가드너는 카버에게 소설 창작에 필요한 기본적인 틀을 가르쳤다. 반드시 읽어야 할 작가와
잡지 등을 소개했을 뿐만 아니라, 제자의 글쓰기를 돕기 위해 자신의 연구실을 내주기도 했
다. 이후 카버는 1983년 출간된 가드너의 『장편소설가 되기』에 그 시절을 기리는 서문을 썼다.

캘리셔, 커티스 하낵, 로버트 펜 워런, 윌리엄 개스, 제임스 조이스, 귀스타브 플로베르, 이자크 디네센(본명은 카렌 블릭센) 등 카버가 접해보지 않은 작가들을 소개했다. 당대에 가장 유명하던 헤밍웨이와 윌리엄 포크너에 대해서는 "포크너가 쓴 것이면 뭐든 닥치는 대로 읽어라. 그다음에는 헤밍웨이의 모든 작품을 읽어라. 네 머리에서 포크너를 깨끗이 씻어내기 위해"라고 했다. 가드너는 자신의 취향에 관해서는 비타협적이어서 그가 추천해준 작가를 읽고 난 카버가 문제를 제기하면 다시 한번 읽어보라고 말하거나, 아니면 주었던 책을 말없이 빼앗아가는 것으로 대답을 대신했다.

그가 카버에게 미친 두 번째 영향은, 소위 '작은 잡지little magazine'들을 소개해준 것이었다. 가드너는 어느 날 상자 가득 잡지를 가지고 와서 학생들에게 구경시켜주며 "미국에서 쓰인 최고의 소설들 대부분과 거의 모든 시가 이 잡지들을 통해 발표된다"라고 말했다. 가드너에 따르면 이 작은 잡지들에 작품을 발표하는 것이 작가가 되는 첫걸음이었고, 카버는 그 가르침을 순순히 따른다.

당시 문학작품을 싣는 전국 규모 잡지로는 《에스콰이어》《플레이보이》《하퍼스바자》《애틀랜틱먼슬리》《뉴요커》 등이 있었다. 이들 중 문학 전문지는 《뉴요커》 정도였다. 크게 보아 1960년대부터 1980년대까지는 규모가 큰 잡지 대부분이 문학 부문을 획기적으로 강화한 시기였다.

이들에 비해 상업적 규모가 현저히 작은 문학 전문지들은 작은 잡지라 불렸다. 미국의 메이저 잡지와 작은 잡지 사이에는 여러 차이가 있지만, 발행 부수와 구독자의 성격 외에 제일 큰 차이를 들라면 단연 원고료일 것이다. 메이저 잡지들에서는 '원고를 산다'고 할 만큼의 고료를 준 반면, 작은 잡지들의 원고료는 상징적이었다. 원고료라도 주는 잡지는 그나마 재정 형편이 괜찮고 나름대로 시장에 자리를 잡은 경우였고, 작품이 수록된 잡지를 몇 부 보내주는 것으로 원고료를 갈음하는 곳이 더 많았다.

카버는 「이웃 사람들」을 《에스콰이어》에, 「뚱보」를 《하퍼스바자》에 발표한 1971년 전까지는 모든 작품을 전국에 산재한 다양한 작은 잡지들에 먼저 보냈다. 메이저 잡지들에 작품을 싣게 된 뒤로도 더러 작품 게재를 거절당하는 일이 생기면 이 작은 잡지들에 보냈다. 인연이 있는 작은 잡지에서 청탁을 받으면 선뜻 신작을 내주기도 했다. 그의 대표작 중 하나인 「너무나 많은 물이 집 가까이에」(『풋내기들』에서는 「집에서 이렇게 가까운 곳에 물이 이렇게 많은데」)의 경우 자신이 책임 편집을 맡은 캘리포니아주립대 샌타바버라캠퍼스의 작은 잡지 《스펙트럼》에 가장 먼저 발표했다.

작은 잡지는 규모가 큰 잡지에 비해 당연히 재정 형편은 좋지 않았지만, 상업 잡지에서는 쉽지 않은 다양한 실험적 소재를 다루는 것이 가능했다. 개성 강한 젊은 작가들은 작은 잡지를 통해 인지도를 쌓았고, 편집자들은 각자 지향하는 바에 따라 다양한 작은 잡지를 펴냈다. 이 중에는 카버의 문학 세계를 계승하는 것을 목표로 하면서 '정직한 허구'를 모토로 내건 《카브》라는 잡지도 있다. '레이먼드 카버'의 'carver'에 '조각하는 사람'이라는 뜻이 있다는 데 착안한 이름일 것이다.

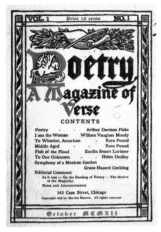

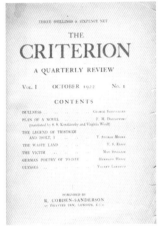
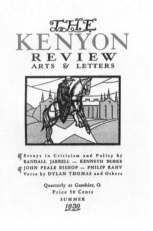

젊은 작가들의 등용문인 작은 잡지들

가드너를 통해 '작은 잡지'를 접한 것은 작가로서의 카버에게 중대한 사건이다. 카버는 1971년 《에스콰이어》에 「이웃 사람들」을 발표하기 전까지 작품을 완성하는 대로 전국의 작은 잡지에 보내며 작품 활동을 이어갔다. 그의 대표작 중 하나인 「너무나 많은 물이 집 가까이에」도 작은 잡지 《스펙트럼》에 발표한 것이다.

카버 소설의 미학, 정직한 허구

'정직한 허구'는 물론 'honest fiction'을 옮긴 말이다. '정직한 소설'로 옮겨도 되겠으나, 두 단어의 표면적인 모순을 강조하고 싶어서 이렇게 옮겼다. 이 모순적인 말은 존 가드너가 그의 저서 중 하나인 『윤리적 소설에 관하여』에서 강조하는 것과 상통한다.

가드너는 윤리적 소설이란 "인간의 가치를 시험하려 시도하되 특정한 이데올로기를 선전하거나 가르치려는 목적으로 하는 것이 아니라, 어떤 것이 과연 인간을 가장 충만하게 만드는지를 찾으려는, 진정으로 정직하고 열린 마음으로 다가가려는 노력"이라 규정한다. 따라서 윤리적 소설이란 "작가와 독자 모두가 인간의 가능성에 대한 보다 충만한 이해와 동정, 그리고 전망을 갖도록" 해주는 분석에 기반을 둔다는 것이 그의 생각이다. 이런 생각의 바탕에는 "예술가가 가장 관심을 가지는 대상은 정의나 공평성, 정확성 같은 진실의 여러 형식들"이라는 확신이 자리 잡고 있다.

또한 가드너는 소설가가 대상과 사건을 끊임없이 생각하고 모방하면서 점차 사태의 본질에 다가가게 된다고 믿었다. 모방하는 과정에서 이해하게 되기 때문이다. 그런 면에서 그는 소설을 쓴다는 것은 생각의 한 방식이며, 생각의 진실성은 모방의 진실성에서 비롯된다고 보았다.

『윤리적 소설에 관하여』는 1978년에야 출간되었지만, 실은 가드너가 치코주립대학에서 강의하던 시절 내내 강조했던 내용이다. 그는 '대지' 같은 유사 문학적 언어 대신 '땅' 같은 일상적이고 단순한 언어를 사용할 것, 필요한 정보를 감추어두지 말 것, 묘사, 즉 모방의 기록은 인물과 사건의 표면에 집중해서 정확하고 간결하게 할 것 따위를 모토로 삼았는데, 이는 그의 철학이 문장과 단어 차원에 나타난 일종의 실천 지침이었던 셈이다. 카버는 이런 가르침의 대부분을 자기 소설 미학의 핵심 요소로 받아들였다.

　카버가 가드너의 지도를 받고 있던 시기에 쓴 「아버지」는 이와 같은 지침을 성실하게 잘 따라간 작품이었다. 불과 두 페이지도 되지 않는 분량의 아주 짧은 소품인데, 이야기는 상황을 분명하게 바라보고 있고 사용하는 언어는 단순하고도 직설적이다. 또한 알 수 없는 감정을 가진 아버지라는 인물의 외연을 그대로 떠올리는 방식으로 그 '알 수 없음'조차 분명하게 드러낸다.

　이야기는 이렇다. 새로 사내아이가 태어났고, 아내와 장모 그리고 아직 어린 세 딸 이렇게 다섯 여자가 갓난아이를 들여다보고 있다. 어디는 누구를 닮았고 누구는 닮지 않았다는 이야기가 왔다 갔다 한 끝에 아기가 아빠를 닮았다는 결론이 난다. 아이들은 그럼 아빠는 누구를 닮았느냐고 묻기 시작한다. 이 모든 설왕설래가 진행되는 동안 옆방에서 등을 돌리고 앉아 있던 아빠가 고개를 돌려서 그들을 쳐다보는 것으로 이야기는 끝이 난다.

　이 스케치가 보여주고 있는 것은 분명하다. 아빠는 피곤하다. 아빠는 누군가를 닮았어야 하는데, 다시 말해 어떤 계열의 연속선상에 있어야 하는데, 그는 그런 식의 유장한 역사적 연속은커녕 당장 옆방과도 이어져 있지 않다. 이 작품의 마지막 문장은 이렇다. "그는 의자에 앉은 채로 몸을 돌렸는데 그의 얼굴은 하얬고 아무런 표

정도 없었다." 카버는 상황과 인물의 안으로 들어가거나 직접 설명하려는 욕심을 전혀 부리지 않고 표면의 묘사만으로 인물의 내면과 상황을 그려낸다.

카버는 치코에서 2년을 보낸 뒤 그곳을 떠나기로 결심한다. 가드너의 각별한 배려 아래 작가가 되기 위한 훈련을 거치며 대학 사회 안에서 나름대로 인정을 받게 된 카버가 왜 갑자기 그런 결정을 하게 됐을까? 본인이 직접 설명한 적은 없지만 당시의 아내 메리앤이 자서전에 쓴 바로는 "거기서 경험할 만한 것들은 다 했기" 때문이었다. 치코주립대학을 다니는 동안 카버는 가드너의 세밀한 지도 아래 소설 작법의 기본적인 틀을 잡았고, 잡지도 하나 성공적으로 편집해냈다. 아마도 카버는 앞으로 남은 것은 같은 과정의 반복일 뿐일 거라 여기며, 남은 대학 과정은 다른 학교에서 새로운 경험을 하면서 보내자고 다짐했는지도 모른다. 다시 메리앤의 말을 인용하자면, "산 너머의 초원이 더 푸르러 보였기 때문"이다.

이유가 무엇이 됐든 카버는 문자 그대로 산 너머 초원을 찾아갔다. 가족을 데리고 치코를 떠나 멘도시노산을 넘어 바닷가의 아르카타에 있는 훔볼트주립대학으로 옮겨 간 것이다.

웃지 않으면 울게 될 테니까

그 길을 나도 가봤다. 산 하나를 넘어설 뿐이라고는 하지만 산 정상의 고도는 해발 4300미터에 이르고, 도로의 고도만도 3000미터에 산길로만 약 340킬로미터 거리다. 산중을 가로지르는 36번 도로는 북쪽의 샤스타-트리니티국유림과 남쪽의 멘도시노국유림 사이를 통과한다. 개발이 제한된 두 국유림은 캠핑을 비롯한 다양한 야외 활동의 메카가 되었다. 그러나 아직도 곳곳에 약간의 산판이 남아 있어서 숲의 주요 수종인 미국삼나무를 실어 나르는 트럭이 자주 눈에 띄었다. 다행히 내가 만난 트럭들은 운전을 험악하게 하는 편은 아니어서 위협을 느끼거나 하지는 않았다. 하지만 꼬불꼬불한 오르막길에서 어쩔 수 없이 힘겨워하는 트럭 뒤에 있게 되면 인내심을 가지고 따라가거나 쉴 만한 자리를 찾아 차를 세웠다 가는 수밖에는 없었다.

차가 어떤 이유로든 먹통이 되어 멈춰 서기라도 하면 참 대책 없겠다고 생각하는 순간, 실제로 걱정이 되기 시작했다. 그러고 보니 200킬로미터 넘게 달려오는 동안 양옆으로 산 말고는 아무것도 본 기억이 없었다. 미국의 서부는 자동차 왕국이다. 중간에 주유소가 없을지도 모른다는 생각은 전혀 해보지도 않았다. 그저 연료 게이지의 바늘이 연료가 반 넘게 차 있음을 가리키는 것을 보고 아무 생각 없이 산길에 들어섰는데, 이제 바늘이 거의 바닥을 향하고 있었다. 오래된 구형 지피에스가 길 안내는 그럭저럭 해줘도 주유소 안내 기능은 있는 건지 없는 건지, 주변에 주유소가 있다는 알림은 없었다. 전화기를 보니 신호도 잘 잡히지 않았다.

이 산속에서 만약 차가 멈춰 서게 되면 내가 할 수 있는 일이 뭐가 있을까? 그런저런 생각을 하면서 목재를 실은 트레일러의 뒤를 따라 언덕길을 기어올랐다. 오르막길에서는 트럭 뒤를 따라 천천히

유리카로 향하는 36번 도로

카버는 치코주립대학에서 2년을 보낸 뒤 그곳을 떠나기로 결심한다. 메리앤의 회고에 의하면 "산 너머의 초원이 더 푸르러 보였기 때문"이라고 한다. 카버 부부는 두 아이와 함께 고도 3000미터의 이 산길을 넘어 바닷바람이 부는 홈볼트주립대학으로 옮겨 갔다.

올라가고, 내리막길에서는 기어를 중립으로 놓고 굴러 내려가는 식으로 연료를 아낄 만큼 아껴보다가, 도저히 안 되겠다 싶은 시점에 이르면 갓길에 차를 대고 도움을 구하자는 심산이었다. 그렇게 내리막길을 내려가는데, 거짓말처럼 계곡 바닥에 상점과 주유소가 있는 것이 보였다.

카버는 갓 스무 살이 된 어린 아내와 이제 겨우 세 살과 네 살 난 두 아이, 그리고 얼마 되지 않는 세간살이를 고물 차에 싣고 그 길을 넘어갔다. 1960년 초여름이었다. 카버는 나이 마흔이 될 때까지 거의 항상 가난했지만, 이때는 그중에서도 가장 심할 때였다. 가난은 그가 가지고 있던 차에서(그나마 차가 있을 때 말이지만) 가장 먼저 고스란히 드러났다.

대중교통이 거의 없다시피 한 중부나 서부 지역 사람들에게 자동차란 육체의 연장 같은 것이고, 자동차 없는 인생이란 감옥살이나 마찬가지다. 나중에 카버는 자기가 이제껏 몰았던 고물 차들과 비로소 갖게 된 꿈에 그리던 차에 대한, 유머러스하기도 하고 서글프기도 한 「그 차」라는 시를 남겼다.

앞 유리가 깨진

그 차. 구동축이 부러진

그 차. 브레이크가 없는

그 차. 자재 연결 장치가 망가진

그 차. 라디에이터에 구멍이 난

그 차. 그걸 사기 위해 복숭아를 따기도 했던

그 차. 엔진 블록에 금이 간

그 차. 후진 기어가 없는

그 차. 자전거와 바꾼

그 차. 운전대가 잘 안 돌아가던

그 차. 발전 장치에 문제가 있던

그 차. 뒷좌석이 없는

그 차.

(…)

내가 두 손 다 든

그 차. 내가 망치로 두들겨 부순

그 차. 할부금을 낼 수 없었던

소유권을 빼앗긴

그 차. 클러치 핀이 부러진

그 차. 저 뒤 주차장에서 기다리고 있는

내가 꿈꾸던 차.

내 차.

—「그 차」, 『울트라마린』, 19쪽

홈볼트로 가는 산길을 넘어간 차는 어떤 차였을까? 메리앤은 그 차에 대해서도 상세한 기록을 남겨놓았다. 그들은 그 지역에 소재한 전력 회사 PG&E에서 쓰던 오래된 크림색 포드 승용차를 샀다.

그런데 한 가지 문제가 있었다. 그 차는 PG&E에서 장비를 싣고 다니기 위해 뒷좌석을 떼어냈는데, 그 자리에 아이들을 태우고 다니다 보니 좌석을 떼어낸 곳에 칠해놓은 검정색 도료가 아이들의 손과 얼굴, 옷 따위에 다 묻어났던 것이다. 두 사람은 이 차에 '블랙홀'이라는 이름을 붙였다.

그러나 이는 부부가 산을 넘어가던 중에 부닥친 문제에 비하면 약과였다. 해발 3000미터의 고지에서 엔진이 그만 '죽어'버린 것이다. 두 사람은 히치하이크로 산을 내려와 평소 카버가 글을 쓴다는 사실에 호감을 가지고 있던 메리앤 모친의 친구에게서 돈을 빌려 엔진을 교체했다. 그러고 나서야 훔볼트주립대학이 있는 아르카타 근처, 유리카라는 낙관적인 이름의 도시로 들어설 수 있었다.

아르카타와 유리카는 훔볼트만을 끼고 서로 마주 보는, 만의 연안에 자리 잡은 도시들이다. 이 지역은 치코와 달리 바다에 맞닿아 있어 해양성기후를 띠기 때문에, 여름에 건조하고 선선한 대신에 겨울에는 차가운 가랑비와 함께 뼛속까지 스며드는 습기 찬 바람이 분다. 분지인 치코의 주산업이 농업이라면, 거대한 산지의 경사면이자 바닷가에 위치한 훔볼트만 인근 지역의 주산업은 (지금은 교육 말고는 딱 꼬집어 말할 만한 것이 없지만) 카버가 살던 당시만 해도 임업이었다. 1950년대 들어 이 지역의 특산물인 삼나무 목재가 수출되기 시작하면서 인구가 두 배로 늘었다. 처음에 사범대학으로 시작한 훔볼트주립대학도 임업, 동물학과 관련한 전공들이 중심이었고 그 외에는 구색 갖추기에 가까웠다.

치코주립대학에 다니던 시절, 카버는 여름방학이면 북쪽으로 올라가 산간 지대의 제재소에서 일을 하곤 했다. 늘 부족한 생활비를 벌어두기 위해서였을 텐데, 그럴 바에야 차라리 제재소가 있는 지역으로 학교를 옮기는 것이 낫겠다고 판단했을 수도 있다. 제재소에서 야간 시간제 근무로 일을 하면 도서관이나 학교 카페테리아에서 청소를 하는 것보다 훨씬 많은 돈을 벌 수 있었기 때문이다. 당시 훔볼트만 지역은 제재업 붐이 한창인 데다 카버는 이미 제재소 경력을 가지고 있었으므로 아르카타 바로 옆 도시인 유리카에 쉽게 일자리를 얻을 수 있었다.

그러나 상황이 두 사람 뜻대로만 전개되지는 않았다. 카버는 한센-퍼시픽제재소에 일자리를 얻었지만, 일을 시작하고 얼마 지나지 않아 회사가 갑작스럽게 파산을 신청했다. 매각 협상에 실패한 회사는 곧 문을 닫았고, 밀린 임금은 그해 10월에야 간신히 정산되었다. 이 시절 카버 부부는 "웃지 않으면 울게 될 테니까"라는 문장을 모토로 삼았다고 하는데, 두 사람은 그 모토대로 최선을 다해 견뎌나갔다.

카버는 가을 학기가 시작되면서 훔볼트주립대학에 등록했다. 그와 동시에 역시 유리카에 있는 심슨제재소에 일자리를 얻었다. 몇 주 동안 일을 쉬면서 초조해져 있던 터라 취업을 반갑게 받아들이기는 했지만, 그가 맡은 작업은 '돼지'라고 불리는 기계를 야간에 작동해야 하는 위험한 일이었다. 돼지는 목재로 가공하고 남은 가지와 박피 따위를 갈아 잡초 방지용으로 화단과 나무 아래쪽을 덮거나 충격 완화를 위해 아이들 놀이터에 뿌려주는 작은 나뭇조각으로 만드는 기계다. 워낙 덩치가 큰 기계이다 보니 간혹 사람도 빨려 들어가는 경우가 있었다. 카버는 오후 늦게 출근해서 자정 넘어서까지 일하고 귀가해서는 다음 날 아침 7시 반에 학교에 가는 일과를 소화해야 했다. 과제를 하거나 글을 쓸 시간이라고는 학교 수업이 비는 시간 정도밖에 없었다.

불안과 폭력의 도시, 유리카

훔볼트주립대학 시절 카버가 주로 사사한 이는 리처드 데이 교수였다. 데이는 존 가드너와 같은 시기에 아이오와대학에 다녔고, 똑같이 문예 창작으로 박사 학위를 받은 사람이었다. 그러나 가드너가 학생들을 지적으로 무시하고 압도하려는 경향을 가진 이였다면, 데이는 학생의 재능을 알아보고 북돋워주는 일에 더 예민한 감각을 가진 이였다. 데이는 카버가 수업 시간에 제출한 「매니아」를 읽자마자 그가 대단한 작가 재목임을 알아봤고, 그 후로 줄곧 카버를 동료 작가로 대접해주었다. 2년 동안 가드너로부터 호된 훈련을 받은 카버로서는 적절한 시기에 자신감을 북돋워주는 선생을 만난 셈이었다.

이 시절에 카버 가족은 아르카타 바로 옆 타운인 유리카의 아티노로드에 살고 있었다. 아르카타가 인구의 거의 절반이 훔볼트주립대학과 관련 있는 '대학 타운'이었다면, 유리카는 낙관적이고 학구적인 이름과 달리 주로 제재소와 부두 노동자들이 살던, 상대적으로 험한 분위기의 동네였다. '유리카'는, 잘 알려져 있다시피, 아르키메데스가 욕조에 들어가는 순간 '부피'와 관련한 모종의 깨달음을 얻고 뛰쳐나오면서 질렀다는 '유레카'에서 온 이름이다. "찾았다!"는 뜻이라는데, 카버 가족이 살던 유리카는 새로 발견할 것도 없고, 누구든 그리로 들어가는 순간 어떤 변화가 일어나기는커녕 그대로 집어삼켜지는 늪 같은 곳이었다.

당시 카버 가족의 이웃만 봐도 술만 취하면 아내를 때리는 부두 노동자와, 그 폭력의 피해 당사자이면서 본인 역시 매우 공격적이고 시끄러운 아내, 아이를 여럿 키우면서 밤이면 요란한 엔진 소리를 내는 픽업트럭을 몰고 찾아오는 남자친구를 맞아들이는 여자들 등이었다. 어느 모로 보나 학교를 다니고 글을 쓰면서 어린아이들을 키우고 살기에 좋은 환경은 아니었다.

카버가 이 무렵에 쓴 작품들에 드러나 있는 막연한 공포와 불안감은, 어쩌면 불확실한 미래에 대한 불안만큼이나 당시의 폭력적인 주변 환경으로부터 적잖이 영향받은 것일 수도 있다. 특히 이 무렵에 쓴 「오두막집」(국내 미출간 작품집 『불』에 수록)에는 '주변의 폭력성'이라는 주제가 좀 더 구체적으로 드러나 있다.

이 작품은 미스터 해럴드라는 인물이 낚시꾼과 사냥꾼을 위해 운영되는 산장을 찾는 장면으로 시작한다. 때는 겨울이다. 해럴드는 예전에 아내와 자주 찾았던 이 산장에 가서는 자기가 오두막을 예약했다고 말한다. 그러나 카운터에 있는 소녀는 아무 이유 없이 그에게 불친절한 태도를 보인다. 예전부터 잘 알고 지내던 주인 노파가 나오고 나서야 해럴드는 자기가 예약해놓은 오두막에 가게 된다. 주인 노파가 해럴드에게 아내와 함께 오지 않은 이유를 묻자 그

유리카에 있는 제재소

홈볼트주립대학 시절, 카버 가족은 대학에서 가까운 유리카의 아티노로드에 살았다. 카버는
이곳에 있는 제재소에 일자리를 얻어 학교생활과 병행했다. 그러나 불안하고 폭력적인 이곳의
분위기는 이 무렵에 쓴 그의 작품들에 막연한 공포와 불안감을 드리우게 했다.

는 아내가 몸이 좀 좋지 않다고 말한 뒤 뭐라고 덧붙이려다 만다. 따라서 우리는 그의 아내가 단순히 아픈 것인지, 그와 헤어진 것인지, 아니면 혹시 죽었는데 그가 말을 아끼고 있는 것인지 분명히 알기 어렵다.

다음 날 민물낚시를 나간 해럴드는 뒷다리에 총상을 입고 도망치는 암사슴을 목격한다. 미국에서는 민물낚시라고 하면 대개 송어 낚시를 뜻하는데, 그것을 하려면 일단 흐르는 물로 들어가야 한다. 사방에 눈이 쌓여 있는 한겨울에 허벅지까지 올라오는 장화를 신고 물속에 서 있는 것이니, 이것은 해럴드가 의식적으로든 무의식적으로든 스스로를 처벌하고 있음을 암시하려는 것일까? 혹은 단순히 그가 곧이어 경험하게 될 폭력의 전조이자, 폭력을 당하는 이의 무대책성과 무력함을 극적으로 보여주기 위한 장치에 불과한 것일까? 아무튼 그가 그 자리에 못 박힌 듯 서서 지켜보고 있는 동안 총상을 입은 암사슴은 그가 들어가 있는 물의 상류를 건너 숲속으로 사라진다.

조금 뒤에 소년 몇이 숲에서 나타나는데, 그들은 자신들이 쏜 사슴을 추적하는 중이다. 얼마 못 가 죽을 게 확실한 사슴에 대한 생각 때문에 언짢은 해럴드와 소년들 사이에 두어 번 날 선 대거리가 오간다. 그러다 소년 중 하나가 사냥총을 들어 해럴드를 겨누다가 총구를 내려놓는다. 이어 아이들은 얼어붙지 않은 돌을 주워 들고는 해럴드 주위로 던지기 시작한다. 해럴드는 그 자리에 서 있는다.

일방적인 위협 끝에 아이들은 자리를 뜨고, 미스터 해럴드는 낚싯대를 잃어버린 채 오두막으로 돌아온다.

이 작품은 한 인간에게 가해지는 두 종류의 폭력을 그리고 있다. 전반부의 고립(항상 같이 오던 아내의 부재)이 삶으로부터 당하는 필연적인 폭력이라면, 후반부의 폭력은 구체적인, 그러나 부조리에 가까운 맹목적 폭력이다. 이질적인 두 폭력은 추운 겨울에 차가운 물속에 들어가 서 있는 폭력에 가까운 자학을 매개로 하여 서로 연결된다. 이 작품을 구성하고 있는 요소들의 이런 폭력적 성격 때문에 폭력은 이 작품 속 세계의 구성 원리인 것처럼 보인다. 그리고 이 일련의 폭력은 하나의 독립된 사건이라기보다는, 이제 막 형성되기 시작한 카버의 세계관을 이루는 중요한 요소 중 하나로 여겨진다.

세계의 폭력성

대부분의 소도시처럼 유리카의 다운타운에도 메인스트리트라고 불리는 거리가 있다. 메인스트리트라는 이름은 대개 중심가에 붙는데, 유리카의 경우 이곳이 중심가인 것은 맞지만 독특하게도 '2번 스트리트'의 별칭일 뿐이다. 2번 스트리트는 훔볼트만의 바닷가에서 가까운 길이고 지금은 꽤 예쁘장하게 정비되어 있어서 동네 주민과 여행객이 많이 찾는 곳이다. 그러나 카버가 살던 1960년대 초반만 해도 거칠기 짝이 없는 지역이었다. 단편 「제발 조용히 좀 해요」에서 주인공 랠프가 아내 메리언으로부터 부정을 저질렀다는 자백을 받아낸 뒤 방황하며 도달한 곳이 바로 여기다. 이 작품 역시 등장인물이 당한 폭력적인 경험을 그리고 있다.

「제발 조용히 좀 해요」의 무대, 2번 스트리트

훔볼트만에서 가까운 이 길은 지금은 꽤 예쁘장하게 정비되어 있어 여행객들이 많이 찾고 있지만, 카버가 살던 1960년대 초반만 하더라도 험악한 곳이었다. 소설 「제발 조용히 좀 해요」에서 주인공 랠프가 폭력적인 경험을 하는 무대도 바로 이곳이다.

랠프는 사람들이 '투 스트리트'라고 부르는 2번 스트리트 구역으로 왔다. 줄지어 서 있는 오래된 노동자 합숙소가 끝나는 지점의 가로등 아래 셀턴에서 시작해서 어선들이 정박해 있는 부두 쪽으로 네댓 블록 내려간 곳까지가 이 구역에 속했다. 그는 여기에 한번 온 적이 있었다. 6년 전에 중고품 상점에 와서 먼지가 앉은 책들을 뒤적거렸다. 길 건너편에는 주류 판매점이 하나 있었는데, 유리문 바로 안쪽에 한 사내가 서서 신문을 읽고 있는 모습이 보였다.

—「제발 조용히 좀 해요」, 『제발 조용히 좀 해요』, 241쪽

랠프는 그 주류 판매상으로 가서 담배를 산 뒤 '투 스트리트'를 걸어 내려가다 '깜둥이들Negroes'이 당구를 치고 있는 술집을 지나 '짐스오이스터하우스'라는 이름의 술집으로 들어간다. 그곳에서 음악을 듣고 도박을 좀 하다가 나온 그는 아까 담배를 샀던 주류 판매상으로 다시 가서 담배와 술을 산다. 이후 부두 쪽으로 가다가 어떤 깜둥이에게 두들겨 맞는다. 이 짧은 지하 세계에서의 여정은 결국 깜둥이에서 시작해 깜둥이로 끝나게 된다.

'깜둥이'라는 표현은 이 작품이 쓰인 1964년까지만 해도 일상에서 자연스럽게 쓰이던 표현이었으나, 흑인 민권운동이 가시적 성과를 거두게 되는 1960년대 후반부터는 금기시되었다. 물론 이때 '자연스러웠다'는 것은 인종 혐오의 표현이 아무런 사회적 제약 없이 자연스럽게 쓰였다는 이야기지, 그 말이 인종 혐오적으로 받아들여지지 않았다는 이야기가 아니다. '니그로'는 같은 흑인이라도 노예 경험을 하지 않은 집단에는 사용하지 않던 말이다. 그러니 당사

자, 즉 흑인끼리면 몰라도 가해자 집단인 백인이 쓸 때는 의미와 뉘앙스가 완전히 달라진다. 그러니 타 인종과 사회적 약자, 특히 흑인에 대한 카버의 생각에 관해서는 검토해볼 필요가 있다. 이 문제는 역시 흑인이 등장하는「비타민」에 대해 이야기할 때 다시 살펴보기로 하자. 다만 여기서는 카버가 흑인을 철저한 타자로 인식하고 있었으며, 흑인과 대면할 때 느끼는 공포와 거리감을 표현하는 데 그가 거리낌이 없었다는 사실 정도만 지적해두겠다. 타 인종, 타자에 대한 태도 말고도 이 작품에서 두드러지는 것은 아내의 불륜에 대한 의심이다. 이 문제 또한 이후 카버 문학에서 지속적으로 반복되는 주제 중 하나가 된다.

분노의 계절

제재소와 학교생활을 병행하는 데서 오는 피로 탓도 있었겠지만 동시에 작가로서 자신감도 조금 생기면서 카버는 당분간 학교를 떠나 워싱턴주의 외진 곳에 있는 메리앤의 생가에서 지내며 작품에 집중하겠다는 계획을 세운다. 한 1년 정도 제재소에서 일하면서 집세와 학비 걱정 없이 글만 쓰면 돈과 작품 모두 꽤 쌓이게 되리라는 것이 그의 생각이었다. 불안한 주거 환경이 이런 결정을 부추긴 면도 있었다. 카버 일가는 다시 한번 기나긴 여행에 나섰다.

이때의 경험은 몇 해 뒤「이건 어때?」라는 작품에서 다루어진다. 여기에 등장하는 해리와 에밀리는 젊은 예술가 부부다. 해리는 도시에서 태어나 자란 소설가이자 연극배우이자 색소폰 연주자이고, 에밀리는 화가다. 해리는 새로운 돌파구를 찾기 위해 변화를 꾀하고, 그래서 에밀리가 나고 자란 워싱턴주의 생가, 지금은 버려진 빈집으로 가 살기로 한다. 그러나 차를 몰고 가는 동안에 벌써 그는 좌절하기 시작한다. 제목 '이건 어때?'는 작품의 말미에서 에밀리가 땅재주를 넘고 난 뒤 새로운 재주를 보여주기 전에 던지는 대사에서 가지고 온 것이다. 새로운 재주를 부려본들 뭐가 달라질까? 새로운 출발을 위해 생활 터전을 바꾸는 시도까지 해보지만 실은 새로운 재주를 부려보는 일에 불과하다. 공중제비를 돌든 물구나무서서 걷든 결국에는 원래 서 있던 땅에 착지해야 한다.

이 이야기는 에밀리가 "해리, 우린 서로 사랑해야만 해. 서로 사랑해야만 할 거야"라고 말하는 것으로 끝난다. 우연이겠지만 이 마지막 대사는 이 작품이 쓰인 것과 같은 해에 발표된 비틀스의 노래 〈올 유 니드 이즈 러브All You Need is Love〉의 비극적 이면처럼 들린다. 비틀스는 이 곡에서 어쩔 수 없는 것은 어쩔 수 없지만 네가 너 자신이 될 수는 있다고, 그리고 그 방법은 어렵지 않은데 사랑만 있으면 가능하다고 노래한다. 에밀리의 마지막 대사는 그녀가 공중제비를 돌다가 착지하면서 내뱉는 것이다. 열심히 버티고 새로운 것을 시도해보기도 해야겠지만 쉽지는 않을 거라는, 결국 원래 서 있던 자리로 돌아오게 될 거라는 생각이 깔려 있다. 인생에서 새 출발이라는 것은 가능하지 않다는 일종의 비극적 인식인 셈인데, 현실에서도 이 시도는 짧게 끝났다. 소설에서와는 달리 카버 일가가 찾아간 메리앤의 옛집에는 아직 그녀의 아버지가 살고 있었다. 그는 매우 정력적이고 능력 있는 일꾼이었지만 카버네 네 식구가 찾아갔을 때는 이미 늙어가는 중이었고, 집과 그 주변도 그와 더불어 쇠락해가고 있었다. 카버 일가의 시골 정착 시도는 짧은 방문으로 끝나고 말았다.

다시 대학으로 돌아온 카버 일가는 이번에는 대학에서 멀지 않은 아르카타의 I 스트리트 1590번지에 제대로 된 집을 얻는다. 아이들 방도 따로 있고 카버가 서재로 쓸 만한 방도 있는, 꽤 규모가 있고 안정된 주택가에 위치한 집이었다. 카버가 일가를 이루어 진료실 지하에서 살림을 시작한 뒤로 처음 살아보는 집다운 집이었다. 메리앤의 설명에 따르면 당시 쿠바 미사일 위기가 마무리된 뒤 정부에서 어떤 이유에서인가 대학생들을 대상으로 저리 융자 혜택을 비롯한 금융 지원을 대폭 늘렸다고 한다. 이 덕에 카버 일가는 저리로 융자를 받아 그 집을 얻을 수 있었다.

카버는 이 집에서 나머지 대학 생활을 보낸다. 메리앤의 회고에 따르면 이 집에서 사는 동안 파티도 많이 하고 가장 즐겁게 지냈다고 하는데 카버는 꼭 그렇지만은 않았던 것 같다.

훔볼트 지역은 겨울에 기온이 영하로 내려가는 경우는 거의 없었지만 뼛속까지 습기가 스며드는 것 같은 날씨여서 사람들은 곧잘 우울해했다. 그래서 그런지 겨울이면 파티가 잦았고, 한번 시작했다 하면 새벽 4시를 넘기기 일쑤였다. 카버는 학생들 중에서 나이가 많은 편인 데다 결혼을 해서 아이도 둘이나 있었고, 이미 어느 정도 작가로 인정받고 있던 터라 파티에서 학생들보다는 교수들과 더 많이 어울렸다. 많은 사람들의 기억 속에 남아 있는 카버의 인상은 마주 앉은 사람을 한결같이 무방비 상태로 만드는 웃음과 커다란 덩

아르카타에서 구했던 카버 가족의 집

카버가 가정을 이룬 후 처음으로 안정된 주택가에 얻은 집다운 집이었다. 처음으로 서재를 갖게 되었고 아이들 방도 따로 있었다. 그는 이곳에서 나머지 대학 생활을 보냈다. 이후 메리앤은 파티를 자주 열며 즐거운 시간을 보냈던 곳으로 회고했다.

치에 어울리지 않는 유순함과 천진함 같은 것인데, 최소한 이 시절의 카버는 그렇지 않았던 것 같다. 당시 카버의 교수였던 제이 카는 카버를 자기가 만난 가장 불행한 사람, 일상을 한 꺼풀만 벗겨내면 분노로 가득 차 있던 사람으로 기억한다. 훔볼트주립대학의 주력 학과인 삼림 관련 전공 학과들, 혹은 뮤지컬코미디나 이를 만드는 교수 등등 입길에 오르는 모든 것을 카버는 저주하고 저격했다. 게다가 당시는 베트남전쟁이 시작되던 무렵이었는데, 카버는 그 시골 지역에서 가장 강경했던 반전 투사로서 거의 불을 뿜을 지경이었다고 카는 전한다.

원하는 대로 밀고 나가다

1960년대 훔볼트주립대학 영문학과는 당시 대부분의 영문학과가 그랬던 것처럼 크게 둘로 나뉘어 대립하고 있었다. 전통적인 영문학 연구 프로그램과, 1930년대 중반 아이오와대학에서 처음 시작해 그곳 졸업생들을 중심으로 서서히 퍼지기 시작한 문예 창작 프로그램을 둘러싼 갈등이었다. 카버가 치코주립대학에서 만난 첫 스승 존 가드너나 훔볼트주립대학에서 만난 리처드 데이와 제이 카 모두 아이오와대학의 대학원 과정 문예창작과 출신이었다. 이들을 비롯한 아이오와대학 문예창작과 출신 상당수가 대학 영문학과에 자리 잡았고, 그 안에서 기존의 교수들과 어쩔 수 없는 갈등을 겪고 있었다.

당시 훔볼트주립대학의 창작 세미나는 리처드 데이가 맡고 있었고, 제이 카는 일반적인 영문학 수업을 맡고 있었다. 어느 날 카버가 카에게 진로 상담을 하러 왔다. 카로서는 의외였다. 두 사람이 자주 어울리는 술친구이긴 했지만, 카버는 데이와 더 가까운 사이였기 때문이다. 짐작건대 아마도 카버는 카가 문예 창작을 전공했지만 기존의 영문학과 체제 속에서 일하고 있으니 좀 더 균형 잡힌 조언을 해줄 수 있으리라고 기대했던 것 같다.

카의 회고에 따르면 당시 그는 영문학과 기존 세력의 선봉장 격인 자일스 싱클레어 교수와 방을 함께 쓰고 있었고, 심지어 카버가 찾아왔을 때는 싱클레어 교수도 그곳에 있었다. 다소 어색한 상황이었지만 카는 개의치 않고 자기가 할 수 있는 조언을 해주었다. 문예 창작 프로그램에 들어가면 학교를 비롯한 어느 누구로부터 아무런 도움도 기대할 수 없으며 모든 것이 완전히 본인의 재능에 달려 있다, 인간 이하의 생활을 상당 기간 견뎌낼 각오가 돼 있으면 아이오와로 가되 그렇지 않으면 전통적인 영문학의 길을 가라, 그 길로 가면 최소한 박사 과정부터는 학교에서 강의 자리도 마련해주는 등 도움을 얻을 수 있다는 것이 그 내용이었다. 결국 카버는 아이오와로 갔다. 카는 솔직한 조언을 해주었고, 데이는 카버가 아이오와대학에 다닐 수 있도록 첫해 장학금을 주선해주었다. 치코주립대학 시절의 가드너부터 시작해서 그는 선생 운이 좋은 셈이었다.

이 에피소드를 길게 언급한 이유는 카버의 성격 혹은 성향이라 할 만한 것을 잘 보여주기 때문이다. 많은 이들이 카버를 온순하고 자기주장을 잘 드러내지 않는 사람이었다고 기억한다. 그러나 자기가 원하는 것이 있을 때면 카버는 설사 다른 이들이 곤란한 처지에 놓이게 되는 일이 있더라도 개의치 않고 자신이 원하는 대로 밀고 나가는 면이 있었다.

바로 이런 성향이, 난처한 소재를 두려워하지 않고 정면 돌파하는 그의 창작법에도 어느 정도 반영되었다고 볼 수 있겠다. 카버의 이런 성향은 가족과의 관계에서 두드러지게 나타났다. 앞에서 언급했지만 카버는 주변에서 취한 소재에 살을 덧입혀 가공하는 방식으로 작품을 썼다. 자연스럽게 그의 작품에는 그와 가장 오랜 시간을 보낸 가족들의 이야기가 자주 등장한다. 졸지에 작품의 소재가 돼버린 가족들은 카버가 작품에서 그리는 자신들의 모습에 분노하곤 했지만, 카버는 가족들이 받을 상처에는 그다지 개의치 않았다.

그 후에야 일들이 벌어지기 시작했다

문예 창작을 공부하기 위해 아이오와대학으로 옮기고 나서도 힘든 생활은 이어졌다. 특히 거주 환경은 아르카타의 집과는 비교도 할 수 없을 만치 나빠졌다. 기혼자 기숙사랍시고 제공된 숙소는 군대 막사 같은 가건물로, 냉난방이 거의 되지 않는 곳이었다. 게다가 아이오와대학에는 동부 명문대 출신 학생들이 많이 몰려들었고, 몇몇 수업은 가혹할 정도로 분석적이었다. 날씨가 상대적으로 온화한 워싱턴주와 캘리포니아주에서만 살아왔고 분석적인 훈련과는 담을 쌓고 지내온 카버로서는 그중 어느 것도 견뎌내기 어려웠다.

이런 상황에서 가족의 생계를 도맡고 있는 메리앤이 일하러 나가 있는 동안에는 카버가 연년생 어린아이들을 돌봐야 했다. 한참 손이 많이 가는 아이들은 점점 더 감당하기 힘든 짐이 되어갔고, 「아버지」에서 묘사된 그의 창백한 무표정은 거의 절망으로 변해갔던 듯하다. 아이오와에서 카버 가족은 채 한 해가 되지 않는 짧은 시간을 보냈는데, 이 시절의 양육 경험을 카버는 한참 후인 1982년에 산문 「불」 (국내 번역 제목은 「정열」)에서 직접적으로, 아주 가혹하게 다루었다.

이 글에서 카버는 '문학적 영향'에 대해 논하면서 자기 문학에 영향을 끼친 것은 앞서간 작가들이 아니라 현실의 환경적 조건, 현실 속에서 구체적으로 벌어진 일들이라고 말한다. 이어서 자신의 삶과 문학에 가장 결정적인 영향을 미친 한 가지 요인을 꼽는데, 바로 두 아이다. 카버는 이렇게 쓴다.

플래너리 오코너는 한 에세이에서 작가 나이 스물이 넘은 다음에는 많은 일을 경험할 필요가 없다고 말한다. 소설이 될 만한 일은 대개 그 나이에 도달하기 전에 일어난다는 것이다. 넘치도록. 오코너는 그렇게 말한다. 작가로서의 생을 사는 내내 전혀 부족하지 않게 말이다. 내 경우 이것은 사실이 아니다. 이야깃거리가 될 만하다고 여겨진 일은 죄다 스무 살을 넘긴 다음에 일어났다. 나는 내가 부모가 되기 전에 있었던 일은 기억하는 것이 별로 없다. 내 인생에는 정말로 별일이 없었던 것 같다. 스무 살이 되고 결혼을 하고 애들을 가지기 전까지는. 그 후에야 일들이 벌어지기 시작했다.

— 「불」, 『내가 필요하면 전화해』, 97쪽

카버는 이어서 아이오와대학의 창작 프로그램에 다니던 시절의 일화를 언급한다. 아내는 어디론가 일을 하러 갔고, 아이들은 누군가의 집에 놀러 가 있던 어느 토요일 오후, 카버는 그동안 쌓인 빨랫감을 들고 빨래방으로 간다. 예닐곱 살 된 연년생 어린아이 둘을 포함한 네 가족의 밀린 빨래이니 양이 아주 많다. 주말의 대학가 주변 빨래방은 비슷한 형편인 이들이 싸 들고 온 빨래들로 그득하다. 눈치작전이 극심할 수밖에 없다. 카버는 가까스로 세탁기 몇 개를 확보해서 돌리지만 문제는 건조기다. 세탁이 30~40분 걸린다면, 건조는 옷감에 따라 그보다 한 배 반에서 두 배까지 걸리기도 한다. 그렇다면 건조기의 수가 세탁기의 수에 비해 한 배 반 내지 두 배가 되면 문제가 쉽게 해결되겠으나, 어떤 이유에서인가 대부분의 빨래방에는 세탁기와 건조기가 같은 수로 비치돼 있다. 카버는 각 건조기들에 남은 시간을 일일이 확인해본 뒤 시간이 얼마 남지 않은 건조기를 발견하고 그 앞에서 대기한다. 마침내 시간이 다 되어 건조기가 가동을 멈췄을 때, 빨래 주인이 와서 빨래를 만져보더니 건조기를 한 번 더 돌리기로 결심한다.

그 순간 카버는 무너진다. 앞으로도 계속 이렇게 살게 되리라는 것, 삶은 결코 나아지지 않으리라는 것, 절대로 다른 작가들처럼 작품에만 몰두해서 지내는 삶을 누리지 못할 것이며, 따라서 위대한 작품은커녕 장시간의 집중을 요하는 장편은 절대 쓸 수 없으리라는 생각이 마치 어떤 깨달음처럼 몸으로 덮쳐오는 경험을 한 것이다.

이 에세이의 원제인 'Fires'는 복수형으로 쓸 수 있는 명사가 아니다. 그렇게 쓸 수 있는 경우가 있기는 있다. 불이 여기저기 옮겨 붙고 있는 상황일 때. 카버는 본문에서 제목을 따오는 버릇이 있는데, 이 에세이에서 'fires'라는 단어를 쓴 적은 한 번도 없고 다만 'fire'라는 말만 한 차례 쓴다. 치코주립대학 시절의 은사였던 가드너에 대해 이야기하면서다.

카버는 이 글에서 가드너에게서 받은 영향에 대해 설명하는데, 여기서 가드너의 책 『장편소설가 되기』의 서문에 썼던 것 말고도 다른 한 가지를 더 이야기한다. "그는 우리 가운데 진정한 작가가 되기 위해 필요한 것을 가진 이는 아무도 없다고 선언했다. 우리 가운데 그 누구에게도 작가가 되기 위해 필요한 정열이 없어 보인다는 것이었다." 이때 '정열'의 원어가 'fire', 즉 '불'이다.

그런데 왜 에세이의 제목은 복수형일까? 혹시 카버는 매일매일 걱정해야 하는 생계나 육아 문제 같은 것을 삶의 영토 사방에서 붙고 있는 '불들'로 파악한 것은 아닐까? 가드너는 카버에게 '불'이 없다고 했는데, 카버는 혹시 정열이나 열정이라는 그 추상적인 '불'이 중요한 것이 아니라, 삶의 도처에서 붙고 있는 이 화급한 '불들'에 대해 생각하는 게 더 중요하다고 말하고 있는 것은 아닐까? 그러니까, 글을 쓰고 싶다는 정열보다 더 중요한 것은 나를 괴롭히는 것들을 상대하는 일이라고 말이다. 발등에 떨어진 다양한 불들에서 길어 올려야 하는 절박한 이야기들이 있다면 어쩌면 가슴속의 불이라는 것은 그다지 중요한 문제가 아닐 수도 있겠다. 만약 그렇다면 바로 이 차이가, 카버가 가드너가 있던 치코주립대학을 떠난 또 다른 이유였을지도 모르겠다.

문학계의 전위, 작은 잡지

작은 잡지의 종류는 워낙 다양하기 때문에 이들의 성격을 한마디로 규정하기는 어렵다. 작은 잡지는 크게 대학에 기반을 둔 것과 독립 잡지들로 나뉜다. 시작은 독립 잡지들이 훨씬 먼저였다. 최초의 문학잡지 중 하나였고 지금도 여전히 간행되고 있는 《포이트리》는 1912년에 창간되었다. 작은 잡지의 등장은 모더니즘 운동과 깊이 관련되어 있다. 제임스 조이스, T. S. 엘리엇, 에즈라 파운드, 아미리 바라카 같은 대가들도 모두 작은 잡지들을 통해서 처음 소개되었다. 특히 엘리엇의 「황무지」가 첫 선을 보인 것은 간행 부수가 1000부도 채 되지 않은 작은 잡지를 통해서였다.

　작은 잡지들은 해당 분야에 교육이 잘 되어 있는 특화된 독자들을 가지고, 이런 독자층을 기반으로 해서 동시대의 흐름보다 최소한 10여 년은 앞서가는 전위로서의 역할을 자임해왔다. T. S. 엘리엇은 잡지가 전위로서의 역할을 충실히 하려면 "한 명의 편집자, 소규모의 발행 부수, 창간 편집자의 활동 기간을 넘어서지 않는 짧은 수명"을 유지하는 것이 이상적이라고 생각했다. 오래전에 창간된 독립 잡지들은 대학 잡지에 비해 상대적으로 재정적인 기반이 취약했기 때문에 《파리리뷰》《플로우셰어스》《뉴레터스》 등을 제외하고는 대부분 경영난을 이기지 못하고 폐간되었다. 엘리엇의 견해를 따르면 이런 단명은 비극이 아니라 오히려 바람직한 현상인 셈이다.

　실제로 폐간되는 것보다 더 많은 수의 독립 잡지들이 끊임없이 창간되고 있다. 잡지의 시대가 저물고 있다는 진단이 상식처럼 통용되는 2000년을 전후한 시기에만도 《내러티브》《불바르》《플레이아데스》《글리머트레인》《빌리버》《일렉트릭리터러처》《그레인》《모자이크》《다이어그램》《원스토리》《맥스위니스》《틴하우스》 등의 새롭고 개성 강한 잡지들이 온오프 라인에서 새롭게 등장하면서 독립 문학잡지들의 영역이 새로이 형성되고 있다. 카버가 작품을 발표했을 뿐만 아니라 편집자로도 인연을 맺었던 《디셈버》역시 경영난으로 오랫동안 정간 상태에 있었으나, 몇 해 전부터 주인이 바뀌어 다시 간행되기 시작했다.

　그런가 하면 영국 케임브리지대학의 학생 잡지로 시작했다가 1979년에 독립 잡지로 모습을 바꾼 《그란타》는 10년에 한 번씩 정기적으로 미국과 영국의 신진 작가들을 소개하는가 하면, 스페인, 브라질, 일본으로까지 작가 소개의 범주를 넓히면서 세계적으로 중요한 문학 전문지의 자리를 굳히고 있다. 《그란타》는 현재 중국어와 스페인어 판도 따로

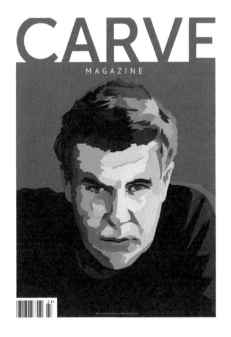

카버의 문학 세계 계승을 목표로 한
작은 잡지 《카브》

펴내고 있다.

대학 잡지들은 하버드대학의 《하운드와나팔》, 캐년대학의 《캐년리뷰》처럼 작은 잡지 역사의 초기에 창간된 것들도 있지만, 대개는 1960년대 이후에 창간되어 상대적으로 탄탄한 재정을 바탕으로 비교적 안정적으로 운영되고 있다. 《시카고리뷰》(시카고대), 《픽션》(뉴욕시립대), 《아이오와리뷰》(아이오와대), 《노스아메리칸리뷰》(노던아이오와대), 《콜로라도리뷰》(콜로라도주립대), 《옥시던트》(버클리대) 등의 잡지들이 대개 계간으로 발행되면서 젊고 실험적인 작가들의 등용문 역할을 하고 있다.

작은 잡지의 생명은 전위성과 실험성에 있지만, 그렇다고 해서 그것에만 국한되지는 않는다. 작가들이 작은 잡지에 작품을 싣는 것이 반드시 실험적인 작품을 쓰기 때문만은 아니다. 많은 경우 메이저 잡지들에서 거절당했기 때문에 작은 잡지를 찾는다. 그래서 결과적으로 작은 잡지는 미국 문학의 모든 성향이 뒤섞여서 공존하는 장이 되고, 미국 문학 생태계의 바탕을 이루게 된다. 대부분의 성공적인 작가들은 작은 잡지들에 깊은 뿌리를 둔다. 작은 잡지를 거치지 않고 메이저에 작품을 실은 작가는 없다.

04

RAYMOND CARVER

모든 것이 무너져 내리는

작가와 가장으로서 살아남기

아이오와에서 보낸 혹독한 1년

미국의 북중부에 위치한 아이오와주는 기후 조건이 아주 좋지 않은 곳이다. 심한 폭풍우나 토네이도와 더불어 봄을 시작한 뒤, 거의 매일 섭씨 30도를 넘어가는 고온다습한 여름을 견뎌내고 나면, 짧은 가을을 거쳐 곧 영하 20도 언저리를 맴도는 혹독한 겨울이 온다. 이쯤 되면 아이오와시가 2008년에 유네스코로부터 공식적으로 '문학의 도시'라는 타이틀을 얻게 된 것도 이해가 간다. 밖에서 보낼 수 있는 날이 많지 않은 도시다.

카버 일가는 이 끔찍한 날씨 속에서 "히터와 서리 제거 장치가 망가진" 차를 타고 각자의 일터와 학교를 다녔다. 겨울에는 운전석 창밖으로 머리를 내밀고 다녀야 했다. 창문을 닫으면 앞 유리에 서리가 앉고, 문을 열면 성에가 끼면서 얼어붙어 앞을 볼 수가 없었기 때문이다.

시련은 이것만이 아니었다. 그리로 간 지 몇 달 되지 않아 메리앤의 아버지가 사망한다. 그의 사인 역시 자동차와 관련이 있었다. 새로 산 중고차에서 일산화탄소가 차량 내로 새어 나와 멀쩡하던 사람이 하루아침에 일산화탄소 중독으로 세상을 떠난 것이다. 카버의 초기 대표작 중 하나인 「제발 조용히 좀 해요」는 아내 메리앤이 아버지의 장례식에 참석하기 위해 워싱턴주로 떠나 있던 기간에 쓴 작품이다. 아내가 집을 비운 동안, 얼마 전까지 거주하던 유리카와 그곳에서 늘 벌어지던 파티를 배경으로 아내의 부정에 대한 상상력을 키운 셈이다. 이 또한 구체적인 경험에서 상상한 갈등을 발전시켜 이야기를 풀어나가는 그의 창작 방식을 잘 보여준다.

메리앤은 두 아이의 엄마였지만, 여전히 아름답고 지적이고 자기표현에 매우 적극적인 20대 초반의 젊은 여성이었다. 카버와 메리앤이 서로를 더할 나위 없이 사랑했던 것과는 별개로, 미국이 역사상 가장 분방해지고 있던 시절 가장 분방한 공간이었던 대학 사회를 떠도는 동안에 두 사람은 항상 긴장감을 갖고서 상대방이 주변과 맺는 관계를 지켜보았던 것 같다. 특히 카버는 메리앤을 향한 그런 불안과 불만을 항상 가지고 있었고, 이후 알코올의존증이 심화되고 난 뒤에는 가혹한 폭력 행사로 그것을 드러내기도 했다.

카버는 아이오와대학에 다니는 동안 상당히 생산적인 시간을 보냈지만, 결국 1년 만에 그만둔다. 이유는 여러 군데서 찾을 수 있을 것이다. 무엇보다, 카버는 문학 이야기를 하는 것은 누구 못지않게 좋아했지만 아이오와대학 창작 프로그램의 지나치게 문학적인 분위기(수업 시간에 제출한 작품에 대한 가혹하고 시시콜콜한 비평과, 동부 명문대 출신들이 조성하는 상류층 지식인 사회 분위기 등)는 견디지 못했다. 게

아이오와대학

카버는 지나치게 '문학적인 분위기'였던 아이오와대학의 문예 창작 프로그램을 견디지 못하고 1년 만에 그만둔다. 그에게 '문학의 도시' 아이오와에서 보낸 시간은 혹독했다. 카버 부부는 끔찍한 날씨 속에서 "히터와 서리 제거 장치가 망가진" 차를 타고 각자의 일터와 학교를 다녔지만, 혹독한 환경과 생활고에 지쳐 이곳 생활을 마감하고 캘리포니아로 향한다.

다가 메리앤의 아버지가 어처구니 없게 세상을 떠나면서 가족의 생계를 실질적으로 책임지던 메리앤이 생활의 의욕을 많이 잃은 점, 메리앤이 아이들을 데리고 장례식에 다녀오느라 든 비용으로 더욱 늘어나게 된 빚, 도저히 아이를 키울 수 없을 정도로 열악한 주거 환경 등의 부정적인 여건들은 학교와 학위 취득을 향한 카버의 의욕을 압도하고도 남을 수준이었다.

또한 카버는 학교에서는 비주류 촌놈에 불과했지만, 한편으로는 이미 문학잡지에 작품을 발표하기 시작한 극소수의 학생 중 하나였으므로 이 모든 억압적 조건들에 대해 학교를 때려치우는 오만함으로 답하고자 했을지도 모르겠다. 카버가 아이오와대학에 입학하던 해인 1963년에 「제재소 사장이 죽던 밤」이 당시 꽤 인정받던 작은 잡지 중 하나인 《계간캐롤라이나》에 게재되었고, 같은 해 가을에는 「분노의 계절」이 《디셈버》에 실리기도 했던 것이다. 어떤 이유에서건 카버는 가난한 가족을 이끌고 다시 한번 캘리포니아를 향해 떠났다.

파국의 시작

캘리포니아는 오래전부터 곤경에 처한 이들에게 위로가 되는 이름이었다. 동부에서 밀려난 이들은 물론이고, 1930년대 중서부 대가뭄 때도 사람들은 캘리포니아로 몰려갔다. 존 스타인벡이 『분노의 포도』에서 그렸듯이 캘리포니아라고 해서 이상향일 리는 없었지만 최소한 아이오와에 비해 여름에 덜 덥고 겨울에 덜 춥기는 할 것이다.

카버 가족의 행선지는 캘리포니아주의 주도인 새크라멘토였다. 이유는 오로지 카버의 부모가 그곳에 살고 있기 때문이었다. 워싱턴주의 고향에 살고 있던 메리앤의 아버지는 세상을 떠났고, 치코 근처 파라다이스에 살고 있는 메리앤의 어머니는 남자 친구와 함께 살고 있어서 찾아가 기댈 만한 형편이 못 되었다. 달리 갈 곳이 없어 일단 그리로 가긴 했지만, 카버의 부모 역시 가난하긴 마찬가지였고 그곳에 작은 아파트를 하나 세내어 살고 있을 뿐 사실상 아무 연고도 없는 떠돌이 신세나 마찬가지였다. 이미 오래전에 근로 능력을 잃은 카버의 아버지는 그즈음에야 나오기 시작한 장애 연금을 받아 병원에 다녔고, 어머니는 평생 그래왔듯이 이런저런 일자리를 전전하면서 근근이 살아가고 있었다.

메리앤은 아르카타 시절 훔볼트주립대학에 입학한 뒤로는 한두 학기를 다니다가 생활비를 벌기 위해 휴학하고, 주거지를 옮기게 되면 다시 그 지역의 대학으로 편입해 형편이 허락하는 한 다시 한두 학기를 다니는 패턴을 고수하면서 거의 10년 동안 대학에 다녔다. 메리앤은 새크라멘토에 올 무렵에도 학생 신분을 유지하고 있었고, 재학 기간 내내 높은 성적을 유지한 덕분에 지역 명문인 캘리포니아주립대학교 데이비스캠퍼스(UC데이비스)로부터 편입 허가를 받는다.

메리앤과 카버는 학교에 다니는 동안에도 늘 일을 했다. 메리앤은 이번에도 데이비스로 오자마자 웨이트리스 자리를 얻었지만, 대학을 마치고 대학원은 중퇴로 마무리한 카버는 이제 제대로 된 직업을 찾아야 할 때였다. 그로서는 사실상 처음으로 대학 밖 사회로 내던져진 셈이었다.

카버에게는 돈을 벌겠다는 의욕은 있었지만, 영문학사 학위만 가지고 일자리를 찾는 것은 당시에도 쉽지 않은 일이었다. 메리앤이 어머니 연줄을 통해 어렵사리 고등학교에서 연극과 영어를 가르치는 교사직을 카버에게 알선했지만, 그는 출근을 며칠 앞두고 결국 그 자리를 거부했다. 학교에서는 계약 불이행으로 당장 고소하겠다고 을러댔다. 카버에 관한 한 이해의 화신이었던 아내 메리앤조차도 이번 일만은 이해할 수가 없었다. 막연한 불안감 때문이라는 것 말고는 달리 설명할 방법이 없었지만, 어쨌거나 카버는 교사직을 물리치고 시내 백화점의 지하에서 장난감 등을 조립하는 일자리를 찾는다. 교사직처럼 각종 혜택이 많지만 동시에 책임도 큰 일자리보다는 차라리 단순노동 쪽이 글쓰기에는 더 좋을 것이라고 생각했는지도 모르겠다.

그러나 메리앤에 따르면 카버는 전구 하나 갈아 끼우는 것도 어려워하는 사람이었다. 그러니 장난감 조립 일이라고 해서 몸이고 마음이고 편했을 리 만무하다. 고급 식당에 일자리를 얻은 메리앤이 웨이트리스에서 금세 호스티스로 승진하면서 자리를 잡은 것과 달리, 카버는 백화점 지하에서 제대로 할 줄도 모르는 장난감 조립에 하루 종일 매달려 진을 뺐다. 그러다 메리앤이 출근하는 저녁 시간이면 한창 손이 많이 가는 나이의 두 아이를 돌보면서 그렇게 하루하루를 보냈다. 작품을 쓰기는커녕 남의 글을 읽기도 어려운 생활이었다. 카버는 그 일자리마저도 곧 잃고 만다. 지하실에 오랫동안 쌓여 있던, 유통기간도 지난 쿠키를 훔쳐 먹었다는 이유에서였다.

카버는 다시 일자리를 찾아다니기 시작했지만 소득은 없었다. 단편 「보존」에서 그는 오랜 실직 상태로 무력감에 빠져 있는 사내에게 온전히 집중한다. 새크라멘토 시절로부터 한참 뒤인 1982년에 쓴 이 소설은 이런 문장으로 시작한다.

> 샌디의 남편은 석 달 전에 회사에서 잘린 뒤로 줄곧 소파에서 지내왔다.
>
> ─「보존」, 『대성당』, 35쪽

이 첫 문장에는 중요한 두 개의 정보가 들어 있고, 마찬가지로 중요한 하나의 정보가 빠져 있다. 중요한 두 가지 정보란 샌디의 남편이 해고당했으며 그 후로 줄곧 소파에서 지내왔다는 사실이고, 빠져 있는 정보는 사내의 이름이다. 그는 "샌디의 남편"으로만 불린다. 이와 함께 그 위치는 매우 불안정한 것이 되고 만다. 이 호칭의 익명성이 가진 자리를 고정해주는 유일한 장치인 샌디가 어떤 식으로든 변화한다면 샌디와 그의 관계도 당연히 변할 것이고, 그 결과 누군가의 '남편'이라는 익명성마저 사라지게 될 것이기 때문이다.

불안정한 모든 것에 걸맞게 사내는 자기 집에서도 임시 거처를 택한다. 집의 안쪽인 침실과 바깥세상 사이의 중간 지대이자, 직장을 가진 가장이었던 과거와 무슨 일이 벌어질지 알 수 없는 미래의 사이, 그 틈새에 위치한 한 점인 거실의 소파가 바로 그곳이다. 그런데 사내가 이 틈새의 점에 머무는 기간이 점점 길어진다. 그러면서 샌디는 소파를 잃게 된다. 샌디는 이렇게 생각한다.

> 저 빌어먹을 놈의 소파! 솔직히 말하자면 그녀는 두 번 다시 거기
> 에 앉고 싶지도 않았다. 예전에 둘이 거기에 누워 섹스를 하던 모습
> 은 떠올릴 수조차 없었다.
>
> —「보존」, 『대성당』, 37쪽

말하자면 일자리를 잃고 그 상실로 인해 안심하고 머물 수 있는 내밀한 공간조차 잃은 샌디의 남편은 샌디가 잃어버린 공간만을 자기 것으로 가지고 있는 셈이고, 그렇다면 두 사람이 점유하는 공간의 교집합은 '0'이다.

이런 상황에서 냉장고가 고장 난다. 샌디는 냉장고에서 버릴 것들은 버리고, 살릴 수 있는 재료들은 조리한다. 이렇게 해놓고 보니 한 시절이 끝났다는 것이 분명해진다. 냉장고의 적절한 저온 속에 '보존'되어오던 것들이 바깥 온도에 노출되었고, 그 결과 더 이상의 보존이 불가능해진 것이다.

이 끊어진 시절을 다시 이으려면 새로운 냉장고가 있어야 한다. 두 사람은 신문을 뒤지다가 가전제품을 파는 창고 경매가 있다는 것을 알게 된다. 남편은 처음에는 싫다고 버티다가 결국 가겠다고 동의하지만, 마지막 음식을 조리해 먹은 뒤에는 다시 자기 자리인 소파로 돌아간다. 두 사람이 공유하던 공간이 사라지고, 마침내 함께 유지해오던 시간마저 사라진 상태에서 이 결혼 생활은 어떻게 될까?

카버가 본격적으로 술을 마시기 시작한 것은 아마 이때부터였던 것 같다. 카버는 일자리를 찾아야 했지만 그다지 열성적이지 않았고, 아이들에 대해서는 항상 그래왔듯이 거의 방임 수준의 태도였으며, 이제 본격적으로 글을 써내야 하는 시기가 됐지만 무슨 이유에서인지 글도 쓰지 않았다. 메리앤의 회고에 따르면 이 시절 카버는 오후에 출근해서 밤늦게 퇴근하는 메리앤의 운전기사 노릇을 했는데, 그녀를 데리러 오는 카버한테서는 항상 술 냄새가 났다. 게다가 메리앤의 근무가 끝나는 시간보다 조금 일찍 도착해 식당 바에 앉아서는 메리앤이 받은 팁을 헐어 위스키를 더블로 한 잔씩 마시곤 했다. 고약하게 말하자면 룸펜 술꾼이고, 좋게 말하자면…… 그러나 좋게 말할 도리가 없는 이런 상태는 카버가 완전히 술을 끊는 1977년 여름에 이를 때까지 10여 년이나 계속 이어지게 된다. 중간중간 일자리를 얻었다가 다시 잃는 롤러코스터를 타면서. 이 기간 동안 카버는 두 번의 법적 파산과 몇 차례의 가족 간 이산을 포함해 여러 차례 심각한 위기를 겪게 되는데, 새크라멘토에서 이 모든 것의 시작을 경험한다.

이 첫 경험, 처음으로 학교를 벗어나 생활인으로 살기 시작하다가 실직하고, 몇 달 동안 허공을 딛는 것처럼 살다가 전기마저 끊기고 집세도 못 내어서 처음으로 온 가족이 길바닥에 나앉게 된 경험은 두 사람 모두에게 치명적이었다. 이때의 일 또한 카버는 「새크라멘토에서 살았던 첫 번째 집」이라는 시로 남겼다. 이 시에 의하면 카버는 술집에서 만난 이들을 집으로 데려와 포커를 치다가 식료품 살 돈을 다 날리기도 했고, 그 집을 떠날 때는 집세도 밀리고 전기를

새크라멘토

캘리포니아의 주도인 새크라멘토는 골드러시 시절에 크게 성장한 도시이지만, 카버의 가족에게는 희망적 전망과는 거리가 먼 곳이다. 1964년 카버는 이곳으로 들어와 생활인으로 살기 시작하다가 실직하고, 이후 전기마저 끊기고 집세도 못 내면서 길바닥에 나앉고 만다. 그가 본격적으로 술을 마시기 시작한 것도 이 무렵부터다. 술을 끊는 1977년까지 그는 두 번의 법적 파산과 몇 차례의 가족 간 이산을 경험하는데, 새크라멘토에서 이 모든 것의 시작을 맛본다.

비롯한 모든 게 다 끊긴 상태에서 랜턴 불빛에 의지해 야반도주를 감행해야 했다.

그러나 이 위기는 꼭 경제적인 이유 때문만은 아니었다. 메리앤의 회고에 의하면 이 시기에 카버는 UC데이비스의 기숙사에 잠깐 살 때 사귄 부잣집 여학생을 만나러 다니면서 메리앤을 데리러 오는 시간을 어기거나 아예 오지 않기도 했다. 메리앤은 메리앤대로 웨이트리스로 일하던 식당에서 식당 주인의 유혹을 가까스로 거절하고 나서는 더 이상 일하러 나가기가 어려운 상태였다. 두 사람 모두 지쳐 있었고 삶의 의욕을 잃었다고 봐도 좋을 것이다. 이 모든 요인들이 더해지면서 카버는 부모가 사는 작은 아파트의 거실로, 메리앤은 두 아이와 함께 엄마가 사는 파라다이스로 그렇게 흩어진다.

머시병원의 청소부

아이들을 데리고 파라다이스로 갔던 메리앤은 어머니에게 아이들을 맡겨두고 여동생이 웨이트리스로 일하고 있는 소살리토로 간다. 파라다이스가 진짜 파라다이스와는 아무런 관계도 없는 지루하기 짝이 없는 내륙의 한 동네인 데 반해, 소살리토는 지금도 아름다운 풍광으로 유명한, 파라다이스에 오히려 더 가까워 보이는 동네다. 연안을 항해 중이던 배들이 버드나무 군락을 보고 식수를 찾아 들어오던 지점이었다고 하니, 파라다이스까지는 몰라도 오아시스 역할은 했던 셈이다.

이 무렵 메리앤의 여동생 에이미는 남자 친구와 함께 이 동네에서 히피 같은 생활을 하고 있었다. 그들은 그로부터 2~3년 후에 명상, 사랑, 음악, 섹스, 엘에스디 등의 요소를 공유하면서 샌프란시스코로 모여들어 '러브인Love-in'이라고 불리던 히피 운동의 일원이 되는데, 당시만 해도 에이미는 '노네임No Name'이라는 이름의 바에서 바텐더로 일하고 있었다. 1959년에 처음 영업을 시작해 그 지역 예술가들의 구심점 역할을 했던 이곳은 지금도 여전히 건재하다. 메리앤은 이 바에서, 에이미의 친구들이 『도덕경』에 끼워서 준 새크라멘토행 버스표와 20달러짜리 지폐 한 장을 들고 새크라멘토로 돌아온다.

이 이산의 경험이 어떤 경고나 교훈으로 작용했는지 이후 재결합한 카버 가족은 비교적 안정적인 몇 해를 보내게 된다. 우선 메리앤은 당시 새크라멘토에서 가장 성업 중이던 나이트클럽에 웨이트리스로 취직했고, 카버는 꽤 큰 규모의 종합병원인 머시병원에 청소부 일자리를 얻었다.

카버는 처음 얼마간은 낮에 일했지만, 곧 밤 근무로 옮기면서 상당한 여유를 얻게 된다. 카버의 일생을 살펴보면 그가 글쓰기를 제외한 대부분의 일을 다양한 꼼수와 속임수와 불법적 행위에 의지해 처리했다는 사실을 알게 되는데, 이때도 마찬가지였다. 카버와 같이 야간 근무조였던 청년은 카버 부모와 동향인 아칸소 출신인 데다, 카버가 질리도록 겪은 '기혼의 대학생'이라는 상황에 처한 친구이기도 해서 두 사람은 서로의 사정을 잘 이해하고 호흡도 잘 맞았다. 그들은 일을 저녁 무렵에 후다닥 해치우고 나서 〈자니카슨쇼〉

카버가 일한 머시병원

가족 간 이산의 아픔을 겪은 뒤, 카버가 새크라멘토에서 구한 직업은 병원 청소부였다. 그는 야근 근무를 함께 서던 동료와 꼼수를 부려 틈틈이 글을 쓸 수 있는 시간을 벌기도 했다. 당시 메리앤은 나이트클럽 웨이트리스를 거쳐 '부모들의 잡지 문화원'이라는 북클럽의 일자리를 얻었다. 그러면서 카버 가족은 비교적 안정된 2년의 시간을 보내게 된다.

같은 심야 쇼 프로그램을 같이 본 뒤, 병원이 좀 조용해지고 나면 둘 중 한 사람이 일찍 퇴근하는 것을 눈감아주는 식으로 서로의 시간을 벌어주었다. 이렇게 해서 조금씩 여유가 생기게 되자 카버는 다시 글을 쓸 수 있게 되었다.

　그러나 이 일자리가 그렇게 만만하기만 한 것은 아니었다. 이 당시의 생활에 대해 쓴 시 「해부실」을 읽어보자.

　그때 나는 젊었고 절정의 힘을 가지고 있었다.

　무슨 일이 됐든, 나는 생각했다. 그런데 내 일 중 하나는

　검시관의 작업이 끝난 후 밤에

　해부실을 청소하는 것이었다. 그 사람들은 어떤 때는

　일을 일찍 끝냈고, 어떤 때는 너무 늦게 끝냈다.

　그럴 때면, 살려줘, 그 사람들은 특별하게 제작된 테이블 위에

　이런저런 걸 남겨두곤 했다. 돌처럼 고요하고 눈처럼 차가운

　작은 아기. 또 언젠가는,

　백발의 거대한 흑인이 누워 있었다 가슴이

　열린 채로. 주요 내장 기관들이 그의 머리 옆

　용기에 담겨 있었다. 호스에서 물이

　흘러나오고, 테이블 위로는 전등 빛이 쏟아져 내렸다.

　그리고 한번은 거기에 다리가 한 짝 있었다, 여자의 다리,

　그 테이블 위에. 창백하고 잘 빠진 다리.

　나는 그게 뭔지 알고 있었다. 전에도 많이 본 것이니까.

　그래도, 숨이 멎는 것 같았다.

밤에 집에 가면 아내는 말했다,

"자기야, 다 괜찮아질 거야. 우린 지금의 인생을 주고

다른 인생을 사게 될 거야." 하지만 그건 그렇게 쉬운 일이

아니었다.

— 「해부실」, 『울트라마린』, 15쪽

이런 종류의 경험은 누구에게나 견디기 어려운 것이겠지만, 특히
이미 습관적으로 술을 마시기 시작한 카버에게는 매우 해로웠을 것
이다.

참혹한 굴욕과 홀가분한 희망 사이

이 무렵 메리앤은 새크라멘토에서 가장 성업 중이던 나이트클
럽의 웨이트리스를 거쳐 '부모들의 잡지 문화원Parents' Magazine Cultural
Institute'이라는 곳에 생애 처음으로 안정된 일자리를 얻게 된다. 이
름이 좀 독특한데, 미국에서 오랜 역사를 자랑하는 북클럽 문화의
한 형태라고 보면 된다. 이곳은 어린이들에게 좋은 고전 명작을 공
급해주는 것으로 유명한 북클럽이었는데, 부모들에게 그 책들을
소개하면서 교육 관련 이슈들을 다루는 잡지도 함께 발행했다. 메
리앤의 업무는 가가호호 찾아다니며 북클럽 가입을 권유하고, 클
럽에 가입한 부모들에게 아이들 독서 및 교육과 관련한 상담을 진
행하면서 그때그때 새로 나오는 교육 관련 상품을 판매하는 일이

었다.

어딜 가든 뛰어난 친화력을 발휘하고 일자리를 얻는 데 귀재였던 메리앤은 이 일에도 탁월한 재능을 보이면서 남다른 실적을 올리기 시작했다. 오래지 않아 다른 판매 및 상담 직원들을 교육하는 지역 매니저 자리에 오르고, 회사에서 나온 특별 보너스로 빨간색 컨버터블 승용차도 샀다. 결혼 후 7~8년 동안 온갖 고물 차를 경험해온 메리앤에게 "바람보다 빨리 달리는" 이 차는 성공의 상징 같은 것이었다. 예전 집에서 멀지 않은 락스퍼레인에 위치한 더 크고 쾌적한 집으로 이사도 했다. 아이들은 다시 전학하지 않아도 되는 안정된 환경에 놓이게 됐고, 모든 것이 다 자리를 잡는 것처럼 보였다.

아이들을 돌봐주고 가사를 도와줄 가정부도 고용했다. 벤슨 부인이라는, 나이 지긋한 여성이었는데 카버 가정에 큰 도움이 된 사람이었다. 벤슨 부인은 카버의 1982년 단편 「열」에 '웹스터 부인'이라는 이름으로 모습을 드러내는데, 이 인물은 카버의 작품에서 드물게 주인공을 곤경에서 구해주는 역할을 맡고 있다.

메리앤이 한창 잘 벌던 시절에는 출장을 비롯해 밖에서 보내는 시간이 길었다. 당시 카버는 메리앤의 일을 싫어한 나머지 가정과 일 둘 중 하나를 선택하라는 최후통첩을 내놓았다. 결과적으로 메리앤은 가정을 선택했다. 그녀는 일을 줄이기 시작했고, 그러자 자기가 관리하고 있던 지역이 흔들리기 시작했다. 그렇게 되자 그녀의 부하 직원들의 수당이 줄어들면서 그들도 하나씩 떠나게 됐고, 결국 자기도 일을 그만둘 수밖에 없게 됐다는 게 메리앤의 설명이었다. 카버가 메리앤의 일을 싫어한 것은 메리앤이 일 때문에 자주 집을 비운 탓도 있었지만, 메리앤과 그녀 상관과의 관계를 석연치 않게 여긴 탓도 컸을 것이다. 메리앤에 대한 카버의 의심은, 그것이 근거가 있든 그렇지 않든 간에 카버가 젊은 부부를 다룬 여러 작품에 공통으로 등장하는 모티브가 된다. 메리앤은 단순히 자기가 직장에서 영향력 있는 사람이 되어가는 것을 카버가 시기한 데서 이 모든 일이 시작됐다고 믿었다.

이유와 경위야 어떻든 카버 가족은 약 2년 동안의 상대적 풍요 끝에 마치 그것이 불편하기라도 했다는 듯 다시 익숙한 빈곤 속으로 돌아간다. 그리고 그 와중에 학자금 융자 상환 고지서가 날아들기 시작한다. 졸업 후 2년이 됐으니 갚기 시작해야 하는 시점이 된 것이다. 카버는 단골 술집에서 만난 술꾼 변호사의 제안을 받아들여 개인 파산을 신청하기로 한다. 메리앤이 격렬하게 반대했지만 카버는 마음을 바꾸지 않았다. 두 사람은 변호사의 조언에 따라 집행 과정에서 압류당하는 것을 피하기 위해 가장 큰 재산이자 메리앤의 자랑이었던 1962년형 빨간색 폰티악 카탈리나 컨버터블을 팔아치우기로 한다.

이 경험은 1971년 단편 「무슨 일이오?」에 소재로 사용되었다. 도입부에서 토니는 아이가 없는 남자한테도 아동용 백과사전을 팔 정도로 머리가 좋고 개성이 강한 여자로 묘사된다. 그녀는 마치 포주가 창녀를 거리로 내보내듯이 자기를 내보낸 남편 리오를 비웃기라도 하듯 중고차 딜러를 만나 같이 밥을 먹고 술을 마시다 새벽이 다 되어서야 만취해 들어온다. 주먹을 쥐고 다가오는 남편에게 그녀는 때려보라며 그의 셔츠를 찢고 목을 할퀸다. 그러고는 "파산자!"라는

세크라멘토 시절의 카버(1969)

경제적 파산, 아내의 부정에 대한 의심 등으로 삶의 낭떠러지로 추락했던 시절의 카버 모습. 이때 카버의 문학은 버려질 대로 버려지고 있지 않았을까? 이 경험은 1971년 단편 「무슨 일이 오?」에 잘 투영되어 있다.

말로 모욕을 준다. 리오는 취해서 곯아떨어진 토니의 팬티를 벗겨내 전등 밑으로 가져가 흡사 검사하듯이 살펴본다. 이 처참한 굴욕은 그러나 소설에 나오는 세 번의 굴욕 중 두 번째 것에 불과할 뿐이다.

첫 번째 굴욕은 어니스트 윌리엄스라는 이웃의 존재다. 서두와 말미에 잠깐씩 등장하는 이 이웃은 말 한마디 하지 않지만, 자신이 리오를 얼마나 경멸하고 있는지를 신문으로 자기 허벅지를 세게 두드리고 돌아서며 침을 뱉는 행동으로 보여준다. 이웃을 의식하는 이런 태도는 시 「새크라멘토에서 살았던 첫 번째 집」에도 등장한다. 시에서 화자는 이렇게 말한다. "한밤중에 집을 떠나는 가족을 보면서 / 이웃의 마음속에 어떤 생각이 떠오를지 / 누가 알겠는가".

두어 해 뒤에 쓴 단편 「너무나 많은 물이 집 가까이에」에서는 외부의 시선이라는 문제를 아예 작품의 중심에 두고 있는 점을 생각해본다면 카버가 이 문제를 꾸준히 생각해왔다고 볼 수 있겠다. 하긴 왜 안 그렇겠는가, 40대에 이르기 전까지는 그의 움직임 하나하나가 민폐였으니.

세 번째 굴욕은 리오가 토니의 불륜 상대로 의심하던 중고차 판매상이 그녀의 화장품 파우치를 가지고 왔을 때다. 파우치는 보통 여자들이 핸드백 안에 넣어서 다니는 가방 안의 가방이다. 이 물건이 왜 따로 나와 있으며, 중고차 딜러가 왜 그것을 가지고 왔을까? 리오는 차를 빼 돌아가려는 사내를 막아선 채 "월요일"이라는 말만 되풀이한다. 아마 월요일이면 이 굴욕에서 벗어나게 된다는 말을 하고 싶었던 모양이다. 그러나 물론 딜러는 리오의 심정에는 아무런 관심도 없다.

소설은 파산을 앞둔 사내의 굴욕을 이렇게 다양한 각도에서 묘사했지만, 같은 경험을 다루고 있는 시 「파산」의 정조는 조금 다르다.

스물여덟 살, 속옷 밖으로 삐져나온
털 수북한 배(차압 면제)
나는 지금 비스듬히
소파(차압 면제) 위에 누워서
내 아내의 즐거운 목소리(이것 또한 차압 면제)가 내는
낯선 소리를 듣고 있다.

우리는 이 작은 즐거움의 영토에
새로 도착한 사람들.
나를 용서해다오(나는 법원에 요구한다)
우리가 아무렇게나 돈을 써버렸음을.
오늘, 내 가슴은, 현관문처럼,
열려 있다 몇 달 만에 처음으로.

—「파산」, 『불』, 61쪽

여기에 굴욕 따위는 없다. 아내 또한 너무나 오랜만에 즐거운 목소리를 내고 있어서 이상하고 낯설게 들리기까지 한다. 물론 우리는 이 두 정서 중 어느 것이 진정한 카버의 것인지 알 수 없다. 그 어느 것도 그의 진실한 감정이 아닐 수도 있겠지만, 하나의 사건에서 발생할 수 있는 어떤 감정도 소홀히 흘려버리지 않는 그의 예민한

감각을 생각하면 두 가지 모두 앞에서 들여다본 참혹한 굴욕의 감정에 이어져 온 것일 수도 있다. 파산이 주는 고통과 그것이 지나간 후의 홀가분한 희망을 순서대로 보여주는 것이다. 아무튼 우리가 알 수 있는 것은, 그가 매우 진실성 있게 이 두 가지 상반된 감정을 이런 식으로 고정해놓았다는 사실이다.

배우자의 부정에 대한 의심은 남편과 아내 두 사람 모두의 심리를 극단화한다는 점에서 남녀 관계를 주로 다루는 작가에게는 매력적인 소재다. 그런데 특히 「무슨 일이오?」의 경우에는 아내의 부정에 대해 확정적이지는 않지만 확실히 혐의를 둘 만한 몇 가지 사항들을 배치함으로써 그 개연성을 높인다.

불륜을 주제로 한 이야기로는 「거짓말」이라는 인상적인 소품도 눈여겨볼 만하다. 한 남성의 일인칭시점으로 기술된 이 작품에는 남편이나 아내 모두 이름이 없다. 게다가 시공간적 배경도, 이들의 나이나 직업에 대한 설정도 없다. '나'와 '나의 아내'만 있을 뿐이다. '나'는 아내와 나 모두의 친구인 한 여자로부터 '나의 아내'가 어떤 '더러운 짓'을 했다는 이야기를 이미 들은 뒤다. 소설은 아내가 "그거 거짓말이야"라고 말하는 것으로 시작한다. 그 더러운 짓의 내용이 무엇인지는 제시되지 않는다. 그 이야기를 해줬다는 여자의 이름도 나오지 않는다. 아무런 상황도 제시되지 않는다. 오로지 거짓말을 둘러싼 아내와 남편 사이의 이야기로만 구성되어 있는 이 작품에서, 아내는 처음에는 격렬하게 부인하다가 나중에는 친구의 말이 맞다고 아무렇지도 않은 듯이 시인한다. 왜 거짓말을 했느냐고 묻는 남편의 말에 아내는 미안했기 때문이라고 답한다. 그리고 너무나 부끄러웠기 때문이라고 덧붙인다. 그러다가 이야기가 끝날 무렵에 가서 아내는 다시 부인한다. 마치 자기가 남편을 시험하기라도 했던 것처럼. 그리고 그 시험에 빠진 남편을 꾸짖기라도 하는 것처럼.

우리는 이런 상상력이 그야말로 단순한 상상력인지, 실제 경험에 근거한 것인지, 아니면 알코올의존증이 시작되고 있던, 경제적으로 무능력하기 짝이 없는 자가 능력 있는 아내에게 느끼고 있던 어떤 강박증의 소산이었는지 알지 못한다.

시기적으로 비약하는 느낌이 있지만, 그가 오래전부터 다루어온 불륜이라는 주제를 새롭게 발전시킨 이야기들을 먼저 들여다보기로 하자. 카버는 초기부터 즐겨 다루던 남녀 간의 감정적인 관계를 좀 더 복잡한 사회적 관계 속으로 가지고 들어간다.

압도해오는 타자, 「비타민」의 검둥이

1980년 단편 「비타민」은 카버가 즐겨 다루던 요소들의 집대성이라고 할 만하다. 특히 이 작품은 「무슨 일이오?」의 발단이 된 메리 앤의 '부모들의 잡지 문화원' 일과 관계된 이야기를 비타민 판매 조직으로 바꾸어 전개하고 있어서, 카버가 지난 10여 년 동안 어떤 변화를 겪었고 또 무엇을 그대로 유지하고 있는지 들여다볼 수 있는 좋은 계기가 된다. 이 작품 역시 배경을 명쾌하게 요약하는 문장들로 시작된다.

《에스콰이어》(1981)에 실린 「비타민」

이 작품에서 카버는 초기부터 즐겨 다루었던 남녀 간의 감정적 관계를 인종 문제 등 좀 더 복잡한 사회적 관계 속에서 발전시켰다. 이 작품을 기점으로 지난 10여 년간 카버의 작품에서 무엇이 변화되고 유지되었는지를 살펴볼 수 있다.

> He had ways to keep healthy, but he couldn't help himself. What is it in the world, in ourselves, that makes us go all to hell?

VITAMINS

FICTION BY RAYMOND CARVER

I HAD A JOB AND PATTI DIDN'T. I WORKED A FEW HOURS A night for the hospital. It was a nothing job. I did some work, signed the card for eight hours, went drinking with the nurses. After a while, Patti wanted a job. She said she needed a job for her self-respect. So she started selling multiple vitamins and minerals door to door.

For a while she was just another girl who went up and down blocks in strange neighborhoods knocking on doors. But she learned the ropes. She was quick and had excelled at things in school. She had personality. Pretty soon the company gave her a promotion. Some of the girls who weren't doing so hot were put to work under her. Before long she had herself a little office out in the mall. But the names and faces of the girls were always changing. The girls would quit after a few days, like the girls were new converts sometimes. One or two of the girls were good at it. They could sell vitamins. These girls stuck with Patti. They formed the core of the crew. But there were girls who couldn't give away vitamins.

The girls who couldn't cut it would last a week or so and then quit. Just not show for work. If they had a phone they'd take it off the hook. They wouldn't answer their door. At first Patti took these losses to heart, like the girls were new converts who had lost their way. She blamed her-

sell. But she got over that. Too many girls quit. Once in a while a girl would quit on her first day in the field. She'd freeze and not be able to push the doorbell. Or maybe she'd get to the door and something would happen to her voice. Or she'd get the opening remarks mixed up with something she shouldn't be saying until she got inside. Maybe it was then the girl would decide to bench it, take the sample case, and head for the car, where she hung around until Patti and the others had finished. There'd be a hasty one-on-one conference. Then they'd all ride back to the office. They'd say things to buck themselves up. "When the going gets tough, the tough get going." And, "Do the right

RAYMOND CARVER teaches creative writing at Syracuse University. He has published two collections of stories, Will You Please Be Quiet, Please? and What We Talk About When We Talk About Love.

나는 일자리가 있었고 패티는 없었다. 나는 병원에서 밤에 몇 시간
일했다. 일이라고 할 것도 없는 자리였다. 일 조금 하고 카드에는
여덟 시간 했다고 적고, 간호사들과 술을 먹으러 나가는 것이 다였
다. 시간이 좀 지나면서 패티도 일을 하고 싶어 했다. 자존감을 위
해서 일할 필요가 있다는 것이었다. 그래서 패티는 가가호호 복합
비타민을 팔러 다니는 일을 시작했다.

— 「비타민」, 『대성당』, 91쪽

패티는 곧 그 일에 두각을 나타내어 자기 지점을 차리게 된다. 그
지점의 핵심 세일즈 직원은 실라와 도나였고, 잠깐 나왔다가 사라
지는 직원들이 항상 있었다. 실적이 조금 떨어지기 시작하는 것 같
고, 때마침 크리스마스 시즌이고 해서 두 사람은 직원들을 초대해
파티를 연다. 고정으로 일하는 두 직원 중 실라는 패티를 사랑하는
레즈비언이고, '나'는 도나에게 관심이 있다.

비타민 사업은 날이 갈수록 곤두박질쳐서 패티는 제대로 잠을 이
루지도 못할 지경이 되고, 잠을 자더라도 비타민 파는 꿈만 꾼다. 비
타민이 사람을 해치는 역설이 펼쳐지지만, 물론 카버의 관심은 비
타민에 있지 않다. 삶을 풍요롭게 만들어줘야 할 이 물건으로 인해
아내와 그녀의 부하 직원인 도나가 파탄 지경으로 떨어질 때, '나'는
그 비극을 배경으로 하여 움직인다.

어느 날 병원 주차장에서 자신을 기다리던 도나를 만난 '나'는,
그녀를 차에 태우고 '검둥이'(국내 번역서에는 '흑인'으로 옮겨져 있다)들
이 주로 가는 술집에 간다. 한국어로 번역하면 큰 차이가 없어 보이

지만, 카버가 1964년 단편 「제발 조용히 좀 해요」에서 사용한 '깜둥이Negro' 대신 '검둥이spade'란 단어를 이 작품에 사용하게 된 데는 앞서 언급했듯 시대적 변화가 작용했을 것이다. 시민권운동의 결과로 미국 남부에서 흑백 차별이 법적으로 철폐되었을 뿐만 아니라, 다른 지역에서도 생활에 스며들어 있던 언어적, 문화적 차별을 철폐해야 한다는 공감대가 형성되었던 것이다.

그러나 이 작품 「비타민」이 쓰인 1980년에는 'spade'도 금기어 중 하나였다. 그런데 카버는 왜 굳이 이 말을 사용했을까? 카버가 인종차별주의자라서? 물론 이 말은 카버 본인이 해설에서 사용한 것이 아니라 등장인물의 시점에서 사용되었다. 그럼에도 오늘날 카버를 읽는 독자들로서는 그의 이런 인종 혐오적 용어 사용 때문에 작품으로 몰입하다 멈칫하게 되는 지점이 있다. 사실 카버의 작품에는 단순히 용어 사용 문제를 떠나 인종차별주의적 태도로 볼 만한 요소들이 꽤 있다. 어쩌면 이 문제가 더 중요할 것 같지만, 일단은 용어 문제를 살펴보자.

'spade'는 앞이 평평하고 넓은 농사용 삽을 뜻하기도 하고 폭이 넓은 칼을 가리키기도 한다. 트럼프 카드의 문양 중 하나이기도 하다. 여기서 문제가 생기는데, 1920년대부터 사용되던 관용적 표현 "as black as the ace of spades(스페이드의 에이스처럼 새까만)" 때문이다. 여기에 이미 16세기부터 사용되던 "to call a spade a spade(스페이드를 스페이드라고 부르기)"라는 인종차별주의와는 아무 상관없는 표현이 결합된다. 1960년대 중반 이후로 '니그로'라는 명칭이 인종 혐오적 용어로 간주되어 금기시되면서 '깜둥이'를 '깜둥이'라고 부르지 못하는

데 대한 일부 사람들의 비아냥거림이 'spade'에 흑인 혐오적 성격을 부여한 것으로 추정된다. 애초에 인간을 '검정색 삽'으로 비겨놓고는 그것은 그냥 말일 뿐이라고 시치미를 뚝 떼는 셈이다.

그러나 이 작품에서 카버가 당시 보편적으로 쓰던 '흑인black' 대신 굳이 이 표현을 쓰게 된 이유가 이게 전부일 것 같지는 않다. 흑인에 대해서 인종적 편견과 멸시의 태도를 가지고 있는 하층계급의 백인 남성이 쓰는 말이라면 전에도 쓴 적이 있는 용어를 다시 사용해도 될 터다. 그런데 그러지 않고 일상적으로 그다지 쓰이지 않던 이 단어를 선택한 이유는, 아마도 이후에 등장하는 '넬슨'이라는 흑인의 존재 때문인지도 모르겠다.

넬슨은 이 작품에 등장하는 다른 흑인들(주차장에서 배회하는 이들, 술을 마시거나 밥을 먹고 있는 이들, 술집 주인, 종업원, 악사 등)과는 전혀 다른 인물이다. 베트남전쟁에 참전했다가 엊그저께 돌아와 날이 서 있을 대로 서 있는 그는, 베트남에서 전리품으로 잘라온 적군의 귀를 가지고 다니는 잔인한 성정의 인물이다. 다른 흑인들이 기존의 백인-흑인의 질서 속에서 움직인다면, 베트남에서 생사의 경계를 경험하고 죽음의 상징인 '잘린 귀'를 가지고 온 넬슨에게는 기존의 백인-흑인으로 구성된 사회적 질서 따위는 아무런 의미가 없어 보이는 듯하다.

'나'는 이 흑인들의 공간에 들어온 침입자이지만 그들은 '나'에게 아무런 간섭도 하지 않는다. '나'는 백인 이웃들의 눈이 없는 이곳으로 도나를 데리고 와서는 마음껏 그녀의 몸을 더듬고 입을 맞춘다. 그때 넬슨이 등장한다. 넬슨은 '나'의 의도를 간파하고 그 사실을 거리낌 없이 입 밖에 내고 모욕할 뿐만 아니라, 심지어 도나를 빼앗으려 들기까지 한다. 넬슨은 도나에게 100달러를 주고, '나'에게도 도나를 넘겨주는 대가로 100달러를 주겠다고 말한다. 그러면서 그녀에게 자기와 같이 나가자고 한다. 캄캄하고 아무도 없는 데서 시비를 걸고 술 취한 주인공을 때리던 「제발 조용히 좀 해요」의 "깜둥이"와는 차원이 다른 공격성이다. 이 공격성은 밑으로부터 기습적으로 가해지는 일격이 아닌 수평적인 것이고, 그래서 '나'는 더 당황스럽다.

그렇기 때문에 넬슨은 노동하는 '삽'이 아니라 '칼'로서의 'spade'다. 이 공격성의 압권은, 넬슨에게서 가까스로 벗어나 겨우 정신을 차리고 위로하려 드는 '나'에게 도나가 이렇게 말하는 순간이다. "그 돈 받았으면 잘 썼을 텐데. 그 생각을 하고 있었어요."

애당초 '나'가 흑인들의 공간으로 들어온 이유는, '나'와 그들을 서로 다른 존재로 구분하는 명확한 선이 그어져 있는 탓에 그들의 시선을 이웃의 그것으로 의식하지 않아도 되기 때문이었다. '나'에게 그들은 존재하지 않는 것이나 마찬가지였다. 넬슨이 폭력적으로 그 선을 넘어오기 전까지는. 이 소설에서 카버의 인종차별적 태도가 부각되지 않는 이유는 '나'를 비롯해 도나, 아내 패티, 그리고 실라의 처지가 이 '타자'들로부터 멸시받을 정도의 상태에 처해 있기 때문이다. 다 같이 서로 다른 이유로 바닥에 처박혀 있기 때문에 타자성 따위는 문제도 되지 않는 것이다. 그렇다면 카버에게 인종 문제는 적어도 이 작품에서는 전쟁과 경제라는 보다 다급한 문제에 의해 극복되거나 최소한 가려지기 시작한다고 이야기할 수 있을 듯하다. 마찬가지로 카버가 초기에 다룬 주제였던 남녀 간 관계에 대한 이야기 또한 이 작품을 기점으로 하여 이후에는 보다 보편적이고 다양한 주제들 뒤편의 배경으로 스며들게 된다.

고통을 공유하는 타자

인종적 차이에 대한 이런 태도는 같은 시기에 쓰인 「별것 아닌 것 같지만, 도움이 되는」에서는 확연히 다른 모습으로 나타난다. 이 이야기의 주요 인물인 앤은 아들 스코티가 생일에 교통사고를 당해 병원에 와 있다. 앤은 엘리베이터를 찾아다니다가 복도 끝에 있는 작은 대기실로 들어선다. 그곳에는 흑인 가족이 앉아 있다. 이 설정을 주목할 필요가 있다. 카버는 여기에서 교통사고의 희생자가 된 무고한 백인 소년과, 칼이라는 폭력적이고 범죄적인 도구와 연결되어 있는 흑인 청년을 같은 선상에 놓은 뒤, 백인 소년의 엄마와 흑인 청년의 아버지가 서로 대화하게 만든다. 앤은 아무 관계도 없는 이들에게 자기 아들 이야기를 해주고, 흑인 남자도 칼에 찔려 수술실에 들어가 있는 자기 아들 이야기를 그녀에게 해준다. 앤은 "자신과 마찬가지로 기다림이라는 상황에 처한" 이들과 좀 더 이야기를 나누고 싶어 했다. 수술을 받던 흑인 아이와 스코티는 죽었고, 이제 '기다림들'은 가장 비극적인 방법으로 모두 해소되었다.

여기에 등장하는 '흑인 가족'이라는 설정은 그들을 굳이 흑인으로 설정한 바로 그 이유로 인해 타자의 소환이라는 혐의를 벗을 수 없다. 그러나 동시에 굳이 그들을 "이야기를 나누고 싶은 욕구"를 공유하는 대상으로 설정하면서 카버의 백인과 흑인은 처음으로 동등한 위치에서 만난다. 완전히 다른 조건에 처해 있던 인물들이 기다림이라는 인간적인 공통점 아래서, 고통이 공유되는 자리에서 만나게 된 것이다. 그리고 이런 만남의 성격은 앤과 제빵사의 관계로까지 확장된다. 주문받았던 케이크를 버리는 방식으로 자신의 기다림을 해소했던 제빵사는 앤과 그 남편의 방문을 받고는 이제는 그들과 이야기를 나누고자 한다. 분노와 폭력을 향한 충동이 고통의 공유와 서로에 대한 위로로 이어지는 순간이다. 카버의 소설에서 사람과 사람의 만남이 이런 성격을 띠게 되는 것은 아마 이 작품이 처음이지 싶다. 10여 년의 고통 끝에 찾아낸 새로운 세계였다. 이 세계는 「대성당」에서 다시 한번, 그러나 한층 더 고양된 형태로 더 깊어진다.

우리는 지금 대성당을 그리고 있어

「대성당」에 등장하는 흑인은 흑인일 뿐만 아니라 치명적인 장애도 가지고 있다. 카버가 이전에 창조한 다른 흑인 등장인물들에 비하면 소수자로서의 성격이 훨씬 강화되어 있는 셈이다. 카버는 이 이야기의 화자인 백인 남성을, 여성 그리고 장애를 지닌 흑인으로 구성된 소수자들의 연대로부터 소외된 자리에 위치시켜놓고 이야기를 시작한다. 이야기 속 '남편'은 아내의 옛 친구인 맹인이 집에

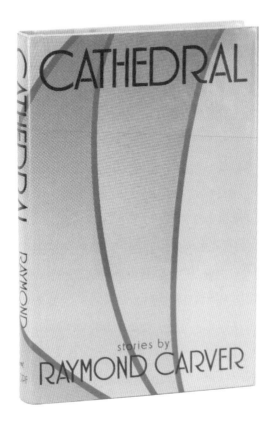

『대성당』 표지(1983)

표제작 「대성당」을 비롯하여 「비타민」 등 열두 편의 단편이 수록된 이 작품집은 카버의 절정
기를 대변한다. 카버의 작품에는 인종차별주의적 태도로 볼 만한 요소들이 꽤 있음에도 불구
하고 이 작품에서는 '남편'이 아내의 옛 친구인 눈먼 흑인 사내와 함께 눈을 감고 연필을 그러
쥔 채 대성당을 그린다. 그러면서 마침내 서로 간에 타자성으로부터 자유로워지는 고양된 순
간을 보여준다.

온다는 말을 듣고 불편해한다. 게다가 남편은 그 맹인과 아내가 자기에 관한 것을 비롯해 모든 것을 서로에게 털어놓는, 아주 가까운 사이라는 사실에 질투심을 느낀다. 이 장면의 서술은 아주 흥미롭다. '나'는 맹인이 아내에게 보내온 테이프 편지를 듣던 중 그가 자신의 이름을 언급하는 것을 듣고 발끈한다. 이 작품에서 '나'에게 이름이 부여되어 있지 않다는 것과 연관해 생각하면 이 '발끈함'은 작품의 안과 밖을 에두르는 모종의 깊이를 만든다. 백인 남자를 호명할 권리가 눈먼 흑인 사내에게 부여되면서 권력의 소재가 뒤바뀌었기 때문이다. 게다가 이 눈먼 흑인 사내는 자신의 장애와 인종에 전혀 구애받지 않는 것처럼 보인다. 『오이디푸스왕』에 등장하는 눈먼 예언자 타이리시아스가 육체의 눈이 없는 대신 현재의 시공간 너머를 보는 지혜의 눈을 가지고 있는 것처럼, 이 눈먼 흑인 사내 또한 표면의 너머를 들여다보는 지혜를 가지고 있는 것 같다. 「비타민」에서는 화자가 마치 지옥으로 내려가듯이 흑인들의 공간으로 들어갔고, 「별것 아닌 것 같지만, 도움이 되는」에서는 중립적인 공간에서 앤이 흑인 가족에게 다가간다면, 이 작품에서는 자신의 장애와 인종을 그다지 의식하지 않는 흑인 사내가 백인 부부의 공간(집)으로, 그리고 남편의 의식 속으로 들어온다. 행위의 주체가 바뀌었다.

「별것 아닌 것 같지만, 도움이 되는」에서 처음 겪어본 인종 간의 이야기 공유라는 경험은 「대성당」에서 하나의 펜을 함께 잡고 대성당이라는 이미지를 그려내는, 적극적인 상승 지향의 공동 행위로 발전한다. 서로에 대해 마침내 타자성으로부터 자유로워지는 순간이다.

카버는 초기 작품들에서는 어린 시절부터 흑백이 완전히 분리된 환경에서 자라난 백인의 태도(흑인에 대해 느끼는 거리감과 공포, 그들을 범죄자로 간주하는 태도)를 거친 용어를 통해 노골적으로 드러냈다. 그러나 익명의 타자였던 흑인에게 차츰 적대적일망정 구체적인 이름과 함께 자신을 압도하고 스스로 내면을 들여다보게 만드는 힘을 부여했고, 더 나아가 그들과 더불어 무언가를 나누려 했다. 그리고 마침내 그들과 '공감'을 이야기하고, 공동으로 무언가를 만들어내는 지점에 이른다. '소설가 카버'를 이야기하기 위해서는 그가 거쳤던 이 변화의 전 과정을 들여다봐야 한다. 그래야만 비로소 시대의식과 더불어 자기의식을 끊임없이 발전시켜나갔고, 그리하여 가장 사적인 이야기 속에서도 시대의식을 체화했던, '윤리적 소설가'로서의 카버의 면모를 볼 수 있게 된다.

새로운 소설의 기수

주류 문단으로 입성

심장 언저리에 남은 아버지의 죽음

카버 일가는 첫 파산 신청에 들어가면서 값이 나갈 만한 것들은 미리 팔아치워 압류당할 성싶은 물건을 최대한 줄였다. 그와 동시에 카버는 디아블로리비에라Diablo Riviera('악마의 피한지'라는 뜻이다)라는 무시무시한 이름을 가진 아파트 단지에 관리인으로 취직한다. 그동안 살던 락스퍼레인에서 그리 멀지 않은 곳이었다. 입주자들로부터 월세와 관리비 따위를 수령하고 시설 관리도 하는 대신에, 방세 개짜리 아파트와 약간의 보수를 받는 일반적인 조건의 자리였다. 사무는 메리앤이 맡고 시설 관리 같은 일은 카버가 맡는 식으로두 사람은 일종의 업무 분장을 하는데, 얼마 지나지 않아 카버는 대학원에서 도서관학을 공부하기 위해 아이오와로 떠나버린다. 평생동안 가질 수 있는 안정적인 직업으로 아무래도 도서관 사서만 한게 없겠다고 판단한 것이었다. 다시 한번 생계를 꾸리는 일은 온전히 메리앤의 어깨 위로 떨어졌다.

그러나 예기치 않았던 일이 발생한다. 카버가 아이오와에 도착한 지 얼마 되지 않아 아버지가 세상을 떠난 것이다. 카버는 아버지의 장례를 치르기 위해 다시 돌아왔고, 아이오와로 다시 돌아가지 않는다. 사서가 되겠다는 생각은 그렇게 끝나고 만다.

아버지의 죽음은 누구에게나 그렇듯이 카버에게 치명적이었다. 근친의 죽음이란 물론 그 일이 일어난 당시에도 충격적이지만, 시간이 지난 뒤에도 저 밑바닥에서부터 모든 기억을 한 겹 한 겹 뒤집으며 올라와 존재 전체를 뒤흔든다는 면에서 근본적으로 위협적이다. 카버의 알코올의존증이 심화된 이유 중 하나로 아버지의 죽음을 꼽은 이들이 있는데, 경청할 만한 의견이라고 생각한다.

카버는 소설에서는 아버지를 매우 제한적으로 다루었지만, 시에서는 상당히 자주 아버지에게로 돌아왔다. 이미 소개한 「멜빵」에도 아버지의 이야기가 들어 있지만, 「발사나무」「찌」「영원히」「초원」「내 아버지의 지갑」「스물두 살 적 아버지의 사진」 등에서는 보다 정확한 정체가 있는 다양한 감정을 드러낸다.

「내 아버지의 지갑」과 「초원」은 모두 장례식 당일의 기억을 다루고 있는데, 그중 「내 아버지의 지갑」은 장례식에서 장의사와 대화를 나누던 풍경을 세밀화처럼 그려낸다. 문제는 돈이다. 반쯤 넋이 나간 상태인 어머니는 장의사가 먼 곳의 장지까지 아버지 시신을 운반하는 데 드는 비용을 꼼꼼히 정산해 나열하는 동안 아무 말 없이 듣고 있다가, 아버지가 남긴 지갑을 열어 돈을 꺼낸다. 얼마 전에 파산했고, 아이오와에 다녀오느라 돈을 벌기는커녕 또다시 빚만 지고 있는 화자는 도울 방법이 전혀 없기 때문에 잠자코 보고만 있을 뿐이다. 카버는 먹고살 만한 처지가 된 뒤에도 그 가난의 장면을 잊지 못한다.

「초원」에서 화자는 아마 멀리 산보를 나왔거나 혹은 사냥을 나온 듯하다. 머리 위로는 캐나다기러기가 날아다니고 자그마한 암탕나귀는 달콤한 냄새를 풍기는 풀을 뜯고 있다. 초가을이다. 아름답고 평화로운 정경 속에서 새들의 날갯짓 소리와 바람 소리를 들으며 누워 있지만, 떠오르는 것은 그날의 *끔찍한* 기억이다.

장의사는 화자의 어머니에게 아버지 시신에 옷을 아래위로 모두 입힐지, 윗도리만 입힐지를 묻는다. 미국에서는 장례식의 마지막 절차로 시신의 상반신 부분만 노출되도록 관 뚜껑을 열고 고인과 작별 인사를 나누기 때문에 시신을 단장시키고 정장을 입힌다. 하반신은 어차피 보이지 않으니 돈이 부족하면 상반신에만 옷을 입히기도 한다.

화자는 자신은 그것에 대해, 그리고 다른 사항에 대해서도 아무 할 말이 없었다고 말한다. 가진 게 전혀 없었기 때문이다. 보탤 게 없으니 입도 다물고 있었던 것인데, 다만 아버지의 시신이 화장터의 화덕으로 들어갈 때 반바지만 입은 채였다는 사실은 덧붙인다. 그러면서 아버지 만년의 모습을 찍은 사진을 언급한다. 거대한 크기의 연어를 들고 서 있는 모습. 그러나 이제 아버지는 아무것도 아니라는 사실. 한 컵 분량의 재와 자그마한 뼛조각 몇 개로만 남았다는 사실은 그가 「영원히」에서 쓴 것처럼 "심장 언저리에" 남는다.

카버의 소설 중에서 아버지라는 존재를 주요 인물로 다룬 것은 「우리 아버지를 죽인 세 번째 이유」(『풋내기들』에서는 「멍청이」) 정도

일 것이다. 그 외에는 「야간학교」에서 잠깐 등장한 무력한 모습의 아버지나, 「오두막집」에 등장하는 겁에 질린 중년 사내의 모습이 카버가 생각하는 아버지의 초상이 아닐까 짐작해볼 수 있을 따름이다. 1967년 작품인 「봉지」(『풋내기들』에서는 「외도」)에도 아버지가 등장하지만 그 역시 도망자의 모습인 데다 외도의 과정에서 망가지는 심리에 초점을 맞추고 있어서 카버의 아버지라는 특정한 인물이라기보다는 카버 자신의 모습을 포개놓은 것처럼 보인다. 「야간학교」의 아버지는 자기 집 안에 앉아 있으므로 겁에 질려 있지는 않으나, 아무것에도 관여하지 않으려 드는, 그야말로 축소 지향형 인간의 모습이다.

「우리 아버지를 죽인 세 번째 이유」에 등장하는 아버지는 그나마 활동적인 인간이다. 일단 자기가 오래 살아온 야키마를 배경으로 하고 있어서 온전한 한 사람으로 등장한다. 심지어 다른 인물에게 영향력을 행사하기까지 한다. 비록 귀도 들리지 않고 머리도 조금 모자라서 '더미dummy(멍청이, 바보라는 뜻)'라는 이름으로 불리는 인물이긴 하지만 어쨌든 그에게 아버지는 결정적인 영향을 미친다. 내용인즉슨 어느 잡지에서 배스라는 민물고기를 원거리 판매한다는 광고를 본 아버지가 더미에게 그것을 사라고 부추긴 것이었다. 더미는 배스의 치어를 사서 자기 땅에 있는 연못에 풀어놓은 뒤 주위를 전기 철조망으로 둘러치는 등 전 재산을 쏟아붓고 온갖 정성을 기울여 그것을 키운다. 그러다 홍수가 나는 통에 이제는 성어가 된 배스들이 모두 강으로 달아나버리자 더미는 완전히 달라진다. 그는 외간 남자들과 어울려 다니는 아내를 죽인 뒤, 물에 몸을 던져 자살

한다. 아버지는 더미의 죽음이 그의 아내 탓이고, 배스 탓이고, 결국은 자기 탓이라며 자책한다. 혹은 아버지는 자기가 누군가에게 영향을 끼쳤다는 사실, 그것이 구체적인 결과로 나타났다는 사실에 충격을 받은 것일지도 모르겠다. 스스로에 대해 아무런 존재의 의미도 느끼지 못하던 자가 매우 기이한 방식으로 자신의 존재를 확인하게 된 데서 오는 두려움 같은 것 말이다. 이는 살아 있는 사람에게 죽음의 이유가 된다기보다는, 이미 죽어 있던 자신의 내면을 들여다보는 계기가 된 것으로 이해하는 것이 더 타당할지도 모르겠다.

화자가 아버지의 죽음을 초래한 이유로 처음에 꼽았던 두 가지 (진주만공격과 할아버지 집으로 돌아간 일) 역시 누군가의 죽음을 불러올 수 있는 일이 아니라는 것은 너무나 분명하다. 아들인 '나'는 공들여 아버지의 죽음을 이해해보려 하지만, 사실 아버지의 죽음에는 별다른 이유가 없다. 아버지는 그저 너무 약하고 운이 나쁜 인간일 뿐이다. 스스로를 들여다볼수록 그 안의 공허함을 발견하고 놀라는 인간일 뿐이다. 그리고 '나'는 점차 아버지의 공허로, 거기서 더욱 작은 존재로 화해 결국은 자신의 장례식 비용조차 제대로 남기지 못하고 사라져간 아버지의 뒤를 따라가게 된다. 아버지가 남겨준 유일한 유산인 술 마시기와, 그것에 쉽게 의존하게 되는 체질만을 가지고.

편집자 고든 리시와의 만남

이 상황에 물꼬를 터준 것은 「분노의 계절」과 「제발 조용히 좀 해요」를 자신이 운영하고 편집하던 문학잡지《디셈버》에 게재해주었던 커트 존슨이었다. 존슨 본인은 시카고에 있었지만 지인을 통해 팰로앨토에 있는 교재 출판사 '사이언스리서치어소시에이츠Science Research Associates Inc., SRA'에 카버를 추천했고, 카버는 면접을 거쳐 그곳에 일자리를 얻었다. 카버로서는 처음으로 화이트칼라 직업을 얻게 된 셈이었다. 메리앤은 다시 한번 친지에게서 돈을 빌려 팰로앨토의 안정된 주택가인 로마베르데가 886번지에 집을 얻는다.

때는 1967년. 베트남전쟁에 반대하는 운동이 정점으로 치닫던 시기였다. SRA가 위치한 스탠퍼드대학 앞 주도로인 유니버시티애비뉴는 샌프란시스코만 지역 반문화 운동의 주요 거점 중 하나였다. SRA에서 카버의 업무는 편집자로서 다양한 문학작품을 읽고 요약하는 것과, 교재용 책자에 수록할 만한 작품을 골라 추천하는 것이었다. 카버는 대학 시절의 광범위한 독서를 바탕으로 그 전까지 미국에서는 생소한 이름이었던 안톤 체호프, 기 드 모파상의 작품들을 추천해 수록되게끔 했다. 그리고 마침 '작은 잡지' 콘퍼런스를 위해 샌프란시스코에 온 존슨을 통해 SRA의 맞은편 건물에서 일하고 있던 편집자 리시를 만나게 된다.

리시는 1934년생으로 카버보다 네 살 위다. 같은 세대라고 할 수 있지만, 두 사람의 인생 경험은 사뭇 달랐다. 카버가 서쪽 끝에서 태어났다면 리시는 동쪽 끝에서 태어났다. 카버가 아일랜드 이민자의 후손으로 가계 전체가 하층민 노동자였다면, 리시는 자영업을 바탕으로 안정된 생활 기반을 구축하고 있던 유대인 가정 출신이었다. 카버가 시골 고등학교에서 최소한의 교육을 받으며 낚시와 사냥을

팰로앨토의 중심가인 유니버시티애비뉴

1967년 카버는《디셈버》편집자인 커튼 존슨의 주선으로 스탠퍼드대 앞 유니버시티애비뉴에
있던 교재 출판사에 일자리를 얻는다. 그의 사무실 맞은편에서 일하고 있던 고든 리시를 처음
만나게 된 것도 이 시절이다.

하면서 자란 반면, 리시는 명문 사립 고등학교 중에서도 몇 손가락 안에 꼽히는 필립스아카데미에서 고전 교육을 받으면서 자랐다.

그러나 둘 사이에 공통점도 있다. 어린 시절의 카버가 비만으로 고생한 것처럼, 리시는 심한 건선 증세 때문에 또래들 사이에 끼지 못하고 홀로 떨어져 지냈다. 특히 고등학교 이후의 인생은 카버와 리시가 별반 다를 게 없었다. 카버가 고등학교 졸업과 거의 동시에 일찌감치 결혼하고 야키마를 떠나 생계와 학업을 함께 꾸려가느라 분투했다면, 리시는 필립스아카데미에서 자신을 "더러운 유대인"이라고 놀리는 동기와 싸움을 벌이고 학교를 자퇴한 뒤 방송국 아나운서 등으로 일하다 일찌감치 결혼했고, 건선 치료를 위해 애리조나로 옮겨 가 거기서 뒤늦게 대학에 다녔다.

당시 유니버시티애비뉴는 '포피콕poppy cock'이라는 이름의 사이키델릭 클럽에서 그레이트풀 데드, 제퍼슨 에어플레인 등 당대 밴드들의 공연과 사이키델릭 조명 쇼가 벌어지는가 하면, 인근의 히피란 히피는 죄다 모여 LSD를 즐기던, 당시 말로 한창 '해프닝happening' 하고 있던 장소였다. 소설에서도 리얼리즘 계열의 작가들보다는 조지프 헬러, 커트 보니것, 토머스 핀천처럼 블랙 유머와 패러독스에 능한 이들이 서가의 맨 앞자리를 차지하고 있었다. 그 바로 뒤쪽으로 데이비드 허버트 로런스나 헨리 밀러 같은 관능의 구루 또는 헤르만 헤세 같은 관념적 낭만주의의 구루 같은 이들 정도나 추종자를 거느리던 시절이었다.

이런 분위기에서 카버는 술과 대마초는 당대의 어느 히피 못지않게 열심히 했지만, 그 외의 모든 면에서는 아주 이질적인 존재였다.

리시 역시 마찬가지였다. 한참 뒤에 뉴욕의 《에스콰이어》 소설 담당 편집자로 옮겨 간 후 어마어마한 독서량과 가차 없는 편집으로 '캡틴 픽션'이라 불리며 카버의 중앙 무대 데뷔를 돕게 되는 그 역시 '탄탄하고 새로운 소설' 말고는 별 관심이 없었다.

카버와 리시 둘 다 《디셈버》에 작품을 발표하기도 하고 편집인으로도 이름을 올렸지만, 존슨이 콘퍼런스 참석차 샌프란시스코로 오기 전까지 세 사람은 한 번도 서로의 얼굴을 본 적이 없는 사이였다. 그들이 처음 만나서 대화를 나눌 무렵의 카버는 형편이 조금 폈다고는 하지만 여전히 전화세를 내지 못하는 상태였고, 그가 몰던 차는 나중에 「그 차」라는 시에서 언급한 사항들 중 "후진 기어가 없는"에 해당하는 고물이었다. 그럼에도 불구하고 희망은 높았다. 《디셈버》에 수록됐던 「제발 조용히 좀 해요」가 『최우수 미국 단편 선집 1967』 수록작으로 선정되었기 때문이다.

이 시절에 대한 메리앤의 회고를 보면 카버와 메리앤은 1967년 가을 어느 날 빅서Big Sur의 야외 연회장에서 밤하늘을 수놓은 별빛 아래 도어스의 〈라이트 마이 파이어Light My Fire〉와 밴 모리슨의 〈댄싱 인 더 문라이트Dancing in the Moonlight〉에 맞추어 춤을 추며 서로에게 사랑을 고백했다고 한다. 도어스와 밴 모리슨이라니. 도저히 카버와 나란히 놓이지 않는 이미지이지만, 대중문화란 공기와 물 같아서 조금이라도 적셔지지 않고는 그 시대를 건너갈 도리가 없다.

카버의 수입만으로도 최소한의 생활이 가능하다고 판단되자 메리앤은 곧바로 인근의 풋힐커뮤니티칼리지에 편입한다. 그리고 2년제인 그 학교를 마치는 즉시 캘리포니아 산호세주립대학으로 다시 편입한다. 나이 스물여섯에 여섯 번째로 들어간 대학이었다. 이렇게 오랜 기간에 걸쳐 여러 대학에 다닐 수 있었던 것은 물론 대학 간 편입이 자유로운 미국의 제도 덕분이기도 하겠지만, 무엇보다도 당연히 메리앤 본인의 강한 의지 때문이었을 것이다.

1960년대 여성운동의 거울, 메리앤

이 지점에서 한번 생각해봐야 할 것이 있다. 1960년대 시민권 운동과 더불어 일어나기 시작한 여성운동과, 이것의 기폭제 역할을 했다고 평가받는 베티 프리던의 『여성의 신비』라는 책이다.

19세기 말과 20세기 초의 여성운동이 투표권과 재산권 등 주로 법적인 측면에서의 평등권에 주력했다면, 프리던은 이 책에서 가정과 직장 생활에서의 성불평등 문제를 제기한다. 이 책은 1950년대까지 '가정주부-엄마'로 요약되던 미국 여성의 행복 조건에 질문을 던지는 것으로 시작한다. 프리던은 이 두 가지 조건을 다 갖추었고 경제적으로도 안정되어 있지만 스스로 불행하다고 여기는 여성들이 있는데, 이들은 아직 "이름이 붙지 않은 문제"에 봉착해 있다고 보았다. 프리던은 이 문제가 기존의 남성주의 시각에서 바라본 문제의 범주(가난, 질병, 배고픔, 추위 등)에는 들어가지 않는다고 주장한다. 여성들은 남편과 자식과 집, 그 이상을 원한다는 것이다.

프리던은 사실상 이런 욕구는 전혀 새로운 것이 아니고 예전부터 있어왔던 것인데, 다만 그동안 남성들이 문화 권력을 쥐고 있으면서 여성에게는 가정만 있으면 행복하다는 신화를 만들어왔으며, 그것으로 여성들이 스스로를 억압하도록 만든 것일 뿐이라고 말한다. 자신뿐만 아니라 1950년대의 많은 여성들이 학업을 중단하고 양육과 남편 뒷바라지에 집중해왔는데, 이 배후에는 그러한 문화적 억압의 기제가 있었다는 것이 프리던이 관찰한 바였다. 그리고 이 문제를 해결하기 위해서는 여성들 스스로 기존의 남성 문화 권력이 규정해놓은 여성성의 한계를 벗어나 전인성全人性의 영역으로 들어서야 하며, 여성성을 넘어서서 인간으로서 성장해야 한다는 것이 그녀의 생각이었다. 그리고 그 첫 단계이자 가장 중요한 단계는 바로 '한 사람 몫'을 하는 것, 즉 직업을 갖는 것이었다.

적어도 1960년대를 살아간 지적인 젊은 여성들에게 이 책이 미친 영향은 가히 혁명적이었던 것 같다. 이 책의 가장 큰 공헌을 한마디로 요약하자면 여성 문제를 바라보는 주체와 해결의 주어를 모두 여성으로 바꾸었다는 사실에 있다.

프리던이 바라본 여성의 문제는 메리앤의 삶과 정확하게 부합한다. 메리앤은 여자아이들의 대학 진학을 목표로 하는 사립 여자고등학교의 전도유망한 장학생이었지만, 1960년대 초반부터 졸지에 육아와 남편 뒷바라지를 위해 웨이트리스, 칵테일 걸, 전화교환원, 서적 외판원 등의 직업을 전전하면서 당초의 꿈이었던 변호사는커녕 대학 입학 8년째가 되도록 학부도 마치지 못한 처지였다. 그럼에도 메리앤은 자신의 여성성을 단 한순간도 포기하지 않았고, 또한 그 한계를 넘어서려는 노력 또한 포기하지 않았다.

메리앤은 남편과 아이들에게 헌신적인 아내고 엄마였지만, 동시

미국 여성운동의 한 풍경(1970)

1960년대에는 시민권운동과 더불어 여성운동도 번져가기 시작했다. 1963년에 나온 베티 프리던의 『여성의 신비』라는 책은 이 운동의 기폭제 역할을 했다. 이 책은 가정과 직장에서의 성 불평등 문제를 제기하면서, 여성 문제를 바라보고 해결하는 주체를 여성으로 바꾸었다. 프리던이 바라본 여성의 문제는 메리앤의 삶과 정확하게 부합한다.

에 변함없이 매력 있는 여성이고 싶은 욕구를 갖고 있었고, 지적으로 끊임없이 자기를 개발하며 전문직을 얻으려는 노력도 멈출 생각이 없었다. 그런 면에서 볼 때 카버가 자기 시대의 분위기로부터 동떨어진 채 살았던 것과 달리, 메리앤은 철저하게 동시대인이었다. 이런저런 정황으로 봤을 때, 카버는 메리앤이 가지고 있는 이 두 가지 욕구를 제대로 소화하지 못한 것은 물론, 사실은 이해도 못했던 것 같다. 카버는 메리앤이 지향하는 바에 대해 표면적으로는 찬성했지만, 그 욕구들이 자신의 욕망이나 가치와 충돌할 때면(이를테면 메리앤이 사회생활을 하면서 다른 남자들과 가까워지는 것 같다거나, 그녀의 학업이나 기타 활동 때문에 자신의 글쓰기가 위협을 받는다고 판단되는 순간이 온다거나) 가차 없이 삶의 방향을 180도 전환해 가정생활의 틀을 다시 짰던 것으로 보인다. 새크라멘토에서 메리앤에게 잡지 문화원 일을 그만두라고 종용한 것이 그랬고, 갑작스러운 파산 신청이 그랬으며, 둘이 같이 일을 해야 하는 아파트 관리 일을 잡아놓고 갑작스레 아이오와로 떠나버린 것도 그랬다.

그의 이런 행태는 그 후로도 몇 번 더 이어지는데, 그러나 그것은 나중의 일이고 이번에는 메리앤의 차례였다. 메리앤은 산호세주립대학에서 제공하는 국제 교류 프로그램에 참여하기로 마음먹는다. 그녀는 원래 이탈리아를 원했지만, 학교 측에서 추가 장학금과 지중해 연안의 빌라를 약속하는 통에 최종적으로 이스라엘의 텔아비브로 가기로 결정한다.

그러나 약속했던 빌라는 결국 얻지 못했다. 카버 일가는 처음에는 자비를 들여 호텔에서, 그 후에는 텔아비브 시내에서 비교적 고급에 속하지만 네 식구가 살기에는 턱없이 비좁은 아파트에서 살아야 하는 처지가 된다. 그러나 그나마 운이 좋은 편이었다. 한 해 동안 외국에 나가 있는 오케스트라 지휘자의, 이미 가구와 생활 집기가 다 갖추어져 있는 아파트를 빌린 것이다.

낯선 세계와의 만남

그럼에도 불구하고 이국에서의 생활은 쉽지 않았다. 카버는 미국 촌놈, 소위 레드넥red-neck* 출신이다. 낯선 것을 싫어하고, 특히 이국적인 것이라면 무조건 배격하고 보는 미국 백인 노동자 계급의 특성을 그대로 가지고 있었다. 카버는 동시대 히피 문화의 진원지였던 샌프란시스코 인근 지역에 살면서도 그들의 복식이나 자유로운 사고방식을 취한 적이 없고, 심지어 1980년대 이전까지는 흑인들과 같은 지역에 살더라도 그들을 잠재적으로 적대적인 타자로 여기면서 공포와 의심의 시선을 거둔 적이 없었다. 게다가 미국의 서부에서 나고 살아온 카버에게 자동차는 육체의 연장 같은 것이었다. 아무리 후진 기어도 브레이크도 없고 한겨울에 창문을 열고 다녀야 하는 고물 차일망정 집 밖으로 나서면서 차가 없다는 것은 일신상의 자유가 일절 없는 것만큼이나 상상하기 어려운 일이었다.

---

* 멜라닌 색소가 부족한 백인들은 햇볕에 타면 새빨개진다. 야외에서 일하는 육체노동자들은 뒷목이 항상 뻘겋기 때문에 백인 육체노동자들을 이렇게 부른다. 그러나 비속어이므로 함부로 쓸 수 있는 말은 아니다.

텔아비브에서 카버는 이 모든 것을 감당해야 했고, 메리앤이 학업에 전념하는 동안 아이들을 돌보고 가정을 꾸려야 했다. 거기에 변함없는 가난은 물론 자기 문학의 현장에서 멀리 떨어져 있다는 불안감까지 감수해야 했다. 계약 조건에 있던 대로 낯선 이들과 히브리어 강의도 수강해야 했다. 특히 다른 인종의 낯선 사람들에게서 느끼는 불안과 공포는 그가 항상 예민하게 포착하는 문제였다.

이 시절에 쓴 시「갑작스러운 비」에서는 적의나 의심 같은 강한 감정은 발견되지 않는다. 다만 그가 일상적으로 느끼던 낯섦과 당혹감이 짙게 드리워져 있다. 돌이 깔린 오래된 골목길 위로 빗방울이 떨어지기 시작하자 노인들은 당나귀를 몰아 비를 피할 곳을 찾고, 사람들은 욕설을 내뱉으며 걸음을 재촉한다. 문간에 서서 한가롭게 담배를 피우던 노인네들은 비가 그치자마자 다시 당나귀를 몰아 가던 길을 계속 가고, 화자는 혼자 남겨진다. 시는 이렇게 이어진다. "뒤에서, 항상 뒤에서, 나는 좁은 골목길을 걸어 올라간다." 그리고 화자는 불만에 찬 눈을 굴리며, 돌이 깔린 길을 딸까닥딸까닥 소리를 내며 걸어간다.

갑작스럽지만 이곳에 사는 이라면 누구나 다 일상으로 받아들이며 견디는 일을 화자는 견디기 어려워한다. 항상 남보다 늦기 때문에 분명 온몸이 다 젖었을 것이다. 남들은 느긋하게 담배를 피워 물고 남의 집 문간에 서서 비가 긋기를 기다리고 있지만, 그의 담배는 이미 다 젖어 있었을 것이다. 남들이 자리를 다 뜨고 나서야 그는 젖은 몸으로 터덜터덜 돌 깔린 길을 걸어서 가던 길을 간다.

이런저런 크고 작은 이유들이 쌓여 카버는 불행했다. 적극적이고

텔아비브 남단에 있는 자파

자파는 텔아비브 남단에 있는. 고대에 형성된 주거지다. 카버는 「자파에 있는 모스크」라는 시에서 안내인에 대한 지독한 의심을 드러낸 바 있다. 미국 서부의 가난한 백인 노동자 출신인 카버는 낯선 것을 싫어하고 이국적인 것이라면 무조건 배격하는 보수적인 사람이었다. 텔아비브 사람들에게서도 불안과 공포를 느낀 것은 당연했다. 그런 가운데 메리앤이 학업에 전념하는 동안 아이들은 그가 도맡아야 했다. 메리앤이 새로운 생활에 적응해갈수록 그의 우울은 깊어졌고. 결국 그녀에게 학교와 가정 중 하나를 택하라고 압박한다.

외향적인 성격의 메리앤이 외국에서 온 학생으로서 자신의 새로운 생활에 잘 적응해갈수록 그의 불행은 더 깊어졌다. 카버는 새로운 생활로 정신이 없는 메리앤에게 두 아이를 맡겨둔 채, 조지 고든 바이런 경의 경로를 따라 버스를 타고 그리스를 거쳐 이탈리아 로마까지 가는 여행을 감행하기도 했다. 그러나 이런 무책임한 짧은 여행도 카버의 마음을 이스라엘에 붙들어놓지는 못했다. 그즈음 텔아비브의 버스 정류장에서 일어나 수십 명의 목숨을 앗아간 폭탄 테러나 수시로 벌어지던 항공기 납치 시도가, 그렇잖아도 안절부절못하는 카버의 마음을 안정시키는 데 아무런 도움이 되지 않았다는 것은 말할 필요도 없다.

카버는 두어 해 전 새크라멘토에서 그랬던 것처럼 다시 한번 메리앤에게 학교와 가정 둘 중 하나를 택하라고 압박한다. 메리앤은 국제 교류 학생 생활이 법대 진학에 도움이 된다는 사실을 알고 있었고 그것을 포기하고 싶은 마음이 없었지만, 카버는 완고했다. 갈등이 있었지만 이번에도 메리앤이 양보하는 것으로 일은 마무리됐다. 메리앤은 회고록에서 카버가 아버지의 죽음을 슬퍼할 충분한 시간을 갖지 못했고, 그것이 카버를 갉아먹고 있는 것 같았다고 썼다. 그러나 당시에 카버가 쓴 시 「아침, 제국에 대해 생각하며」는 그보다 조금 더 복잡한 양상을 보여준다.

우리는 에나멜을 입힌 찻잔 테두리에 입술을 댄다
우리는 커피 위에 떠 있는 이 기름기가 어느 날
우리의 심장을 멈춰 세우리라는 걸 안다.

우리 눈길과 손가락들이 은식기로 향한다

은으로 만들지 않은 은식기들. 창밖에선 파도가

여기저기 떨어져나간 오래된 도시의 방벽을 때린다.

너의 두 손이 거친 식탁보에서 들어 올려진다

예언이라도 하려는 것처럼. 네 입술이 떨린다……

난 앞날 따윈 신경 안 쓴다고 말하고 싶어진다.

우리 앞날은 오늘 오후 안에 들어 있다.

손수레와 수레꾼이 있는 좁은 길,

수레꾼은 우리를 바라보고 잠시 망설이다가,

고개를 젓는다. 그동안,

나는 차분하게 근사한 레그혼종 닭이 낳은 달걀을 깬다.

너의 두 눈이 기록하고 있다. 너는 내게서 고개를 돌려

바다에 면한 지붕 위를 바라본다. 파리들조차 움직이지 않는다.

나는 다른 달걀을 깬다.

우리는 진실로 서로를 갉아먹었다.

─「아침, 제국에 대해 생각하며」,『불』, 83쪽

    시에는 두 사람이 서로를 갉아먹은 이유가 드러나지 않는다. 다만 마주 앉은 두 사람 모두가 그렇다는 것을 알고 있을 뿐이다. 마치 이미 오래전에 결정되어 있는 사항을 통보하듯이, 사소한 것들이 나열된 끝에 사실 그대로를 진술하는 태도로 이 말이 던져진다. 우리가 이 시에서 발견할 수 있는 단서라면 커피에 떠 있는 기름기 같은 사소한 것에서도 죽음의 필연성을 읽어내는 시선 같은 것일 터

다. 중간 과정이 결락되어 있는 이 통찰은 정상적인 통찰이라기보다는 화자의 "앞날 따윈 신경 안 쓴다고 말하고 싶어"질 정도의 심한 우울로 보인다.

우리는 무엇이 화자를 이렇게 만들었는지 분명하게 말할 수 없다. 그를 이렇게 만든 것은 무너져가는 방벽을 무한히 때리고 있는 파도처럼 너무나 압도적으로 오래되어서 현재의 아등바등하는 삶 따위는 아무것도 아닌 것처럼 보이게 만드는 역사일 수도 있고, 또는 그 역사의 현현인 오래된(그러나 화자에게는 낯선) 도시일 수도 있을 것이고, 혹은 달걀을 깨는 것과도 같은 사소한 일들의 반복과 누적일 수도 있을 것이다.

그리고 두 사람 사이에 놓여 있는 은식기는 은이 아니다. 삶은 살아갈수록 기대했던 것과 다르고, 또한 겉으로 보이는 것과도 다르다. 시간 또한 그 옛날 둘이 맺었던 언약과는 달리 길게 연속되지 않는 것 같다. 이유야 무엇이 됐든 두 사람은 다시 한번 둘의 관계가 위기에 봉착했다는 자각에 도달했고, 다시 한번 짐을 꾸려서 떠난다. 예정했던 1년은커녕 넉 달도 채우지 못하고 말이다.

글쓰기에 대한 강박

텔아비브에서의 경험이 카버에게 장기적으로 어떤 영향을 미쳤는지는 분명히 말하기 어렵다. 몇 편의 시를 남긴 것 말고는 「내 입장이 돼보시오」에, 텔아비브에서 가구와 집기가 다 갖추어져 있는 남의 아파트를 빌려서 살던 경험을 미국으로 가져온 듯한 에피소드가 들어 있을 뿐이다. 이 작품에서 엿보이는 글쓰기에 대한 강박적인 집착이 혹 텔아비브 시절 경험했던 불안 및 격정과 관계가 있지 않을까 희미하게나마 짐작할 수 있을 뿐이다.

이 작품의 주인공 마이어스는 아내인 폴라와 함께 다니던 직장을 그만두고 현재는 글에만 몰두하고 있는 작가로 등장한다. 마이어스는 막 한 작품을 끝내고 다음 작품으로 들어가기 전의 중간 상태에 들어서 있다. 마이어스는 폴라를 밖에서 만나 술을 한잔한 뒤 그녀가 이끄는 대로 전에 자기들한테 집을 빌려준 적이 있는 모건 부부네를 찾아간다.

이 대면은, 카버의 테헤란 체류가 그랬듯이, 물론 재앙으로 끝난다. 마이어스는 폴라에게 이끌려서 결국 가긴 했지만 애당초 그 집에 가고 싶어 하지 않았고, 가서도 줄곧 무례하게 행동한다. 기분이 상한 모건 부부는 마침내 마이어스네 가족이 자기네 물건을 건드리고 파손했던 일을 지적하고, 심지어 재즈 음반들이 사라진 것까지 이야기한다. 마이어스와 폴라는 쫓기듯이 그 집을 나선다. 그리고 이야기는 이런 문장들로 마무리된다.

> 마이어스는 길가에 세워놓았던 차를 출발시켰다.
> "저 사람들 미쳤나 봐." 폴라가 말했다.
> 마이어스가 그녀의 손을 다독거렸다.
> "저 사람들 무서웠어." 그녀가 말했다.
> 마이어스는 대답하지 않았다. 폴라의 목소리는 아주 멀리서 들려

오는 것 같았다. 그는 계속 차를 몰아갔다. 눈발이 앞 유리로 달려들었다. 그는 아무 말 없이 도로만 주시했다. 그는 이야기의 마지막에 도달해 있었다.

—「내 입장이 돼보시오」, 『제발 조용히 좀 해요』, 152쪽

이 마지막 장면은 전반부에서 마이어스가 차를 몰고 보일스라는 이름의 술집으로 향하던 장면과 쌍을 이룬다.

마이어스는 차를 몰고 가는 동안 쇼핑백을 든 채 보도 위를 서둘러서 걷고 있는 사람들을 쳐다보았다. 그는 눈발로 가득 찬 회색 하늘과, 그것들 사이에도, 창틀 위에도 눈이 쌓여있는 높은 빌딩들을 쳐다보았다. 그는 모든 것을 보려 했고, 나중을 위해 기억해두려 했다. 그는 두 작품 사이에 있었고, 자기가 치사하다고 느꼈다.

—「내 입장이 돼보시오」, 『제발 조용히 좀 해요』, 134쪽

마이어스는 한 작품을 (아마도) 막 끝냈고, 다음 작품을 시작하기 전이다. 그는 다음 작품을 위해 가급적이면 많은 것을 보려고 애쓰고 있고, 그렇게 해서 눈에 들어오는 모든 것을 기억하려고 애쓰며, 그런 자신이 치사하다고 느끼고 있다. 마치 자신이 이야깃거리를 주우러 다니는 넝마주이처럼 느껴지는 모양이다. 이 장면은 또한 필연적으로 첫 장면을 다시 생각해보게 만든다. 폴라에게서 전화가 걸려왔을 때, 마이어스는 진공청소기로 집 안을 훑다가 청소기 노즐을 입구가 좁은 것으로 바꿔 끼고 소파 쿠션 사이를 샅샅이 파내

고 있던 참이었다. 이 '치사한' 수집 행위는 물론 「수집가들」이라는 작품에서 다시 한번, 보다 본격적으로, 훨씬 더 흥미진진하게 전개된다. 카버가 이런 치사한 수집 행위와 글쓰기를 같은 층위에 두고 상상했던 것만은 분명해 보인다.

이 치사한 수집의 맥락에서 보면 이 작품의 마지막 문장 "그는 이야기의 마지막에 도달해 있었다"는 마이어스가 새로운 작품의 구상을 마무리 지었다는 것으로 읽을 수 있을 것이다. 그가 무례하게 굴어 모건 부부를 격앙시킨 이유도 어떻게 해서든 이야기를 찾아내려는 치사한 동기가 작용한 것으로 해석할 수 있을 것이다. 게다가 위 문장에서 말하는 '이야기story'란 단편소설을 뜻하기도 한다. 우리말에서는 단편이든 장편이든 뒤에 반드시 '소설'을 붙이지만, 영어에서는 단편은 'story'로, 장편은 'novel'로 표기한다.

그러나 이 작품에서 우리는 앞에서 읽어낸 서사의 이면에서 동시에 진행되고 있는 또 하나의 이야기를 어렵지 않게 포착할 수 있다. 마이어스와 폴라의 이야기가 그것이다. 카버는 마이어스가 내켜 하지 않는데도 그를 집에서 끌어내 모건 부부의 집으로 이끄는 인물로 그의 아내 폴라를 설정하는데, 그녀의 역할은 오직 그것으로 제한되어 있다. 왜 폴라는 마이어스가 내키지 않아 하는 일을 강권하는 인물로 설정되어 있을까?

그리고 그 질문과 관련해 다시 한번 마지막 문장 "그는 이야기의 마지막에 도달해 있었다"를 생각해볼 필요가 있다. 이때의 '이야기'란 어떤 이야기인가? 단편소설이라는 표면적 의미를 넘어서, 혹시 카버가 쓴 대부분의 이야기들의 주제인 '남자와 여자의 이야기'에서의 이야기를 의미하는 것은 아닐까? 그렇다면 이 이야기가 끝나간다는 것은 남자와 여자의 이야기, 즉 관계의 파탄 또한 암시하고 있는 것은 아닐까? 혹시 카버가 시 「아침, 제국에 대해 생각하며」에서 "우리는 진실로 서로를 갉아먹었다"라고 쓴 것은 어쩌면 이런 상태를 말하고 있었던 것이 아닐까? 너는 내게 내가 원치 않는 것을 요구하고, 나로 하여금 억지로 그렇게 하게 했다는 생각. 너는 나의 질곡이라는 생각. 이는 많은 관계가 파탄에 이를 때 당사자들의 머릿속에 남게 되는 마지막 문장들 중 하나가 아닌가.

나는 「내 입장이 돼보시오」에서 이 두 가지의 서사가 동심원을 그리다 하나로 겹쳐지는 현상이, 카버가 1970년대에 들어서면서 보여주기 시작한 흥미로운 태도 가운데 하나라고 생각한다. 남자와 여자의 이야기야 전부터 해오던 것인데, 글쓰기에 대한 강박이 그 위에 덧씌워지면서 작가로서의 자의식이 전면으로 나오기 시작한 것이다.

이제 카버는 텔아비브에서 1년 동안 체류할 것을 예상하고 마련해놓은 생활비 중 남은 돈으로 지중해의 섬들을 돌아보는 크루즈 여행을 예약한다. 가족들과 함께 여행을 하는 동안 카버는 훗날 '어거스틴 노트북'이라는 이름으로 남게 되는 장편소설의 배경을 얻게 된다. 그러나 작가이자 전직 교수인 주인공, 아랍 게릴라의 아내인 그의 애인 등이 등장하는 화려한 스토리 라인의 이 작품을 그는 결국 쓰지 못했다. 실제로 남은 것은 「봄, 기원전 480년」과 중간 기착지 중 하나였던 로도스섬에서 쓴 나른한 분위기의 「로도스」, 이렇게 두 편의 시가 전부다. 가진 것을 톡톡 다 털어서 지중해와 파리

여행까지 마친 카버 일가는 로스앤젤레스 할리우드에서 남자 친구와 함께 살고 있던 메리앤의 동생에게로 간다.

1960년대의 꽃이 진 자리에서

카버 일가는 무일푼이었고, 메리앤의 동생 에이미 역시 하루 벌어서 하루 먹고사는 배우 지망생이었다. 항상 그래왔듯이 메리앤은 웨이트리스 일을 얻었고, 카버는 당시 할리우드 스튜디오들이 프리미어 상영관으로 선호하던 시네라마돔 극장 앞에서 프로그램 파는 일을 얻었다. 그러나 위압적인 덩치에 낯을 가리면서 말도 우물우물 혼자 중얼거리듯이 하는 사내가 내미는 프로그램을 살 사람은 많지 않았다.

카버는 《디셈버》에서 돈을 빌려 팰로앨토로 올라가서는 SRA와 복직에 대한 협의를 마친 후, 로스앤젤레스로 내려와 가족들을 데리고 다시 산호세로 올라간다. 메리앤은 산호세주립대학으로 돌아가고, 카버는 팰로앨토에 작은 방을 한 칸 얻어 주중에는 그곳에서 혼자 지내다가 주말에는 메리앤과 아이들이 사는 산호세주립대학 기혼 학생 기숙사로 합류한다는 계획이었다.

때는 1969년이었다. 8월에 뉴욕주에서 열린 우드스톡페스티벌이 '플라워 제너레이션'의 만개를 알렸다면, 12월에 캘리포니아 알타몬트에서 열린 롤링스톤스의 콘서트에서는 청중 속에서 살인 사건이 벌어짐으로써 그 평화와 사랑의 꽃이 진원지에서부터 시들어가고 있음을 상징적으로 보여주었다. 그리고 꽃이 진 자리에서는 세상과 사람의 추한 모습이 적나라하게 드러났다. 다른 세계, 내면의 새로운 우주로 데려다줄 것을 약속했던 엘에스디와 코카인, 헤로인 등 마약 과다 복용에 의한 죽음은 총천연색 환각의 이면에 숨어 있던 본모습을 드러내기 시작했다. 바로 다음 해인 1970년에는 지미 헨드릭스와 재니스 조플린이, 그 이듬해에는 짐 모리슨이 20대의 나이에 세상을 떠났다.

이즈음부터 카버의 작품들이 본격적으로 조명받기 시작한다. 여기에는 카버의 글쓰기가 무르익기 시작한 점, 그리고 일찍이 카버 작품의 가치를 인정한 리시가 문단의 중앙 무대라 할 수 있는 뉴욕의 《에스콰이어》에 소설 담당 편집자로 들어가 '새로운 소설'의 기수로 카버를 소개하려 애썼다는 외적인 요소도 물론 영향을 미쳤을 것이다. 그러나 1960년대의 환상을 넘어 환멸을 경험한 시대적 분위기 자체도 그에 못지않게 큰 역할을 했을 것이다. 카버의 어둡고 강박적이며 기이하게 현실주의적인 이야기들을 받아들일 준비가 된 독자군이 서서히 형성되어간 것이다.

1970년 3월, 카버는 '예술을 위한 국가 기금'으로부터 2000달러의 기금을 받게 된다. 당시 문학의 주변부에 머물러 있던 산호세에서는 지역 라디오 뉴스에서 보도할 정도로 의미 있는 사건이었다. 또한 이는 그동안 작은 잡지들을 통해서만 발표되어왔던 카버의 작품들이 비로소 전국적 차원에서 인정받게 되었다는 의미였다. 가난한 집안에 목돈이 굴러들었으니 이 돈을 어떻게 쓸지를 두고 이런저런 궁리가 있었지만, 결국에는 생활비로 쓰는 것으로 결론이 났

카버 문학의 가치를 알아본 고든 리시

마침내 1971년 《에스콰이어》에 카버의 「이웃 사람들」이 실린다. 이는 《에스콰이어》 소설 담당 편집자로 옮겨 가면서 '새로운 소설'의 기수로 카버를 적극적으로 소개한 리시의 영향이 컸다. 이후 카버는 대학에 시간 강사 자리를 얻는 등 생계에 대한 부담을 덜고 본격적인 작가로서의 길에 들어설 수 있었다.

다. 덕분에 메리앤은 웨이트리스 일을 쉬고 아이들을 돌보면서 학업에 좀 더 시간을 쓸 수 있게 되었고, 카버는 아이들을 돌보는 일에서 해방되어 글쓰기에 좀 더 시간을 들일 수 있게 되었다. 결과적으로 보자면 현명한 투자였다.

1970년 말, 마침내 《에스콰이어》에서 「이웃 사람들」을 사겠다는 연락이 왔다. 1971년 3월 호에 게재하겠다는 것이었다. 이 소식을 듣고 나서 카버는 더욱 집중해 새 작품 집필과 이미 써놓은 초고 수정에 매달린다. 「꿩」 「이거 실제 주행 거린가요?」(『제발 조용히 좀 해요』에서는 「무슨 일이오?」) 「알래스카에 뭐가 있지?」 「자전거, 근육, 담배」 「그들은 당신 남편이 아니야」 「내 입장이 돼보시오」 등의 작품이 이 무렵에 완성한 것들이다.

메리앤에 따르면 이 무렵에 카버의 작업 습관이 상당히 굳어진 듯하다. 우선 카버는 글을 쓰려면 고립된 장소가 있어야 했다. 작업은 대개 연필을 몇 자루 깎는 일로 시작되었다. 그러고는 노란색 노트 패드나 흰색 타자 용지에 지렁이가 기어가는 듯한 특유의 악필로 쓰기 시작한다. 카버는 앉은 자리에서 초고를 끝내는 것을 좋아했다. 시든 소설이든 마찬가지였다. 한자리에서 초고를 끝내야 하니 조용하고 고립된 장소가 있어야 했던 것이다. 카버는 사춘기에 접어든 아이들이 내는 소음을 특히 못 견뎌 했다. 일단 초고를 쓰기 시작하면 끝을 봐야 했기 때문에 초고를 쓰는 동안에는 먹고 자는 것도 대충 지나치기 일쑤였다.

그러나 일단 초고를 써내고 나면 그다음에는 한결 여유 있는 모습을 보였다. 손으로 쓴 초고는 퇴고를 시작하기 전까지는 초고 전용 서랍에 넣어두곤 했다. 퇴고 과정은 초고 집필에 비해 훨씬 오래 걸렸다. 퇴고는 일단 초고를 타자기로 옮겨서 나온 원고를 보며 거기에 메모를 한 뒤 다시 그것을 타자로 정서하는 과정을 여러 차례 반복하는 식으로 진행되었다. 그 과정에서는 메리앤의 조언도 중요한 참고 사항이었다. 카버는 원고에 관한 한 완벽주의자에 가까웠다. 그는 메리앤에게 "지난번에 뺐던 문장부호를 다시 집어넣는 지점에 이르게 되면 퇴고가 끝났다는 걸 알게 된다"라고 웃으면서 말하곤 했다. 그렇게 해서 완성된 원고는 대개 지체 없이 적당하다 여겨지는 작은 잡지로 보냈다. 다만《에스콰이어》에 원고를 발표하게 된 뒤로는 그의 에이전트가 전국 규모 잡지를 우선적으로 고려했는데, 카버가 에이전트와 상의하지 않고 작은 잡지로 원고를 내보낸 경우도 여러 번 있었다.

카버의 실업 급여 수급 기간이 만료되고 다시 전화도 끊길 지경이 됐을 때, 캘리포니아주립대학교 샌타크루즈캠퍼스(UC샌타크루즈)의 예술대학에서 문예 창작 강의 요청이 들어온다. 카버가 처음으로 맡게 되는 대학 강의였다. 한 주에 하루만 나가는 시간강사 자리였지만 개인 연구실 배정과 구내식당에서의 무료 식사라는 특혜가 있었고, 대신 교내 문학잡지의 발행과 관리를 책임지는 조건이었다. 하루 강의에 115달러를 받았는데, 2019년 가치로 환산하면 약 720달러 정도 된다. 시간강사의 임금으로는 파격적이었던 셈이다.《에스콰이어》를 비롯한 전국 규모 잡지에 소설을 싣기 전까지는 상상하기 어려운 일이었다. 카버로서는 대학원에 들어가 도서관학을 전공해 사서가 되겠다는 생각을 더 이상 하지 않아도 되는 일대 사건이었다. 명실공히 대부분의 엘리트 작가들이 가는 길의 초입에 들어선 것이었다. 메리앤 역시 고등학교 교사로 일하고 있었기 때문에 비로소 생계에 대한 큰 걱정 없이 자리가 조금 잡혀가는 느낌이었다.

카버 일가는 샌타크루즈에서 가까운 휴가지 벤로몬드의 힐크레스트드라이브에 있는 집을 얻었다. 삼나무와 전나무가 울창한 숲속 언덕길에 자리 잡은 집이었다. 카버가 학교의 낭독 프로그램에 고약한 술꾼으로 유명한 찰스 부코스키를 초대해 낭독회를 마친 뒤 참석자들을 이끌고 와 밤새도록 술을 마신 것도 이 집에서였다. 대학에 입성한 이 무렵부터 카버의 알코올의존증은 본격적으로 심화되었고, 이때부터 「춤 좀 추지 그래?」(『풋내기들』에서는 「춤추지 않을래?」)와 「뷰파인더」를 쓰는 1977년까지의 6년 동안 카버는 단 한 작품밖에 써내지 못한다. 이름을 얻자마자 몰락이 시작되었던 것이다.

다시 바닥으로

술과 사고의 나날

위대한 모험의 나날

카버는 원래 소극적이고 약간 어눌한 사람인데, 대학에서 강의를 맡았다고 해서 그것이 달라지지는 않았다. 메리앤은 카버의 알코올의존증이 강의를 하면서 받는 스트레스에서 비롯되었다고 생각했을 정도로 많은 사람 앞에서 강의를 한다는 것이 카버로서는 쉽지 않은 일이었다. 그렇다 보니 그의 강의는 학생들에게 인상 깊게 기억되는 종류가 아니었다. 그러나 대부분의 학생들은 자기 작품을 놓고 토론하는 개인 면담 시간에 카버에게 큰 도움을 받았다고 기억한다. 소설에 관한 카버의 완강한 두 가지 가르침 — 첫째, 사람은 남의 말을 잘 들으려 하지 않기 때문에 소설에서의 대화란 상대방의 말에 대한 비합리적인 예측일 뿐이라는 점, 둘째, 멋있어 보이는 문장은 지워버리라는 것 — 은 많은 이들에게 중요한 교훈으로 남았다.

그러나 이 모든 것들에 앞서 학생들의 인상에 가장 강렬하게 남은 것은 카버가 엄청난 술꾼이었다는 사실이다. 교정에 세워놓은 차 안에서 담배를 피우며 오렌지 주스를 섞은 보드카를 마시던 모습이 많은 학생들에게 여러 차례 목격되었다.

대학에 한번 발을 걸치게 되자 이런저런 기회들이 계속 이어졌다. 몬태나주립대학에서 초빙교수 제의가 들어왔고, 얼마 지나지 않아 버클리대학에서도 강의 제의가 들어왔다. 그리고 스탠퍼드대학에서는 4000달러의 기금을 주면서 월리스 스테그너 창작 워크숍에 초빙교수로 참여하라는 제안이 왔다. 《에스콰이어》의 리시는 「이거 실제 주행 거린가요?」를 「무슨 일이오」로 제목을 바꾸고 내용도 상당 부분을 고친 교정지를 보내왔다. 메리앤은 "창녀"라는 표현까지 써가며 격렬하게 반대했지만, 카버는 리시의 수정본을 수용하기로 한다. 조금만 참고 자리를 잡으면 그때는 자기 마음대로 할 수 있으리라는 게 카버의 변명이었다. 성공이 그리 멀지 않아 보였던 것이다.

카버가 작가로서, 또 대학 사회에서도 자리를 잡게 될 전망이 보이면서 이들 가족은 쿠퍼티너로드 22272번지에 집을 산다. 1972년 여름의 일이었다. 인근 지역에서 인텔이 마이크로프로세서 칩을 생산하기 시작하면서 '실리콘밸리'라는 이름이 붙고 난 바로 다음 해였다.

쿠퍼티노는 지금은 미국 전역을 통틀어 가장 부동산 값이 비싼 지역의 하나가 됐지만, 당시 이 지역을 고른 것은 그저 카버와 메리앤이 출퇴근하기에 적당한 중간 지점이라는 점과, 아이들이 좋아하던 친구들과 고등학교에서 다시 만날 수 있는 학군이라는 점을 고

카버가 처음으로 소유한 집

카버가 대학 강의 제안을 받기 시작하고 경제적 안정을 찾으면서 1972년 여름 캘리포니아주 쿠퍼티노에 처음 산 집이다. 하지만 이 시기에 카버는 새 작품을 한 편도 쓰지 못하고, 대낮부터 술을 마시며 다시 내리막길에 들어선다. 술에 취한 카버 부부가 날마다 고성을 지르며 그들의 삶을 지옥 속으로 몰아넣은 시기다.

려한 결과였을 뿐이다. 어린 시절 야키마의 집 이후로 카버가 처음으로 갖는 '자기 집'이었다.

메리앤의 기억에 의하면 처음에 그 집을 살 때는 회색의 나지막한 랜치 스타일이었다는데, 내가 찾아갔을 때도 외벽은 여전히 회색이었다. 그 비싼 동네에 있는 집답지 않게 그다지 돌보지 않는 듯한 모습이었다. 앞집에서 40여 년 살아왔다는 노인의 말로는 주인이 직접 살지 않고 집을 두 부분으로 나누어 계속 세만 주고 있다고 했다. 주위를 한참 서성이면서 기다렸지만 퇴근 시간이 되어도 두 집 거주자 중 누구도 나타나지 않았다. 블라인드가 내려가 있는 저 방 안 어디선가 날마다 고성이 울려 나왔을 것이다. 어느 날 아침 메리앤이 술에 취한 카버를 밖으로 내쫓은 뒤 부엌 기구를 집어던져 그의 얼굴에서 피가 흐르게 만든 곳도 저 오래된 나무 언저리 어디였을 것이다.

겉보기에는 여태까지의 카버 생애 가운데 정점에 도달해 있는 이 시점에서 카버는 내리막길로 들어서게 된다. 작품을 쓰지 못하게 된 것이 첫째 이유이고, 술이 두 번째 이유였다. 그리고 그 둘은 결국 하나였다. 이즈음에 이미 카버는 대낮에 첫잔을 넘기는 것이 습관이 되어 있었다.

메리앤은 리시의 과도한 편집이 카버의 창작 과정에 혼란을 가져왔고, 결과적으로 그것이 향후 몇 년에 걸친 작업 중단을 초래했다고 믿었다. 이는 아마도 카버 본인이 내놓은 변명이었을 것이다. 설령 그것이 사실이라 하더라도 낮에 술을 먹기 시작해 밤늦게까지 마신 뒤 다음 날 숙취로 고생하다가 그 숙취를 이기기 위해 다시 술을 마시기 시작하는 사이클도 소설 창작에 그리 도움이 되지는 않았을 것이다.

그러나 이외에도 다른 문제가 있었을 수 있다. 벤로몬드 시절, 그러니까 카버가 아직 팰로앨토에 살고 있던 1972년 봄에 그동안 붙들고 있던 단편들을 다 정리해서 내보낸 그가 '어거스틴 노트북'이라 부르던 장편에 매달려 있었다는 사실은 여러 사람이 증언한 바 있다. 작가가 단편으로 어느 정도 인지도를 쌓고 나면 장편을 내놓아야 한다는 것은 출판계에서는 상식과 같다. 당시에도 그랬고 지금도 마찬가지다. 그러나 카버는 몇 달을 매달린 끝에 대부분의 원고를 폐기 처분하는 것으로 그 작업을 끝맺었다(술꾼의 허풍이었을 수도 있겠으나. 어쨌거나 카버는 여러 사람에게 그렇게 이야기했다). 이때 경험한, 장편을 쓸 수 없을 것이라는 자각과 좌절 같은 것이 몇 년에 걸친 창작 불능 상태로 이어졌을 가능성도 완전히 배제하기는 어렵다.

그런가 하면 카버의 전기를 쓴 스클레니카는 체호프가 명성을 얻고 난 뒤에 겪었던 창작의 위기로부터 카버가 겪었을 문제를 추론해낸다. 별다른 부담감 없이 생각나는 대로 글을 써내다가 사람들이 자기 글을 읽는다는 사실을 알게 되었을 때 느끼는 엄청난 중압감을 카버 또한 경험했으리라는 것이었다. 그러나 체호프가 작업 속도를 늦추고 보다 더 진지한 방향으로 작업을 밀고 나갔던 데 반해, 카버는 술로 도피하면서 문제를 외면하는 쪽을 택했다는 점에서 둘 사이에는 결정적인 차이가 있다.

게다가 이 시절 팰로앨토 일대에는 미국 마초 술꾼 작가들의 전통에서 마지막 세대라고 할 수 있는 척 카인더, 스콧 터로, 맥스 크로포드, 마이클 쾨프, 리처드 프라이스, 에드 맥클래너헌, 거니 노먼 등이 모여 있었고, 거기에 몬태나로부터 온 윌리엄 키트리지가 합세했다. 그야말로 술과 사고(이들은 "위대한 모험"이라고 불렀지만)의 나날이었다.

이 집 저 집에서 노상 벌어지던 파티에 참석할 때는 대개 메리앤도 함께했다. 이 무렵에는 메리앤도 알코올의존증에 가까울 정도로 술을 많이 마셨고, 카버가 보는 앞에서 여러 사내에게 추파를 던지고 그들과 춤을 췄다. 그런 모습을 고통스러운 표정으로 지켜보던 카버의 모습에 대해서는 레너드 마이클스를 비롯해 여러 사람이 공통된 증언을 하고 있다. 이런 와중에도 메리앤은 스탠퍼드대학에서 대학원 과정을 마치고 로스앨터스고등학교에서 종신 교사 자격까지 얻었다. 반면 이즈음의 카버는 숙취로 인해 혹은 이미 마시기 시작했기 때문에 강의를 종종 빼먹었다. 그는 글을 못 쓴 지가 이미 한참이었지만, 한 해 전에 한꺼번에 써서 쌓아두었던 작품들이 한창 여기저기 실리고 있었다. 그러면서 학생들 사이에서는 지극히 작가적인, 신화적인 선생의 위치를 확고히 점하고 있었다.

교외 지역의 체호프, 존 치버

그러던 차에 아이오와주립대학에서 초대장이 날아왔다. 한 해 동안 초빙교수로 있어달라는 것이었다. 카버는 이제 고작 3년차 경력의 선생에 불과했지만, 대학에서의 문학 강의라는 게 절반 정도만 소화해도 큰 문제는 없다는 것 정도는 벌써 알아차리고 있었다. 카버는 아이오와에서 강의를 하면서, 여태 해오던 샌타크루즈의 강의는 한 달에 한두 번만 들러서 하겠다는 터무니없는 계획을 세웠다. 결국 카버는 학기 초에 한 몇 차례 수업을 제외하고는 샌타크루즈 강의를 한 학기 내내 빼먹다시피 했다.

아이오와에서라고 그가 성실한 선생이었을 리 없지만 학생들은 그를 사랑하고 따랐다. 학생들이 보기에 카버는 당시에 유행하던 토머스 핀천, 로버트 쿠버, 존 바스, 도널드 바셀미, 존 혹스 등의 실험적인 소설들로부터 완전히 벗어나 리얼리스틱한 기법으로 이야기에 집중하되 유머가 있고 동시에 어두운, 새로운 종류의 이야기를 선보이고 있었기 때문이다.

그때 아이오와에는 마침 존 치버도 와 있었다. 치버는 카버보다 한 세대 위의 작가로, 1940년대 초반부터 작품을 발표하기 시작했다. 당시에도 데뷔 이후 40여 년에 걸쳐 수많은 장편과 단편을 발표해오고 있었던 작가이기에 그의 작품 경향을 간단하게 요약하려 하는 것은 분명 무모한 시도가 될 터다. 그러나 그의 초기 대표작 중 하나인 「기괴한 라디오」를 비롯해, 훗날 카버가 그를 향한 헌정작으로 쓰게 되는 「기차」의 모티브이자 프리퀄인 「5시 48분」 같은 작품이 보여주는 카프카와 체호프를 섞어놓은 것 같은 기묘한 느낌은 카버 세대의 작가들에게 큰 영향을 미쳤다. 두 사람은 나이가 스물여섯 살이나 차이 났고(치버는 1912년생) 출신 배경도 많이 달랐지만(치버는 동부 매사추세츠주 중산층 상인 집안 출신), 치버의 별명이 '교외 지역의 체호프'라는 데서 알 수 있듯이 두 작가는 상당히 유사한 문학적 성향을 가지고 있었다. 카버도 이후에 '미국의 체호프'라고 일컬어졌던 것을 생각하면 두 사람이 만나자마자 가까워진 것은 당연한 일일지도 모른다. 게다가 그들의 숙소는 같은 아파트의 아래위 층이었다.

그러나 두 사람이 그렇게 쉽게 가까워진 것이 단지 문학적이거나 지리적인 이유 때문만은 아니었다. 알코올의존증이 이미 심각한 상태에 이른 존 치버와 이제 막 그와 같은 수준으로 증세가 치닫고 있던 카버는 서로에게 둘도 없는 술친구가 되어주었다. 치버는 의사로부터 술을 더 마시면 사망할 수도 있다는 진단을 받아놓은 상태였음에도 손에서 술병을 놓지 않았고, 카버 역시 아침부터 술을 마시기 시작해 그날의 필요한 열량을 식사 대신 술로 섭취하는 지경에 이르러 있었다. 더 이상 아무런 정상적인 기능도 하지 못하는 작달막한 60대 노인과 거구의 30대 장년이 이른 아침에 주류 판매점 앞을 서성이며 문을 열기를 기다리는 풍경은, 당시 아이오와에서는 문학적 신화의 한 현장이었겠으나 그렇다고 해서 그 끔찍한 본질이 가려지는 것은 아니다.

카버는 아이오와에서 보낸 한 해 동안 단 한 자라도 쓰기는커녕 타자기 덮개조차 열지 않았지만, 그동안 여기저기 발표해놓은 작품들 덕에 작가로서의 이름은 오히려 높아졌다. 현실과 명성 간의 괴리가 깊어질수록 카버가 술에 취해 있는 시간도 점점 더 길어졌다. 그가 아이오와에서 술을 마시는 동안, 이제 열여섯 살 된 맏딸 크리스는 주유소에서 일하며 독립을 시도했고, 연년생 남동생인 밴스는 대마초에 묻혀 사는 문제아가 되어가고 있었다. 메리앤은 자기라도

교외 지역의 체호프, 존 치버

카버는 아이오와대에서 강의를 하면서 존 치버와 만난다. 카프카와 체호프를 섞어놓은 것 같은 기묘한 느낌을 주는 치버의 작품 세계는 후배인 카버 세대의 작가들에게 큰 영향을 미쳤다. 별명에서도 알 수 있듯이 '미국의 체호프'라 불린 카버와 상당히 유사한 성향을 가지고 있었다. 두 사람은 같은 아파트 아래위층에 살면서 서로에게 둘도 없는 술친구가 되어주었다.

중심을 잡아야겠다는 생각에 알코올의존자들의 모임에 나가며 술을 끊으려 애썼지만 그마저도 쉽지 않았다. 카버의 가정은 공중분해되어가고 있었다.

마지막 봉합의 시도

카버는 아이오와에서 돌아오자마자 샌타바버라대학에 초청 작가로 일자리를 얻었다. 정작 카버 본인은 글에서 손을 뗀 지 꽤 되었지만, 그의 소설들은 1960년대의 무지갯빛 환상이 끝나고 엉망진창으로 질질 끌고 가던 베트남전쟁도 사실상 패전으로 마무리되는 시점에 서 있던 미국인들에게 모든 요란한 담론과 거품을 제거한 채 삶 자체를 다루는 '진짜 소설'로 부각되기 시작했다. 영국의 문학 잡지 《그란타》가 카버를 비롯한 일군의 미국 작가들*에게 '더러운 리얼리즘Dirty Realism'이라는 이름을 부여한 것은 그로부터 한참 뒤인 1983년의 일이지만, 이때 이미 미 전역에 산재한 문학 전문지들에서 이와 비슷한 경향의 작품들이 나오고 있었다. 모두가 그 선두 주자로 카버를 지목하고 있었다.

이즈음의 카버는 아직 대중적인 명성을 얻지는 못했지만 많은 작가들이 주목하는 소위 '작가들의 작가'였다. 카버의 작품들은 평이

---

* 카버 외에도 리처드 포드, 토바이어스 울프, 제인 앤 필립스, 엘리자베스 탤런트, 프레데릭 바셀미, 바비 앤 메이슨 등이 포함되었다.

'더러운 리얼리즘'이라는 말을 탄생시킨 《그란타》 표지(1983)

1960년대의 낭만적 열정이 환멸로 끝나고 베트남전도 패전으로 마무리되는 시점에 이르자,
모든 요란한 담론과 거품을 제거하고 삶 자체를 다룬 '진짜 소설'이 주목받기 시작한다. 이러
한 경향성을 보여주는 카버를 비롯한 일군의 미국 작가들에게 영국의 문학 집지《그란타》는
'더러운 리얼리즘'이라는 이름을 부여한다.

한 말들로 쓰였지만 어딘가 낯선 데가 있었다. 단순하고 단단한 문장들로 구성된 그의 리얼리즘은 몹시 끔찍하고 비참한 삶의 모습을 드러낸다. 그러나 1920~1930년대의 그것과는 달리 하층민의 삶을 그리는 데서 오는 끔찍함은 아니었다. 그의 이야기 속 인물들은 대부분 대학 교육까지 받았고, 어쩌면 사회의 주류로 진입해 잘살 수도 있었겠지만 모종의 이유들로 인해 자신과 다른 이들을 갉아먹고 있는 이들이었다. 카버는 이들의 감정도 돈이나 직업 같은, 삶의 구체적 조건의 하나인 것처럼 객관화해서 다룬다. 카버는 이 새로운 경향의 선두에 서 있는, 이미 그런 작품을 10년 넘게 해오고 있는, 자신이 다뤄온 삶의 전장에서 얻은 상처로 온몸과 정신이 위기에 처한 노병이었다. 정작 카버는 그 상처들로 인해 목숨이 위태로운 지경에 다가가고 있었지만, 밖에서 보기에는 그것들 모두가 훈장처럼 여겨졌다.

샌타바버라는 로스앤젤레스에서 북쪽으로 약 160킬로미터, 쿠퍼티노에서 남쪽으로 약 480킬로미터 거리에 있는 태평양 연안의 아름다운 해변 도시다. 태평양 연안이라고 하지만 해안선이 내륙 쪽으로 꺾어지는 지점에 있어서 파도가 거칠지 않고 풍광이 아름답다. 온난한 지중해성 기후를 보이기 때문에 휴양지로 이름이 높고 야외 활동이 생활의 중심이 되는 곳이다. 샌타바버라에서 북쪽으로 조금 떨어진 곳에 샌타바버라대학이 있는데, 캘리포니아주립대학 시스템의 주요 대학 중 하나다. 덕분에 샌타바버라는 휴양지면서도 대학 도시 특유의 자유롭고 지적인 분위기 또한 가지고 있다. 어쩌면 카버 부부는 이런 곳에 가면 생활이 조금 달라질 수 있으리라 기대했는지도 모르겠다.

샌타바버라대학에서 제시한 것은 창작에 관한 강의를 두 개 정도 하고, 학교에서 간행하는 문학잡지 《스펙트럼》의 편집까지 책임지는 대가로 연 2만 5000달러 정도를 지급하겠다는 아주 좋은 조건이었다. 카버 일가는 쿠퍼티노의 집을 세놓은 뒤 샌타바버라로 내려간다. 아마 메리앤이 주도한 결정이었을 것이다. 카버를 또다시 혼자 내버려두었다가는 이번에는 정말 술독에 빠져 죽을지 모른다고 염려했기 때문일 것이다. 그러나 당시는 메리앤도 알코올의존증이 이미 심각한 수준일 때여서 카버를 돌봐주기는커녕 스스로를 제어하기도 어려운 상황이었다. 그럼에도 파탄의 조짐이 너무나 분명히 드러나고 있었기 때문에 새로운 곳에 가서 다시 시작해보자는 생각을 했던 것 같다. 이를테면 마지막 봉합의 시도였던 셈이다. 그러나 문제는 봉합 자체가 아니라, 그것의 주체여야 할 두 사람의 상태였다. 주체가 제각기 망가져 있는 상태에서 그 두 주체 사이의 관계가 회복되기를 기대하는 것은 아무런 맥락 없는 기적을 기다리는 일이나 마찬가지였다.

샌타바버라로 떠나기 전 두 사람의 상태가 어땠는지는 단편 「정자」를 통해 짐작해볼 수 있다. 「정자」는 새크라멘토에서 아파트를 관리하며 살던 때의 경험을 배경으로 한다. 그러나 작중 두 인물 홀리와 드웨인 부부의 관계는 샌타바버라로 내려가기 직전 쿠퍼티노에서의 두 사람을 연상시킨다. 카버와 메리앤 부부는 샌타바버라로 내려가기 전에 실제로 집 근처 싸구려 모텔에 술을 싸들고 들어가 며칠이나 지내면서 둘 사이에 쌓인 문제를 해결하려 시도한 적이 있었다. 물론 그들은 아무런 해결책도 얻지 못했지만, 이 일이 새크라멘토에서의 경험과 합쳐져「정자」의 배경을 이루게 된 것이 소득이라면 소득일 것이다.

「정자」에서 두 사람은 모텔을 관리하면서 살고 있다. 아내 홀리는 회계 관리 따위를 하고, 남편 드웨인은 수영장을 비롯해 모텔의 시설을 관리하는 일 등을 맡고 있다. 두 사람은 이곳에 오기 전부터 이미 술을 많이 마시는 상태였다. 모텔 지배인 일을 맡을 것인가 말 것인가 결정할 때도 이틀 동안 밤을 새워 술을 마시면서 의논했다. 얼마 지나지 않아 두 사람은 술을 마시느라 모텔 일을 등한시하기 시작한다. 수영장에는 이끼가 퍼렇게 끼고, 홀리는 숙박비를 내키는 대로 받는다. 게다가 드웨인이 객실 청소를 맡은 젊은 여자애와 자기 시작하면서 다른 일에는 아무 관심도 보이지 않는다. 홀리가 이 사실을 알게 되면서 두 사람은 다시 술병을 들고 방 안에 처박힌다. 홀리는 두 사람의 결혼이 회복 불가능한 상태에 도달했음을 느끼고 있다. 드웨인이 하는 어떤 이야기도 홀리에게는 더 이상 들리지 않는다. 사실 드웨인이 바라는 것은 홀리가 먼저 정신을 차리고 자기를 잡아주는 것이다. 그러나 물론 그런 일은 벌어지지 않는다. 홀리 역시 자기를 파괴하느라 바쁘다.

카버와 메리앤은 소설 속의 두 사람과 크게 다르지 않은 상태에서 이제 고등학생이 된 두 아이를 데리고 샌타바버라로 떠난다. 아이들은 샌타크루즈로에서 옮겨 와 2년째 다니고 있는 학교를 떠나고 싶어 하지 않지만, 별 도리 없이 따라나선다.

또 한 번의 파산

샌타바버라에서 두 사람의 알코올의존증은 더욱 심해졌다. 이 시기의 경험을 다룬 시 「내년」을 보면, 카버는 수업에 들어가기 직전에 술집에서 쓰러지면서 머리를 박고, 메리앤은 가수가 쥐고 있던 마이크를 빼앗아 주사를 늘어놓다가 테이블에 쓰러지고, 음주운전으로 잡혀가고, 딸아이는 가출한다. 샌타바버라에 도착하고 나서 불과 두 주 만의 일이었다. 물론 이런 생활이 오래갈 리 없었다. 술 먹고 쓰러지기, 대학 안팎의 남녀들과 각자 놀아나기, 음주운전으로 체포되기 등의 일들이 계속 반복됐다. 가출할 때 타고 나간 차가 길에서 퍼지는 통에 어쩔 수 없이 집으로 돌아온 딸아이가 유치장에 갇혀 있는 부모를 보석으로 빼 와야 하는 일도 두 번이나 있었다. 샌타바버라대학에서 나오는 수입이 적지 않았지만, 생활이 너무 방탕했던 탓에(술값만 한 달에 1200달러에 달했다고 한다) 두 사람은 또다시 빚더미에 올라앉는다. 신체적으로나 정신적으로나 무기력해질 대로 무기력해진 상태에서 두 사람은 다시 한번 파산 신청을 생각한다. 그리고 파산을 신청할 때 자기 소유의 집을 압류당하지 않기 위해서는 그 집에서 실제로 살고 있어야만 했으므로 카버는 샌타바버라대학을 그만두고 쿠퍼티노로 돌아간다. 어차피 강의를 계속할 수 있을 만한 상태도 아니었다. 두 사람은 첫 번째 파산 후 7년 만에 로스엔젤레스의 법정에서 두 번째 파산 절차를 밟는다.

짧은 단편소설에 버금가는 분량을 가진 시 「기적」은 로스엔젤레스에서 파산 절차를 끝낸 뒤 비행기를 타고 샌프란시스코로 돌아가

샌타바버라

카버는 샌타바버라대학으로부터 좋은 조건에 창작 강의를 제안받고 휴양지이면서도 대학 도시 특유의 자유롭고 지적인 분위기를 가진 샌타바버라로 내려간다. 이곳은 날씨 좋기로 유명한 캘리포니아에서도 가장 이상적인 거주 조건을 갖춘 곳으로 꼽힌다. 그러나 카버 부부는 이미 스스로를 제어하기도 어려울 만큼 알코올의존증이 심각한 상태였다. 두 사람은 첫 번째 파산 후 7년 만에 이곳에서 두 번째 파산 절차를 밟는다.

는 길을 그리고 있다. 두 사람은 로스앤젤레스공항 문 앞에 도착할 때 이미 취해 있고, 공항에 들어와서는 다저스 현수막 아래에서 위스키 더블을 마시기 시작한다. 두 사람은 마치 별일 없는 것처럼 심상하게 행동하지만, 마침내 여자가 먼저 무너진다. 여자는 비행기 좌석에서 옆으로 돌아앉더니 사내를 때리고 또 때린다. 사내는 그저 맞기만 한다. 여자의 주먹이 사내의 귀, 입술, 턱으로 떨어지는 동안 사내는 맞아가면서도 악착같이 플라스틱 컵에 담긴 위스키를 보호한다. 사내는 코피가 터지고 나서야 여자에게 멈춰달라고 부탁한다. 여자는 왜 멈췄을까? 두 사람이 함께해왔던 역사 때문에? 아니다. 시는 이렇게 이어진다.

천만에. 만약 여자가 정말로
여자의 무릎 위로 한꺼번에 떨어져 순식간에 박살 나버린
그 모든 세월을 떠올렸다면,
여자는 그 자리에서 사내를 죽여버렸을 것이다.
─「기적」, 『폭포로 가는 새로운 길』, 27쪽

그러고 나서 여자는 아무 말 없이, 한마디 욕도 없이, 자기가 마시던 위스키 잔을 집어 든다. 사내 역시 침묵을 지키면서 냅킨으로 코를 막고 고개를 돌려 창밖을 내려다본다. 사내는 지금이 저녁 식사 시간임을 깨닫는다. 저 아래 집들에서는 가족들이 식탁 앞에 모여 서로의 손을 잡고 감사 기도를 올리고 있으리라, 그 맞잡은 손들은 너무나 견고해서 그 가정이 파괴되는 일은 없으리라, 하고 사내

는 생각한다. 사내는 객실 안을 둘러본다. 자기들과 비슷비슷해 보이는 사람들이다. 그러나 두 사람은 그들과 다르다. 너무나 창백한 나머지 이미 죽어 있는 것 같지만 아직 살아 있다. 기적이다. 비행기가 이륙한다. 사내는 여자의 팔에 손을 얹는다. 집에 도착하게 되면 정신을 차리고 살아가게 될 거라고 생각한다. 그렇게 해야만 한다. 앞으로 더 많은 놀라운 일들이 일어날 것이다. 흐른 피는 사내의 옷과 여자의 소매 모두에 지울 수 없는 얼룩을 남겨놓았지만.

폭력은 당연히 메리앤만이 행사한 것은 아니었다. 분노 조절 능력을 잃은 것은 두 사람 다 마찬가지였다. 카버가 메리앤에게 행사한 폭력이 횟수와 강도 면에서 몇 곱절은 되었다. 쿠퍼티노로 돌아오고 난 뒤로도 두 사람은 여기저기서 벌어지는 파티에 꾸준히 같이 다녔다. 메리앤은 남편을 도발하기라도 하는 것처럼 주변 사람들과 서로 희롱하기를 서슴지 않았고, 카버는 이에 폭력으로 대답하곤 했다. 두 사람은 다시 한번 잘해보자는 의미로 둘만의 여행을 계획하기도 했지만, 여행을 떠나기도 전에 친구 집에서 술을 마시다 카버가 메리앤의 머리를 술병으로 내려치는 바람에 모든 게 무산되었다. 메리앤이 과다 출혈로 목숨을 잃을 수도 있었던 심각한 사건이었다. 술에서 깨어난 카버가 아무것도 기억하지 못했음은 물론이다. 이즈음 카버는 술을 마시지 않으면 심한 발작을 일으키는 금단증세를 보이기 시작한다. 의사는 다시 술을 마시면 뇌 손상이 일어날 것이고 결국은 죽게 될 수 있다고 경고하지만, 카버는 듣지 않는다.

두 사람은 그해 크리스마스에 다시 한번 주변의 모든 이들을 초대해 거창한 파티를 연다. 이 무렵 카버 부부는 '젖은'과 '마른'이라는 단순한 '형용사/술어'를 여기저기 붙여 사용했다. 대부분 술과 관련된 일이었다. '요즘 내가 말랐다'고 하면 최근에는 술을 마시지 않고 있다는 말이었다. 가족과 친구들이 모이는 명절 역시 젖은 명절과 마른 명절로 나뉘었다. 이 무렵 카버네 크리스마스는 늘 젖은, 그것도 아주 푹 젖은 크리스마스였다. 사실인즉 매일이 그랬으니 크리스마스라고 다를 이유가 없었다. 오히려 더했다.

「동방에서, 빛이」라는, 축복받은 크리스마스를 말하는 것으로 보는 게 지극히 타당할 제목의 이 시는 1975년 크리스마스 이튿날에 벌어진 파탄의 풍경을 그리고 있다. 그러나 이 풍경에는 아이들까지 적극적으로 등장한다는 면에서 앞의 것들보다 더 비극적이다.

집은 밤새도록 뒤흔들리고 고함을 질러댔다.
아침이 가까워지면서, 조용해졌다. 아이들은,
뭐라도 먹을 걸 찾아, 개판인 거실을 지나
개판인 부엌으로 간다.
아버지가, 소파에서 잠들어 있다.
물론 아이들은 그 꼴을 보려고 걸음을 멈춘다. 누군들 그러지 않겠는가?
아이들은 그 엄청난 코 고는 소리를 들으면서
예전의 생활 방식이 다시 돌아왔다는 걸
알게 된다. 하긴 새로울 것도 없는 일.
하지만 정말 놀라운 것, 아이들이 눈을 부릅뜨게 만든 건,
아이들의 크리스마스트리가 넘어져 있는 것.

크리스마스트리는 벽난로 앞에 옆으로 쓰러져 있다.

아이들이 장식한 트리.

그 나무가 쓰러져 있다, 눈가루와 막대 사탕이

양탄자 위에 흩뿌려져 있다. 도대체 왜 이렇게 된 걸까?

그제야 아이들은 아버지가 엄마의 선물을 열어놓은 걸

본다. 기다란 밧줄이 예쁜 상자에서

반쯤 빠져나와 있다.

둘 다 나가서 목이나

매달으라지, 그게 아이들이 하고 싶은 말이다.

지긋지긋해, 둘 다,

그게 아이들이 하고 있는 생각이다. 어쨌거나,

찬장에 시리얼이 있고, 우유는

냉장고에 있다. 아이들은 텔레비전이 있는 방으로

그릇을 들고 가, 볼 만한 프로그램을 찾아,

이 난장판을 잊으려 한다.

볼륨이 높아진다. 더 크게, 그리고 더 크게.

아버지가 뒤척이며 신음 소리를 낸다. 아이들은 웃는다.

아이들은 볼륨을 좀 더 높인다 아버지가 자기가 살아 있다는 걸

알 수 있도록. 아버지는 머리를 들어 올린다. 아침이 시작된다.

　—「동방에서, 빛이」,『울트라마린』, 48~49쪽

　그러나 이렇게 해서 눈을 뜬 아버지, 다시 말해 카버가 무언가 반성하고 새로운 하루를 시작했을 거라 생각하면 오산이다. 메리앤의

여동생 에이미의 남편이자 카버의 후배 작가이기도 했던 더글러스 엉거가 기억하는 바로는, 이런 식으로 눈을 뜬 카버는 커피를 만들고 뜨거운 도넛을 사가지고 와서는 잠자는 이들을 두들겨 깨워 블러디메리를 마시는 것으로 휴가철의 하루를 다시 시작하곤 했다. 그리고 블러디메리는 종종 바로 보드카로 이어졌다. 이 지옥도는 주로 작품집 『사랑을 말할 때 우리가 이야기하는 것』 안에서 다양한 이야기, 다양한 각도로 재구성되어 있다. 「춤 좀 추지 그래?」「뷰파인더」「미스터 커피와 수리공 양반」(『풋내기들』에서는 「다들 어디 있지?」)「정자」「심각한 이야기」(『풋내기들』에서는 「파이」)「한마디 더」가 그것들이다.

엉거는 샘 핼퍼트와 한 인터뷰에서 카버의 작품들 가운데 치버의 작품에서 영감을 받아 쓴 「기차」와 체호프의 죽음을 다룬 「심부름」정도를 제외하면 그의 모든 작품에는 어떤 식으로든 그 자신의 실제 경험이 투영되어 있다고 말한다. 예를 들어 「춤 좀 추지 그래?」의 경우, 엉거 부부가 샌프란시스코교회 앞에 살림살이를 내놓고 파는 것을 본 적도 있고, 거기에 동료 작가 윌리엄 키트리지가 몬태나주 미줄라의 한 바에서 들은 이야기(세간을 집 앞에 내놓고 며칠을 지낸 사람의 이야기로, 키트리지는 이것이 카버의 스타일에 잘 맞다고 생각해 그에게 양보했다고 한다)를 합쳐서 배경으로 만든 다음, 그 위에 모든 것을 잃어버린 파산자로서의 경험과 자기 자신과 아내 메리앤에 대한 복잡한 감정까지 결합한 것이었다.

더글러스 엉거(2008)

카버가 알코올중독과 경제난으로 힘든 시기에 도움을 주었던 집안사람이자 후배 작가다. 엉거는 카버가 돈이 없어 알코올중독 치료를 위한 재활센터에 들어갈 수 없을 때, 금주를 위한 알코올음료인 '강속구'를 직접 만들어주었다고 한다. 카버의 모습을 가까이에서 지켜본 그는, 카버의 거의 모든 작품에는 어떤 식으로든 카버 자신의 실제 경험이 투영되어 있다고 했다.

첫 소설집『제발 조용히 좀 해요』

걷잡을 수 없는 내리막길이었지만 희망이 아주 보이지 않는 것은 아니었다.《에스콰이어》의 리시가 맥그로힐출판사로 옮겨 소설 출판을 기획하면서 첫 번째 책으로 카버의 소설집을 내기로 한 것이다.『제발 조용히 좀 해요』가 그것이었다. 그러나 이 책의 출간과 거의 같은 시점에 카버가 먼저 해결해야 할 일이 있었다. 샌타바버라대학을 그만두고 나서 허위로 서류를 제출해 실업수당을 받은 것에 대해 캘리포니아주 정부가 카버를 기소한 것이었다. 캘리포니아주 정부를 속인 사기죄였다. 탐욕, 간음, 폭력, 폭음, 배신 등의 죄는 이미 저질렀고 거기에 사기죄까지 범했으니 지옥의 가장 깊은 곳에 들어갈 자격은 모두 갖춘 셈이었다. 특히 이번 것은 자칫하면 징역형을 받을 수도 있는 사안이었다. 그러나 메리앤을 비롯해 동료 작가들, 과거 대학 은사들까지 나서서 탄원서를 제출한 덕에 카버는 90일 구류에 형 집행정지를 받고 풀려났다. 감옥에 갈 걱정도 사라지고 뉴욕의 출판사에서 단행본도 나오면서 카버에게는 소위 '주류 문단'으로 진입할 수 있는 길이 열리는 듯했다.《뉴스위크》같은 전국 규모 잡지에 그의 인터뷰가 실렸고,《뉴욕타임스》는 조프리 울프(토바이어스 울프의 형)의 호의적인 서평을 실었다. 카버는 쿠퍼티노를 떠나 아이오와, 시카고를 거쳐 치버가 오랫동안 인연을 맺으며 젊은 시절 상당수의 작품을 썼던 창작촌인 야도Yaddo에 들어가 장편을 쓰겠다는 계획을 세웠다. 그러나 그는 낭독회를 위해 잠시 들렀던 아이오와에서 다시 술 앞에 쓰러졌고, 야도로 가는 대신 두

카버의 첫 소설집 『제발 조용히 좀 해요』(1976)

고든 리시의 도움으로 맥그로힐출판사에서 출간된 첫 소설집이다. 이 책은 1977년 전미 도서
상 후보에 오르며 화제를 일으켰다. 이후 맥그로힐출판사는 카버에게 5000달러의 장편소설
계약금을 제안하기도 한다. 카버의 초기 단편 스물두 편이 수록된 이 소설집은, 삶의 가장자
리로 밀려난 미국 소시민들의 흔들리는 일상을 담아냈다.

해 전 아이오와에 있을 때 사귀었던 여자를 찾아간다. 술을 끊어볼 계획이었다. 카버는 그곳에서 몇 달 지내면서 글도 좀 쓰지만, 그 생활이 정리됐을 때는 더 이상 갈 곳이 없었다. 메리앤은 금주 모임에서 만난 사내와 함께 지내고 있었고, 아이들은 뿔뿔이 흩어졌다. 그나마 기댈 곳이라고는 샌프란시스코에 살고 있는 에이미와 엉거 부부, 그리고 그들의 집 맞은편에 살고 있던 친구 척 카인더밖에 없었다. 카버는 샌프란시스코로 돌아갔다.

아무것도, 아무도 없는 사내

재생을 위한 마지막 침몰

청년 문화의 집결지, 샌프란시스코만

카버가 우울한 일상을 보낸 1960년대부터 1970년대 초반의 캘리포니아는 당시의 수많은 청춘들에게는 꿈의 고장이었다. 샌프란시스코 일대에서 남쪽으로 산호세에 이르는 지역을 현지인들은 흔히 '샌프란시스코만 지역', 줄여서 '만 지역bay area'이라고 부른다. 샌프란시스코만을 빙 둘러 발달한 지역 전체를 일컫는데, 카버가 살았던 팰로앨토, 서니베일, 쿠퍼티노 등의 소도시는 모두 남부의 만 지역에 해당한다.

샌프란시스코만 지역은 미국의 대중문화사에서 독특한 위치를 차지한다. 1950년대부터 시작된 비트 문화와 그 후로 이어진 히피와 사이키델릭 문화에 이르기까지 미국의 젊은이들을 폭풍처럼 휩쓸고 지나간 새로운 대중문화의 중심지였기 때문이다. 동부 지역의 중심이 뉴욕이었다면 서부 지역의 중심은 바로 이곳이다. 1960~1970년대의 청년 문화, 반反문화를 상징하는 사건으로 1969년 뉴욕주에서 사흘간 열렸던 우드스톡페스티벌을 꼽는 경우가 많은데, 이런 형태의 페스티벌을 처음 시작한 곳이 캘리포니아주였다. 1967년 6월의 몬터레이팝페스티벌이 그것이다. 이 행사를 통해 지미 헨드릭스와 더후, 재니스 조플린 등이 대규모 군중 앞에서 처음 소개되었고, 인도의 전통음악가로서 비틀스를 비롯해 당시 록 밴드들에 큰 영향을 미친 라비 샹카르가 처음 대중 앞에 모습을 드러낸 것도 이 공연에서였다. 이전에도 캘리포니아만 지역 여기저기에서 소규모의 팝페스티벌이 열리고는 했는데, 몬터레이팝페스티벌로부터 두 해 뒤에 열린 우드스톡페스티벌은 이와 같은 팝페스티벌의 연이은 성공에 힘입어 규모를 극단적으로 확대한 것이었다.

이 시기 샌프란시스코 지역의 분위기를 가장 잘 전해주는 것은 아마도 '사랑의 여름Sumer of Love'이라는 말일 것이다. 1970년대 휴가철 화장품 광고를 연상시키는 이 감각적인 표현은, 1967년 여름 한철 동안 샌프란시스코의 애시버리가와 해이트가가 만나는 해이트애시버리 지역 일대에 무려 10만을 헤아리는 젊은 인파가 모여 정치 담론, 마약, 섹스, 음악과 문학, 종교 등 거의 모든 영역에서 기존의 금기를 깨뜨리며 성평등, 공동체 생활, 규제 없는 사랑 등의 이상을 추구한 일종의 사회적 실험을 일컫는다. 이들 모두가 누군가의 조직적인 주도하에 모인 것은 아니다. 다만 몇 해 전부터 그 일대에서 새로운 일들, 새로운 흐름들이 당시 유행하던 표현대로 '해프닝'하고 있었다. 거기에 정치, 종교, 문화 등 모든 영역에서 새로운 사회적, 정신적 질서를 세워야 한다는 이상을 가진 이들까지 'It's happening!' 'Peace!' 같은 말들을 인사처럼 주고받으며 모여든 것이

1960년대 후반 샌프란시스코의 청년 문화

1960년대에서 1970년대 초반까지 샌프란시스코만 일대는 미국 대중문화의 새로운 중심지로 주목받았다. 기존의 관념과 습속을 넘어서는 다양한 문화적, 정치적 실험이 곳곳에서 행해졌다. 카버는 텔아비브에서 돌아온 뒤로 10여 년을 줄곧 샌프란시스코만 일대에서 살았지만, 이곳의 문화에 한 번도 경도되지 않았다. 복장에서부터 음식, 생활 방식에 이르기까지 1950년대 미국 북서부 촌놈의 모습을 그대로 유지했다.

었다. 각기 다른 정치적, 문화적 성향을 가졌지만 그들은 새로운 문화적, 정치적 대안을 꿈꾸면서 곳곳에서 토론회를 열었다. 또한 기존의 기독교적 전통을 따르는 대신 인도식과 티벳 불교식을 뒤섞은 요가와 명상 수행에 마음을 열면서 동시에 약물의 도움을 받아 자기 내부로의 여행을 감행하는 등 미국 사회를 구성해온 기존 범주들로부터 벗어나려는 다양한 실험을 수행했다. 여기에는 개인주의와 물질주의와 사적 소유를 거부하면서 모든 것을 공유하는 과격한 원시 공산주의적 공동체주의자들부터 보다 복잡한 이념적 지향을 가진 이들에 이르기까지, 그리고 이 모든 것에 전혀 개의치 않는 그룹들까지 두루 공존하고 있었다. 베트남전쟁에 반대하는 "총 대신 꽃을!"이라는 구호는 그들 사이에서 광범위하게 공유되었다. 그들이 이상으로 삼은 것은 총이나 법적 규제, 경직된 사회 체제 같은 것들을 대체할 수 있는 '부드러운 것들'이었다. 이들이 대체로 동의하는 부드러운 것들이란 꽃, 사랑, 섹스, 음악, 문학 등 모두가 공유할 수 있는 부드러움, 다시 말해 동등한 권리를 지닌 평등한 사람들 사이를 수평으로 흘러 다니는 것으로서의 관념, 신체, 물질 따위였다.

해이트애시버리에 모여들었던 10만 인파의 상당수가 원래 있던 곳으로 혹은 또 다른 곳을 찾아 흩어졌지만, 그들의 문화는 다른 곳으로 확산되거나 만 지역의 문화를 주도하는 분위기로도 남게 되었다. 그러나 1976년 늦봄에 카버가 해이트애시버리와 이웃한 카스트로스트리트로 옮겨 오겠다고 마음먹었을 때, 이 지역의 이런 독특한 분위기가 그의 결정에 큰 영향을 미치지는 않았을 것이다.

시대의 공기에서 비켜선 사내

카버는 샌프란시스코만 지역 청년 문화의 집결지 중 한 곳이었던 스탠퍼드대학 바로 앞에서 직장 생활을 했고, 이스라엘의 텔아비브에서 돌아온 뒤부터는 10여 년을 줄곧 만 지역을 떠나지 않았다. 그럼에도 이곳에 만연했던 새로운 문화에 경도된 모습을 보인 적은 한 번도 없었다. 복장에서부터 음식, 생활 방식에 이르기까지 카버는 1950년대 미국 북서부 촌놈의 모습을 그대로 유지하고 있었다는 것이 그의 주변 인물 누구나 하는 이야기다. 병역을 거부했다는 것, 술과 담배와 대마초를 많이 했다는 것 정도가 당시 젊은이들과의 공통점이라고 할 수 있겠다. 그러나 그의 병역거부는 반전사상 같은 정치적 신념에 의한 것이라기보다는 단순한 공포와 게으름 때문이었을 가능성이 크다. 카버는 주 방위군 복무 대상자여서 거주지를 옮길 때마다 해당 지역 방위군 사령부에 신고를 해야 했는데, 아마도 게으름 때문에 최초의 이주 신고를 놓쳤고, 이후로는 그 때문에 처벌을 받을까 두려워 피해 다니게 되었다. 술, 담배와 대마초를 달고 산 것 역시 히피 문화의 영향이라기보다는 야키마에서 살던 어린 시절부터의 습관을 버리지 못한 탓이 더 클 것이다. 카버는 1950년대 샌프란시스코 일대 문학의 흐름을 주도했던 비트 문학과 1960~1970년대의 형식 파괴적인 실험 문학에 경도되었던 적이 없을 뿐만 아니라, 오히려 적극적으로 싫어하는 편에 속했다. 음악적인 취향도 팝이나 록보다는 어릴 때부터 들어온 재즈에 국한되어 있었다. 이런 특성은 캘리포니아 시절에는 물론이고 이후에 뉴욕주로 옮기고 나서도 크게 달라지지 않는다. 그런데 이런 카버가 샌프란시스코 시내, 그것도 하필이면 카스트로스트리트로 거처를 옮겼다. 그곳은 해이트애시버리와 이웃해 있는 동네라는 점 말고도 아주 독특한 특성을 가진 지역이다.

해이트애시버리에서 언덕 하나만 넘어가면 나오는 카스트로스트리트는 샌프란시스코가 반문화의 전진기지가 되기 훨씬 전부터 남성 동성애자들의 집결지였던 곳이다. 이미 1963년에 미국 최초의 게이바 '미주리뮬'이 문을 연 것을 필두로 하여 동성애자들이 마음 놓고 자기들의 성적 정체성을 드러내면서 독특한 문화를 만들어 나가던 곳이 바로 여기다.

이와 같은 일종의 게이 해방구가 만들어지게 된 것은, 아이로니컬하게도 미국 내 동성애 탄압의 역사와 관계가 있다. 1940년대 초반 샌프란시스코에 본부를 두고 있던 태평양 함대 사령부에서 휘하 부대의 동성애자 병사 수천 명을 불러 모아 강제로 전역시켰다. 이들 중 상당수가 출신 지역으로 돌아가지 않고 하선지下船地인 샌프란시스코 지역에 자리를 잡았다. 강제 전역 자체는 병사로서의 권리를 억압하는 것이었지만, 그 덕에 서로 만나고 싶어도 쉽지 않았던 동성애자 수천 명이 한자리에서 모일 수 있게 되었으니, 당사자들 입장에서는 전화위복이라고 할 수도 있겠다.

카버 부부의 마지막 침몰, 「신경 써서」와 「파이」

비교적 완만한 경사 지역인 상가 구역의 언덕길을 걸어 올라가면 언덕배기 너머로 주로 빅토리안 스타일의 집들로 빼곡한 주택가가 펼쳐진다. 이 지역은 경사가 너무 심해 케이블카가 설치되어 있을 정도였는데, 카버가 세 들었던 집 역시 그런 급경사면에 위치해 있다. 카버는 그 집 뾰족지붕 밑의 방에서 살았을 것이다. 그 집에 대해서는 『대성당』에 수록된 「신경 써서」에 잘 묘사되어 있다. 보다 선명하게 그림을 그려보기 위해 해당 부분을 옮겨본다.

> 그는 3층 건물의 꼭대기 층으로, 방 두 개와 화장실 하나가 딸린 집을 얻었다. 두 방 모두 천장의 경사가 급했다. 돌아다니려면 머리를 숙여야만 했다. 창밖을 내다보려면 상체를 구부려야 했고, 침대에 들고 날 때마다 조심해야 했다.
>
> ―「신경 써서」, 『대성당』, 111쪽

카버는 이 집에 들어올 때 샌프란시스코 북쪽 소살리토에 있는 '업스타트크로우'라는 이름의 서점에 일자리를 얻었다. 집을 떠나 혼자 살게 된 이 사내는 「신경 써서」에서 로이드라는 이름으로 그려진다. 그가 자신의 알코올의존증을 다스리기 위해 아무런 노력도 하지 않는 것은 아니다. 로이드는 독주를 피하고 알코올 도수가 낮은 술만 마시면 자신의 알코올의존증을 그럭저럭 다스릴 수 있을 것이고, 그런 다음 조금씩 양을 줄여나가면 훨씬 형편이 나아질 것

카스트로스트리트

샌프란시스코 시절 카버의 집은 남성 동성애자들의 해방구로 유명한 카스트로스트리트의 가파른 언덕배기에 위치해 있었다. 샌프란시스코만 지역에 느슨하게 형성되어 있던 게이 커뮤니티가 카스트로스트리트를 중심으로 집결하게 된 것은 1950년대부터 진행된 도심 공동화와 관련 있다. 소득이 높아진 이들은 교외 주택가로 이동했고, 도심은 낙오자들의 차지가 된 것이다. 집에 대해서는 『대성당』에 수록된 「신경 써서」에 잘 묘사되어 있다.

이라는 터무니없는 기대를 품고 있다. 그러나 마시는 양이 줄어들지는 않는다. 심지어 아침에도 크림 도넛과 샴페인으로 끼니를 때울 정도고, 알코올의존증이 심해진 나머지 이제는 샴페인만 마셔도 취하는 지경이다. 문제가 해결되기는커녕 오히려 고질적인 것이 되고 있다. 게다가 어느 하루는 눈을 떠보니 귀에 귀지가 가득 차서 소리가 잘 들리지 않고, 중심을 잡는 균형 감각도 잃어버린 것 같다.

그때 그는 아내 이네즈의 목소리를 듣는다. "그는 그게 이네즈의 목소리이며 이번 방문이 매우 중요하다는 사실을" 깨닫는다. 무엇이 중요한지, 그 사실을 어떻게 깨달았는지는 설명되지 않는다. 아내는 못 보던 화사한 봄옷을 입고 안으로 들어선다. 아내는 앞뒤로 해바라기를 수놓은 캔버스 백을 들고 있는데, 그것도 처음 보는 물건이다. 아내는 상의할 일이 있다고 말하지만 일단 로이드의 귀에 가득 찬 귀지를 꺼내는 일에 집중한다. 마침내 귀지를 꺼낸 아내는 늦어서 가봐야겠다고 하면서도 문 앞에 서서 그에게 하려고 했던 이야기를 시작한다.

> 이네즈는 문으로 갔다. 하지만 문 앞에 서자 돌아서서 그에게 무언가를 말했다. 그는 듣지 않았다. 아니 듣고 싶지 않았다. 그녀가 해야 할 말을 하는 동안 그는 그녀의 입술이 움직이는 것을 지켜보았다.
> ─「신경 써서」, 『대성당』, 123쪽

아내는 애당초 하고 싶은 말을 정리해서 왔고, 떠나기 전에 그 말을 한다. 그러나 남편은 아내의 말을 듣지 않는다. 바로 눈앞에서 아내가 "해야 할 말"을 하는 것을 듣지 않았던 남편은 맨 아래층까지 내려간 아내가 집주인 노파와 나누는 이야기는 잘 듣는다. 노파는 사별한 자기 남편에게 벌어졌던 일을 이야기한 뒤 "전화번호를 남겨두고 가세요. 뭔 일이라도 생기면 전화할 테니까. 모를 일이니"라고 말한다. 아내는 "그런 일이 없기를 바라요"라고 대답하지만 그러면서도 전화번호는 남겨두고 나간다. 남편은 '그들'이 차를 타고 떠나는 소리를 듣는다. 그들, 아내와 함께 온 사람은 누구였을까? 아내가 꼭 해야 했던 이야기는 그 동행자와 관계된 것은 아니었을까? 이야기 내내 작가는 아내 외의 존재를 언급하지 않다가 마지막 부분에 가서야 그들이라는 복수형을 슬며시 끼워 넣는다. 마치 로이드를 강박하던 것이 귀지가 아니라, 아내와 더불어 복수를 구성하는 그 존재이기라도 한 것처럼. 아내가 그렇게 떠나고 난 뒤 로이드는 다시 샴페인을 마시기 시작한다. 샴페인에서 이상한 맛이 난다. 귀지를 꺼내기 위해 베이비오일을 부었던 잔에 샴페인을 따랐기 때문이다.

이 대목은 어쩔 수 없이 그의 시 「멜빵」을 연상시킨다. 서투르게 정신분석을 시도할 생각은 없지만, 「멜빵」에서 서술되는 '컵 안에 담긴 더러운 물'과 '더러운 컵 안에 담긴 술' 사이에 어떤 식으로든 모종의 연관이 있을 거라고 짐작하는 것은 그리 어려운 일이 아니다. 그 두 개의 컵이 가운데 놓여 있고, 그 양쪽 끝에 알코올의존자였고 결국 그 때문에 세상을 떠난 아버지와, 그 모습을 고스란히 지켜봐야 했던 어린 아들이 있다. 아이는 아버지를 처벌하기 위해 더러운 물을 건넸고, 그런 자기를 처벌하기 위해 스스로 더러운 물을 마신다. 아버지는 떠났고, 아이는 자기를 처벌하는 일을 멈출 수 없다. 이것은 어쩌면 온전히 자기 자리에 있어본 적이 없는 아버지를 애도하는 방법일지도 모르겠다. 혹은, 그리움까지는 몰라도, 그와 연결을 시도하는 방법일 수도 있다. 그러나 제대로 아버지의 자리에 있지 않았기 때문에 제대로 만날 수 없었던 아버지를 이제 와서 만날 수 있는 방법은 없다. 로이드는 이제 자기도 곧 (아버지처럼) 끝나게 되리라는 것을 안다. 두 여자가 그렇게 이야기하는 것을 방금 들었다. 로이드는 핑계 삼아 병나발을 분다. 여태 그렇게 마셔버릇 하진 않았지만, "정상에서 그렇게 벗어난 것 같지도 않다".

여기서 작품의 제목을 다시 한번 눈여겨볼 필요가 있다. 제목 「신경 써서」는 원제 'Careful'을 옮겨놓은 것이다. 이 형용사는 앞뒤로 어떤 말이 없으면 문장에서 떨어져 나와 혼자 서 있기가 불안정하고 위태로운 느낌을 준다. 이런 말을 제목으로 삼은 이유는 무엇일까? 조금만 방심하면 머리를 부딪힐 것이고, 귀를 다칠 것이고, 조금만 틈을 주면 아내는 해야 할 결정적인 말을 할 것이고, 그것은 아마도 그녀의 마지막 말일 것이다. 그러니까 정말 신경 쓰지 않으면 로이드가 서 있는 위태로운 땅이 통째로 가라앉아버릴 수 있다. 그러나 아내는 그 말을 하고야 만다. 이때 로이드의 태도가 놀랍다. 그는 듣지 않는다. 듣지 않는 쪽을 선택한다. 그러나 아내가 한 말은 결국 그대로 이루어질 것이다. 이는 그가 아무리 신경 쓰든 말든 그의 영역 밖에서 이루어질 문제이므로. 로이드도 이 사실을 알고 있다. 그리고 그것들이, 자기가 아무리 웅크리고 신경 쓰더라도, 결국은 자기 영역 안으로 밀고 들어오게 되리라는 것 또한 알고 있다. 그렇기 때문에 두 층 아래에서 오가는 대화를 생생하게 들을 수 있게 되는 것이다. 주인 노파의 남편이 "그렇게" 된 것처럼 자기에게도 "뭔 일"이 생길 것이다. 두 여인은 이미 그 사실을 알고 있고 로이드는 그 사실을 받아들일 수밖에 없다.

결국 '신경 써서'라는 단어는 카버와 그의 가족들 모두가 불안해하며 건너야 했던 격랑의 한 시절, 그가 매달려 있었던 한 조각의 아슬아슬한, 그러나 이미 머릿속에서는 끊임없이 가라앉고 있는 부표였던 셈이다. 그리고 이 부표가 조만간 실제로 가라앉게 되리라는 것은 누구나 다 알고 있었다. 문제는 그것이 언제냐 하는 것일 뿐이다.

그러나 카버의 마지막 침몰 혹은 추락의 과정은 길고도 끔찍했다. 그는 집에서 쫓겨나다시피 해 혼자 사는 동안에도 수시로 가족들을 방문하여 괴롭혔다. 그는 더 이상 그 자신이 아니었다. 가족들에게 그는 마지못해 상대해주어야 하는 존재가 되었다. 「파이」(『사랑을 말할 때 우리가 이야기하는 것』에서는 「심각한 이야기」)에서 카버는 이런 상황에 처한 가족을 묘사하고 있다. 이 이야기는 1976년 크리스마스에 실제로 있었던 일을 배경으로 하고 있다.

버트는 아내와 아들, 딸이 살고 있는 집에서 나와 따로 살고 있다. 그는 크리스마스에 가족들과 선물을 주고받기 위해 집에 가지만, 아내 베라는 저녁 6시 전에 버트가 떠나야 한다는 점을 분명히 한다. 베라의 남자 친구와 그의 자식들이 와서 저녁 식사를 같이하기로 했다는 것이다. 버트는 베라에게 캐시미어 스웨터를 선물하고 베라는 버트에게 남성복점에서 발행한 상품권을 준다. 버트는 아이들을 위해서는 준비한 게 없는데, 딸아이는 그에게 빗과 브러시를, 아들은 양말 세 켤레와 볼펜을 선물한다. 버트와 베라가 럼앤코크를 마시는 중에 시간은 5시 반이 된다. 아내와 딸은 일어나 식사 준비를 하고 아들은 자기 방으로 들어가버린다. 버트더러 이제 떠나라는 무언의 신호를 보내는 것일 텐데, 버트는 그러고 싶지 않다. 지금 자기가 앉아 있는 벽난로 앞의 자리와 손에 들고 있는 술, 부엌에서 풍겨오는 음식 냄새가 다 마음에 든다. 버트는 들고 있던 술을 마시면서 모녀가 부엌에서 두런거리는 소리며 안방에서 흘러나오는 크리스마스캐럴을 듣고, 딸아이가 분주하게 움직이는 것을 지켜보다가 일어선다. 벽난로 옆에 놓여 있던, 톱밥을 뭉쳐 만든 연료를 있는 대로 난로 안에 집어넣고, 거실의 가구 위에 놓여 있던 파이 다섯 개를 몽땅 집어 들고서 집을 나선다. 버트는 어둠 속에서 차 문을 열려다가 파이 하나를 바닥에 떨어뜨린다.

버트는 다음 날 저녁에 다시 찾아온다. 그가 의도했든 하지 않았든 버트가 인화성이 강한 인공 연료를 난로에 한꺼번에 너무 많이 넣은 탓에 집에 불이 날 뻔했다. 버트는 다시 한번 가족의 크리스마스를 성공적으로 망친 셈이지만 베라는 화조차 내지 않는다. 버트는 베라가 다른 볼일을 보는 동안 전화를 받아 그녀에게 수화기를 건넨다. 베라가 침실에 가서 전화를 받는 중에 버트는 전화선을 칼로 끊어버린다. 베라는 버트에게 지금 당장 나가지 않으면 경찰을 부르겠다고 말한다.

버트가 베라에게 여태 행한 것이라고는 해를 끼친 일밖에 없지만, 그럼에도 그는 그런 행동들이 자신의 사랑을 증명할 것이라고 생각한다. 카버는 이 주제를 「풋내기들」(『사랑을 말할 때 우리가 이야기하는 것』에서는 「사랑을 말할 때 우리가 이야기하는 것」)로 들고 가서 테리의 입을 통해 다시 한번 반복한다.

> "그 사람은 어느 날 밤, 우리가 같이 살던 시절의 마지막 밤에 날 두들겨 팼어요. 그 사람은 내내 '널 사랑해, 모르겠어? 널 사랑해, 이 나쁜 년아'라고 중얼거리면서 저를 거실 바닥으로 끌고 다녔어요. 제 머리가 여기저기 쿵쿵 부딪히는데도 저를 거실 바닥에 질질 끌면서 돌아다닌 거예요." 그녀는 테이블에 둘러앉은 우리를 쳐다보더니 잔을 잡고 있는 자기 손을 쳐다봤다. "이런 사랑에 대해서는 어떻게 해야 되는 거예요?"라고 그녀가 말했다.
> —「풋내기들」, 『풋내기들』, 179쪽

흥미로운 점은 「파이」에서 남편의 입을 통해서 나왔던 이야기가 여기서는 아내의 입을 통해 반복된다는 것이다. 여기서 아내는 과거의 폭력적인 남편과 헤어지고 심장병 전문의인 현재 남편을 만나 잘 살고 있는 상황이다. 통념을 따르자면 팔자가 핀 건데, 테리는 굳이 지금 남편 앞에서 그렇게 묻는다. 이는 물론 극단적인 대비를 통해 저 질문을 보다 도드라지게 만들려는 작가의 전략일 것이다. 남편 허브는 당연히 그것은 광기일 뿐 사랑도 아니라고 말한다. 그러나 테리는, 미치광이 같은 소리로 들리겠지만, 전남편은 자신을 그만의 방식으로 진심으로 사랑했다고 말한다. 그만의 방식으로.

그러자 허브는 이와 극단적으로 대비되는 노부부의 사랑 이야기를 꺼낸다. 이 70대 중반의 노부부는 캠핑카를 몰고 가다가 술 취한 10대가 모는 차가 나타나 들이받는 바람에 심각한 부상을 입는다. 이 부부는 온몸에 깁스를 하고 각자의 병동에 누워 있는데, 남편은 부상도 부상이려니와 아내의 모습을 보지 못하는 고통 때문에 힘겨워한다. 마침내 아내의 병실에서 다시 만나게 된 두 사람은 다정한 부부의 표본 같은 모습을 보여준다. 이 노부부의 이야기는 카버가 금주를 위해 입원해 있던 요양원에서 들은 이야기를 살짝 변형한 것이다. 카버는 늘 그래왔던 것처럼 자신의 경험에 다른 이야기를 덧대어서 이번에는 극단적인 사랑의 이야기를 만들어냈다. 이 양 극단 사이의 스펙트럼 어디엔가 대개의 사랑이란 것이 자리 잡고 있을 것이다.

괴로운 장사

다시 그 길과 그 집을 생각한다. 카스트로스트리트 그 가파른 비탈길의 1115번지. 카버는 1976년의 봄과 여름 내내 언덕 너머에 있는 슈퍼마켓에서 크림 도넛과 싸구려 샴페인을 사 들고 멀쩡한 사람도 오르내리기 힘든 가파른 언덕길을 헐떡거리며 오르내렸을 것이다. 그 큰 덩치를 잔뜩 웅크리고 삼각형 지붕 밑 작은 창을 통해 이 거리를 내다보고 있었을 것이다. 그리고 알코올의존증이 점점 악화되어 더 이상 침대에서 일어나지도 못할 지경이 됐을 때, 그는 카스트로스트리트에서 그리 멀지 않은 게어리블러바드에 있는 가든설리번재활병원에 입원한다. 지금은 에덴빌라라는 이름의, 노인을 위한 요양 병원으로 바뀐 이 병원에서 카버는 약간은 호전된 상태로 퇴원하지만, 술을 입에 대자마자 다시 중독 상태로 급격히 빠져들고 만다. 카버는 소살리토의 서점에서도 해고당했다. 카스트로스트리트의 집에서 그의 고물 차로 40여 분 걸리는 거리에 있던 그 서점에서 카버는 얼마 되지 않는 시급을 받으며 일했지만, 그래도 그 돈으로 월세도 낼 수 있었다. 무엇보다 이따금씩 작품집을 가진 작가로서의 자의식도 느낄 수 있는 공간이었는데, 그만 거기서도 잘리고 만 것이다.

일자리를 잃으면서 거처도 잃고 반쯤 주정뱅이 부랑자의 상태로 여기저기 떠돌던 카버가 다시 자리를 잡은 곳은 처제 에이미 내외의 집이었다. 엉거가 아이오와에서 학위를 받은 뒤 캘리포니아로 돌아온 것이었다. 엉거는 밤에는 병원 접수원으로 일하고, 낮에는 캘리포니아스트리트에 있는 세인트제임스교회에서 관리인으로 일했다. 스페인풍으로 지어진 아담하고 예쁜 교회였다. 에이미는 이 교회학교 교사로 일했고, 덕분에 바로 옆에 붙어 있는 교회 소유 건물의 2층을 얻어서 살 수 있었다. 카버는 쿠퍼티노 집에 있던 자기 짐들을 이 교회의 지하실로 옮겼다. 캘리포니아스트리트는 카스트로스트리트에서 그리 멀지 않지만 훨씬 안정된 분위기의 중산층 거주 지역이었다. 그러나 안정된 지역에 산다고 해서 카버의 생활도 안정될 수 있는 것은 아니었다. 교회 바자회를 진행하던 이들이 지하실에 보관되어 있던 카버의 물건—책이며 원고뭉치들을 포함해서—을 교회 앞 길거리에 늘어놓고 팔려는 것을 가까스로 수습

에이미와 엉거 부부의 집

세인트제임스교회 바로 옆에 위치한 집으로, 에이미 부부는 교회 일을 도우며 교회가 소유한 이 집의 2층에서 기거했다. 카버는 소살리토 서점에서 해고되고 거처마저 잃게 되자 결국 이곳에 와 머물게 된다. 당시 카버는 이들 부부가 가난으로 고통받는 것을 보며 「괴로운 장사」라는 시를 남겼다.

한 일이 있었는가 하면, 그로부터 얼마 뒤에는 엉거가 일자리를 잃으면서 집에서 일상적으로 사용하던 물건들까지 내놓고 팔아야 하는 처지가 되기도 했다.

카버는 이때의 상황과 심경을 「괴로운 장사」라는 시로 남겼다. 직설적인 어법으로 자기가 닥친 상황의 단면을 드러내 보이는 것이 카버 시의 특징이기도 하지만, 이 시는 그중에서도 특히나 직정적直情的이다. 이 시에서 카버는 엉거 부부가 지난밤까지 두 사람의 아이가 누워 자던 침대를 비롯해 옷가지와 부엌살림, 그리고 아끼던 안락의자까지 길가에 내놓고 팔아보려 애쓰는 모습을 창문으로 내다보고 있다. "이날은 일요일이고, 두 사람은 바로 옆 성공회 교회의 / 교인들에게 좀 팔 수 있지 않을까 기대하고 있다."

저 여자, 내 가족, 사랑하는 이, 한때는
배우가 되려고 했던 이, 그 여자가
그 자리를 뜨기 전에 어색한 미소를 지으며
손가락으로 옷가지 하나를 가리키고 있는 동료 교인과
대화를 나누고 있다.
저 사내, 내 친구는, 지금 읽고 있는 것―프루아사르의 『연대기』인데,
거기에 열중하고 있는 것처럼 보이려 애쓰면서
테이블에 앉아 있다.
나는 그 모습을 창문으로 볼 수 있다.
내 친구는 끝났다, 망했다, 그도 알고 있다.

　　―「괴로운 장사」, 『불』, 56~57쪽

이 절망적인 모습을 지켜보면서 카버는 자기에게 이들을 도울 아무런 방법도 없다는 것을 절감한다. "이 굴욕이 더 오래가기 전에. / 누군가 뭐라도 해야 한다. / 나는 내 지갑을 꺼내 든다 그리고 분명히 알게 된다. / 나는 누구도 도와줄 수 없다."

가난은 마지막 몇 해를 제외하고는 평생 카버를 옥죄던 굴레였다. 그러나 이 가난은 여태까지의 그것과도 또 달랐다. 카버가 학교를 다니거나 글에 집중해서 돈을 벌지 못할 때면 언제나 나서서 생계를 꾸렸던 아내와의 관계도 끝났고, 가까운 친구들조차 더 이상 그에게 강의를 맡기는 모험을 하려 들지 않았으며, 저임금의 서점 점원 일자리마저 잃고, 무엇보다 혼자 힘으로는 횡단보도도 건너지 못할 정도로 쇠약해진 상태였다. 다른 사람을 도와주기는커녕 자기 자신도 간수할 수 없는 지경이었다.

이런 절망적인 상황에 처해 있을 때 다시 한번 도움의 손길을 내민 것은 결국 메리앤이었다. 쿠퍼티노의 집을 팔아 그동안 쌓인 빚을 갚고, 카버를 더피스Duffy's라 불리던 알코올의존자 치료 시설에 집어넣기로 한 것이다. 스스로도 오랜 기간 알코올의존증으로 고통받은 경험이 있는 진 더피라는 이가 설립한 곳인데, 독특한 방법을 통해 실제로 많은 알코올의존자들을 술로부터 '떼어냈다'는 평판을 얻고 있었다. 이 요양 시설은 아이로니컬하게도, 샌프란시스코에서 골든게이트브리지를 건너 북상한 뒤 와인 산지로 유명한 나파밸리를 관통하는 128번 국도 양쪽으로 늘어선 수많은 와이너리를 모두 통과한 뒤에야 도달할 수 있는 곳에 위치해 있었고, 지금도 여전히 그 자리에 있다.

08

RAYMOND CARVER

몸 안의 술을 말리는 동안

상실의 시간

더피스로 가는 길

　나파밸리는 샌프란시스코에서 북서쪽으로 100킬로미터가 조금 넘는 거리에 남북으로 길게 뻗어있는 계곡이다. 샌프란시스코에서 가려면 만을 가로질러야 하기 때문에 베이브리지나 골든게이트브리지 두 다리 중 하나를 건너야 한다. 베이브리지 쪽이 조금 더 가깝고 시간도 10~20분 단축할 수 있지만, 골든게이트브리지와 인근 지역의 경관을 놓치기는 아깝다. 골든게이트브리지를 건너면 태평양 쪽으로는 골든게이트국립휴양지가 있고, 반대편 만 쪽은 소살리토다. 카버가 일하던 서점 업스타트크로우는 이미 문을 닫았지만 바로 옆에 있던 술집, 메리앤의 동생 에이미가 일했고 에이미의 히피 친구들이 『도덕경』에 버스표와 20달러짜리 지폐를 한 장 끼워넣어 메리앤을 새크라멘토의 집으로 돌아가게 했던 현장인 노네임바는 아직도 남아 있다. 소살리토는 워낙 유명한 관광지라 주말이나 여름이면 지나치게 붐비긴 하지만, 기왕에 이 지역을 지나는 길이라면 꼭 들러볼 만한 아름다운 항구도시다.

　나파밸리에는 약 400개의 와이너리가 자리 잡고 있다. 캘리포니아가 아직 멕시코의 영토였던 1836년, 조지 캘버트 욘트가 그 시작이었다. 그 후로 하나둘 와이러니가 생기기 시작해 꾸준히 늘어났다. 양조장별로 특정 품종에 집중하기 시작하고 대형 와이너리가 나타나면서 국제적으로 인정을 받게 된 것은 1970년대 중후반부터였다. 그러니까 카버가 29번 도로, 그리고 그곳에서 이어지는 128번 도로를 따라 양쪽으로 숱하게 늘어선 와이너리의 입구를 지나서 나파밸리 안쪽에 자리한 더피스나파밸리재활센터에 자발적으로 들어가던 바로 그 무렵이었다.

　이 재활센터는 공교롭게도 한쪽으로는 나파밸리의 와이너리들을, 다른 한쪽으로는 심각한 알코올의존증 환자였고 작가이기도 한 잭 런던이 살았던 농장을 끼고 있는 곳에 위치해 있었고, 지금도 그 자리에 있다. 이런 지리적 조건에 처해 있는 재활원답게 더피스의 치료 방식은 술을 사용하는 것이었다. 일단 환자(그곳에서 사용하는 호칭은 '손님'이지만)가 들어오면 요양소 측에서는 세 시간에 한 번씩 물을 탄 저질 버번위스키를 주었다. 이 음료는 '강속구'라고 불렸다. 이를테면 '연착륙'시키기 위한 방법이었다. 이렇게 하다가 증세가 조금 누그러지면 좋은 음식으로 원기를 보충하면서 술을 끊고 버티도록 도와주는 것이 다였다.

더피스재활센터

카버의 알코올중독 치료를 위해 메리앤은 쿠퍼티노의 집을 팔아 그를 이곳 더피스재활센터로
보낸다. 와인 산지로 유명한 곳에 위치한 재활센터답게 이곳의 치료 방식은 술을 사용하는 것
이다. 카버는 이곳에 두 번이나 들어갔다 나오지만 결국 술을 완전히 끊지는 못한다.

새로 태어나기 위한 격리

더피스에 두 번이나 들어갔다 나온 카버는 알코올성 쇼크의 위험성을 충분히 알게 됐기에 독주는 피하겠다고 다짐했다. 그러나 잘 알려져 있듯이 그런 자각만 가지고는 술을 끊을 수 없었다. 게다가 쿠퍼티노의 집은 카버의 두 차례에 걸친 재활센터 입원에 따른 비용과 그 밖의 빚을 처리하기 위해 벌써 팔아버린 뒤였다. 다시 예전처럼 가난한 상태로 되돌아갔지만, 새크라멘토에서 가족이 흩어졌을 때와는 상황이 달랐다. 아이들은 커서 각자 독립했고, 메리앤에게는 남자가 있었다. 카버가 알고 있던 인생은 이제 끝났다. 메리앤에 따르면 이 시기의 카버는 잠을 자려는 메리앤의 발치에 앉아 술을 마시면서 끊임없이 말을 걸었다. 메리앤은 그가 외로워서 그런다고 생각했다. 직장을 다시 얻을 가능성도 없었고, 친구들은 멀리 떨어져 있었다. 그러나 메리앤이 그런 카버를 동정했다고 해서 견딜 수도 있었다는 이야기는 아니다. 메리앤은 카버를 내쫓았고 그는 아무것도 아무도 없는 사내가 되어 또다시 샌프란시스코의 캘리포니아애비뉴에 있는 에이미와 엉거의 집으로 들어갔다.

그런데 이곳에서 카버는 두 가지 의미 있는 문학적 사건을 경험한다. 하나는 아이오와에서 그와 같이 내리막길로 내리닫던 치버가 술을 끊고 장편소설 『팔코너』로 재기한 일이다. 카버의 친구이자 작가인 맥스 크로포드에 의하면 카버는 치버의 얼굴 사진이 실린 《뉴스위크》의 표지를 하염없이 들여다보았다고 한다. 그가 그 순간에 무슨 생각을 하고 있었는지 우리로서는 알 길이 없지만, 자신이 처한 것과 같은 절망적인 상태에서 벗어난 한 사람을 보고 있었다는 것만은 확실하다.

다른 하나는 작품집 『제발 조용히 좀 해요』가 1977년 전미 도서상 최종 후보 다섯 권 가운데 하나로 선정된 일이었다. 이제 카버는 명실공히 미국을 대표하는 작가 중 한 사람으로 인정받게 된 것이다. 그러나 당시 그는 단 한 편의 작품도 손에 잡고 있지 않았다. 에이미와 엉거 부부에 의하면 이 무렵 카버는 집 안에 들어앉아 텔레비전을 보거나 일본식 난로 앞에서 울면서 며칠을 보냈다. 아이로니컬하게도 그토록 원했던 문학적 성공이 눈앞에 다가왔건만 그에게는 써놓은 것도, 더 이상 쓸 것도 없었고, 쓸 수 있는 의욕이나 능력 또한 사라진 상태였다. 카버는 또다시 미끄러졌다. 그러나 이제는 재활센터에 들어갈 돈이 없었기 때문에 에이미와 엉거가 직접 만들어주는 강속구에 의지해 다시 금주에 들어갔다. 작가로서의 경력뿐만 아니라 인생을 이대로 끝내려는 것이 아니라면 카버로서는 무언가 결정적인 조치를 취해야 하는 순간이었다. 더피스재활센터에서도 강속구 이후의 핵심 조치는 '격리'였다. 카버는 대학을 다니던 훔볼트 바로 위쪽에 있는, 아는 사람이라고는 한 명도 없는 맥킨리빌로 올라갔다. 훔볼트 시절의 은사인 리처드 데이가 주선해준 곳이었다. 그곳에서 한동안 금주를 이어갔지만, 자기 책의 출판인을 만나기 위해 샌프란시스코에 내려왔다가 그만 또다시 마시기 시작했다. 이제는 정말로 아무런 희망이 없어 보였다. 그러나 『제발 조용히 좀 해요』를 간행한 맥그로힐 출판사의 발행인이 카버에게 장편소설 계약금으로 5000달러를 주겠다고 제안하면서 상황은 다시 한번 역전

된다. 아직 희망이 다 사라진 것은 아님을 알게 된 카버는 생애 마지막 잔을 들고 나서 다시 맥킨리빌로 돌아갔다.

유전된 알코올중독

카버는 아는 이라고는 전혀 없는 시골 마을 맥킨리빌에 사는 동안, 자신의 과거를 다시 들여다보는 듯한 「춤 좀 추지 그래?」와 몽환적인 분위기의 「뷰파인더」를 썼다. 그리고 「청바지 다음에」(『풋내기들』에서는 「당신 뜻에 부합한다면」)와 「셰프의 집」, 「블랙버드 파이」의 배경을 얻게 된다. 그러나 정작 계약금까지 받아놓은 장편은 시작도 하지 못하고 있었다. 카버를 괴롭히는 문제는 그것만이 아니었다. 그가 가까스로 벗어나고 있는 것처럼 보이던 문제가 엉뚱한 곳에서 다시 시작되고 있었다. 건달 시인과 만나 살기 시작한 딸 크리스가 알코올의존증을 보이기 시작한 것이다.

크리스가 술과 관련된 이런저런 사고에 연루되어 재판을 받게 되면서 카버가 받아놓은 계약금은 생활비와 딸의 재판 비용으로 모두 사라졌다. 맥킨리빌로 올라온 뒤 합류해서 같이 살고 있던 메리앤은 다시 웨이트리스 일을 시작해야 했다. 상황은 다시 원점으로 돌아갔다. 달라진 것이 있다면 카버가 약간의 명성을 얻었고 술을 끊었다는 사실뿐이었다. 그리고 또 한 가지, 크리스가 3대째 알코올의존증 환자의 대열에 들어섰다는 사실도. 카버는 죽을 때까지 이 사실로 인해 괴로워했다.

글쓰기를 앞에 내세웠던 삶, 그 전쟁터에서 본인은 어찌어찌 살아남아 훈장도 받았지만, 가장 참혹한 부상을 입은 것은 가족들, 그중에서도 크리스였다. 아들도 크게 다르지 않았다. 아들 밴스 역시 끊임없는 이사와 불안정한 집안 분위기를 견디지 못하고 중고등학교 시절 내내 대마초 속으로 도피한다. 그러나 생김새와 성격이 아버지와 더 많이 닮은 딸, 소설 「거리」와 에세이 「불」에서 아버지의 발목을 잡는 존재로 나왔던 크리스는 불행하게도 할아버지와 아버지를 통해 이어져 내려온 알코올의존증 인자와 자기 파괴적 기질도 가장 많이 물려받았다. 카버는 남은 생을 사는 동안 딸에게 도움을 줄 방법이 사실상 없는 것에 대해 내내 고통스러워했다. 금전적인 도움을 조금씩 줄 수는 있었지만, 그 돈 역시 곧 알코올로 바뀌어 딸의 몰락을 가속화하는 역할만을 하게 될 거라는 생각 때문에 도움을 줄 때나 주지 못할 때나 항상 괴로울 수밖에 없었다.

마지막 크리스마스

1977년, 크리스마스를 다 같이 보내기 위해 카버와 메리앤은 크리스에게 비행기 삯을 보내주었다. 학교 청소부로 일하던 밴스는 자기 차를 몰고 맥킨리빌로 왔다. 조용하고 평화롭고 '마른' 크리스마스였다. 비록 다시 가난해지기는 했어도 카버와 메리앤 두 사람을 멀어지게 한 가장 큰 문제였던 술과 아이들 두 가지가 이제는 사라졌으니, 그렇다면 부부는 예전의 상태로 돌아가야 할 터인데 사정은 그렇지 못했다. 카버가 4년 만에 강사 자리를 다시 얻어 버몬트주로 떠나기 전, 두 사람은 작은 방 하나를 얻어 한동안 그곳에서 지냈다. 메리앤은 이 시절을 이렇게 묘사했다.

> 레이와 나는 흥분 없는 섹스를 나누면서 일인용 침대에서 함께 잤다. 비현실의 세계에서 흘러나오는 것 같은 안개가 사방을 덮고 있었다.
>
> ― 메리앤 카버, 『그 시절 우리』, 312쪽

카버가 몸 안의 술을 말리는 동안, 두 사람 사이의 관계도 말라갔다. 그리고 젖어서 붙어 있던 나뭇잎 두 장이 마르면서 저절로 떨어져 각자의 갈 곳으로 날려 가듯, 두 사람은 영영 각자의 길을 가게 된다. 메리앤은 완전히 새로운 방식의 생활을 원했는데, 카버는 그럴 준비가 되어 있지 않았던 듯하다. 카버가 근본적으로 보수적인 인간이었다면, 메리앤은 캘리포니아주에서 젊은 시절을 보내는 동안 1960년대의 히피적 세계관을 깊이 받아들인 사람이었다. 메리앤은 영적 가치를 주장하는 종교적인 인물들과 가까이 지냈고, 카버는 그들을 혐오했다.

카버는 이별의 장면을 글로 남겼다. 한 가지 흥미로운 것은 카버가 시(「안개와 말이 있던 늦은 밤」)와 소설(「블랙버드 파이」) 모두에서 안개가 자욱하던 어느 날 밤 느닷없이 말들이 뜰에 들어왔고 그 후에 메리앤이 떠났다고 쓴 반면, 메리앤은 그런 일은 없었다고 이야기한다는 점이다. 낡은 실이 어느 날 툭 끊어지듯 특별한 이별의 장면이라고 할 만한 게 없었다고 기억하는 사람과, 아주 기이한 우연과 결합된 이별의 장면을 기억하는 사람 가운데 누구의 기억이 사실에 부합하는지는 사실 그렇게 중요한 문제가 아닐지도 모른다. 여기서 중요한 것은 아내가 결정을 내리고 남편을 떠나간 것과 그 결정의 순간을 기이한 우연과 결합하여 구성해낸 카버의 상상력이다. 카버는 에세이 「불」에서 우연이야말로 자기에게 가장 큰 영향을 미치는 요소 중 하나라고 한 적이 있다. 이 두 작품의 경우처럼, 또 「대성당」에서 우연하게 대성당에 관한 프로그램이 텔레비전에서 방영되는 것처럼, 그의 다른 여러 작품들에서도 누군가가 아무런 개연성 없이 그야말로 우연히 뚝 떨어지듯 방문하거나 전화를 걸어와서는 이후로 매우 중요한 역할을 한다. 그의 작품들은 체호프의 작품과 자주 비교되는데, 그 큰 이유 중 하나는 아마도 이런 우연을 수용하는 과정에서 빚어지는 부조리성의 느낌 때문일 것이다. 시에서는 사내의 경직되어 있는 상태가 밤과 안개, 그 속으로 들어서는 말들, 그리고 그 사이를 거닐며 말들을 쓰다듬는 아내의 유려한 운동감과 대비되어 매우 인상적인 그림을 만들어낸다.

그들은 거실에 있었다. 작별 인사를
주고받으면서. 상실이라는 단어가 귓속에서 울렸다.
두 사람은 많은 걸 같이 겪었다. 하지만 이제
두 사람은 한 걸음도 더 같이 갈 수 없다. 그것 말고도, 사내에겐
다른 사람이 있다. 눈물이 흐르는데
말 한 마리 안개 속에서 걸어 나와 앞마당으로

들어선다. 그러더니 또 한 마리, 그리고

또 한 마리. 여자는 밖으로 걸어 나가 말했다,

"너흰 어디에서 온 거니, 사랑스러운 말들아?"

그러고는 말들 사이를 걸어 다녔다. 울면서,

말들의 옆구리를 쓰다듬으면서. 말들은

앞마당에서 풀을 뜯어 먹기 시작했다.

사내는 전화를 두 통 걸었다. 한 통은 곧장

보안관에게. "누군가의 말들이 풀려나와 있소."

하지만 한 통이 더 있었다.

사내는 그러고 나서 앞마당에 있는 아내에게로

갔다, 거기서 두 사람은 대화를 나누고 같이

말들에게 중얼거렸다. (지금 벌어지고 있는 일은

언젠가 다른 때 또 있었던 일이다.)

말들은 앞마당의 풀을 다 먹어버렸다

그날 밤. 빨간 비상등이 번쩍거리면서

안개 속에서 차 한 대가 슬그머니 다가왔다.

안개를 뚫고 목소리들이 퍼져 나왔다.

그 긴 밤이 끝나갈 무렵,

마침내 두 사람이 서로에게 팔을 둘렀을 때,

두 사람의 포옹은 열정과 기억을

가득 담고 있었다. 각자 상대방의

젊은 시절을 떠올렸다. 이제 무언가가 끝났다,

다른 무언가가 그 자리를 차지하려 달려들고 있다.

작별 그 자체의 순간이 왔다.

"안녕, 가", 여자가 말했다.

그러고는 차로 빠져나가는 일.

한참 후,

사내는 끔찍한 전화를 한 통 걸던 기억을 떠올렸다.

마음에 여태 걸리고 또 걸리던,

저주. 결국 그것으로 요약되는.

사내의 남은 인생.

저주.

　―「안개와 말이 있던 늦은 밤」, 『두 개의 물이 하나로 합치는 곳』, 100~101쪽

두 사람은 이렇게 끝났다.

술을 완전히 끊었습니다

『대성당』의 성공

'술 취한 작가들'의 신화는 가고

카버는 정주를 원했다. 그러려면 안정된 직장이 있어야 했고, 안정된 직장을 얻으려면 처음부터 다시 시작해야 했다. 직장에 관한한 카버는 완전히 신용을 잃고 있었는데, 다행히도 버몬트주에 있는 고더드대학에서 강의 제안이 왔다. 1978년 1월 한 달 동안 학교기숙사에 머무르면서 학생들을 가르치는 일이었다.

고더드대학이 있는 플레인필드는 상당히 흥미로운 타운이다. 카버가 체류하던 당시 플레인필드의 인구는 불과 1250명 남짓했고지금도 큰 차이가 없다. 이들 중 상당수가 1960년대에 크게 일어났던 귀농운동의 흐름 속에서 이곳에 뿌리내린 이들이거나, 또는 그들이 정착시킨 유기농업 철학을 따르는 이들이다. 이 귀농운동은그 무렵의 시대정신과도 관련이 있겠지만, 이미 한 세대 전에 그 지역에 자리를 잡으면서 그것의 이론적, 정신적 토대를 마련해 준 헬렌 니어링, 스콧 니어링 부부의 영향도 클 것이다. 스콧 니어링은 자연주의자이자 반전운동가, 진보적인 경제학자로 잘 알려져 있는 인물인데, 그와 그의 아내 헬렌은 1932년에 도시에서의 삶을 포기하고 버몬트주의 그린마운틴 지역으로 들어가 땅을 개간하고 농사를 지으면서 살기 시작했다. 그리고 20여 년 뒤에 그간의 개척 생활을 정리한 『조화로운 삶』이라는 책을 펴냈다. 이 책은 모든 필요를 구매라는 행위로 해결하는 교환가치적 삶보다는 스스로 가치를 생산하는 삶을 추구하기 시작한 1960년대의 사람들에게 큰 영향을 미쳤다. 헨리 데이비드 소로의 『월든』으로부터 이어져 내려온 정신운동의 흐름이 이어진 것으로 이해하면 적절할 것이다.

이 지역에서 유명한 또 한 가지는 스키다. 버몬트주는 원래 스키 리조트로 유명한데, 고더드대학에서 멀지 않은 곳에도 스키장이 여럿 있고 겨울이면 크로스컨트리는 일상의 한 부분이 된다.

물론 카버는 이 두 가지 모두와 거리가 먼 사람이었다. 유기농 야채만 먹는 채식주의자들로부터 가장 먼 거리에 있는 이들을 한데 모아놓는다면 그 안에 카버가 들어 있을 확률이 높다. 그에게 악식은 일상이었는데, 특히 고더드대학에 와 있는 동안에는 다시 알코올로 돌아가지 않기 위해 과자와 초콜릿을 입에 달고 살았다는 것이 당시 동료 선생으로 지냈던 토바이어스 울프의 증언이다. 스키를 비롯한 일체의 야외 활동 또한 카버와는 전혀 상관없는 일이었다. 그곳에서 1월 한 달을 보낸 카버는 설상화는커녕 캘리포니아에서 신던 부실한 단화 한 켤레만 가지고 있을 뿐이었고, 제대로 된 외투 하나 없어서 그렇지 않아도 늘 웅크리고 다니던 거구를 한층 더 웅크린 채 부들부들 떨면서 다녀야 했다.

카버의 문학적 동료, 리처드 포드

카버와 서로 미학적 관점이나 문학적 성취를 긴밀하게 공유한 작가 중 한 명이다. 카버는 버몬트주 고너드대학에 한 달간 머무르면서 많은 동료 작가와 교유하는데, 그 대표적인 작가가 리처드 포드와 토바이어스 울프였다. 포드는 2018년 박경리문학상을 받기도 했다.

그러나 이곳에서 지낸 짧은 기간 동안 카버는 중요한 두 가지를 얻었다. 하나는 이미 알고 지내던 리처드 포드를 비롯해 이후로 평생 가까운 관계를 유지하게 되는 울프 등의 동료 작가들과 같이 생활하면서 가깝게 되었다는 것이고, 다른 하나는 그렇게 여러 사람과 같이 지내는 동안에도 금주를 유지하면서 얻게 된 자신감이었다. 포드와 울프 두 사람은 카버와 중요한 미학적 관점을 공유하는 사이였다. 다른 작가들 역시 카버의 문학적 성취를 존경하고 그의 작품을 모방했을 뿐만 아니라, 그가 알코올의존증을 이겨내고 돌아온 것에 깊은 존경심을 가지고 있었다. 그 전해에 치버가 알코올의존증을 극복하고 장편『팔코너』로 재기한 것이 언론에 의해 높이 평가되었다는 사실에서도 알 수 있듯이, '술 취한 작가들'의 신화적 시대는 가고 본격적인 '자기 관리형 작가들'의 시대가 시작되고 있었다.

다시 태어나다

고더드대학 이후 한동안 카버는 마땅한 거처도 없어 이리저리 떠돌아다녀야 했지만, 애리조나의 엘패소대학에 가을 학기 풀타임 강의 자리를 얻었고, 그와 동시에 구겐하임재단으로부터 1만 6000달러를 지원받게 되었다. 생계가 아슬아슬하던 카버에게 다시 한번 안정된 생활을 향한 희망을 일깨워주는 일이었다.

엘패소에서의 생활은 나쁘지 않았다. 정년이 보장된 자리는 아니었지만 카버로서는 처음 경험하는 풀타임 교수직이었고, 학생들은 비록 뛰어난 강의를 제공하지는 않아도 제자들의 작품을 성실하게 읽어주고 작가에게 꼭 필요한 조언을 놓치지 않는 카버를 좋아했다. 그러나 엘패소에서 카버에게 일어난 가장 중요한 사건은 테스 갤러거를 다시 만난 일이었다. 두 사람은 2년 전 댈러스에서 열린 문학축제에서 처음 만났다. 갤러거는 메리앤에게 직접 전화를 걸어 두 사람의 관계가 확실히 정리되었는지 확인한 뒤 카버와 함께 살기 시작한다.

카버는 엘패소대학에서 일하던 중에 시러큐스대학 교수직에 지원하고, 1979년 9월부터 일해달라는 연락을 받는다. 카버로서는 처음 맡게 되는 정규직 교수 자리로, 곧 종신 교수직에 지원할 수 있도록 그동안의 강의 경력도 인정해주는 매우 좋은 조건이었다. 그러나 카버는 그해에 이미 구겐하임재단의 기금을 받기로 되어 있었고, 기금 수령의 조건이 출퇴근하는 직업을 갖지 않고 작업에 전념한다는 것이었다. 그 때문에 부임을 한 해 미룬 채 갤러거가 있는 투손으로 일단 옮겨 갔다. 결과적으로 그는 기금 수령이 끝나는 연말까지 넉 달에 달하는 빈 시간을 손에 넣게 된 셈이었다. 카버는 이 기간 동안 이미 계약금까지 받아놓은 장편을 써내야 했다. 하지만 그는 그러는 대신 여러 편의 단편을 쓰기 시작한다. 주로 알코올의 존증을 겪고 있던 시절의 자신과 그런 자신을 둘러싼 관계의 파탄을 그린 이야기들, 그러니까 자신이 보낸 지난 몇 년의 생활에서 영감을 얻은 이야기들이었다.

카버의 두 번째 아내 테스 갤러거

카버는 1977년에 댈러스에서 열린 문학축제에서 시인 테스 갤러거를 처음 만난다. 이후 대학 강사로 엘패소에서 생활할 때 그녀를 다시 만나 함께 살기 시작한다. 갤러거 역시 카버와 마찬가지로 미국 북서부 출신에 알코올중독자인 아버지를 두었고, 파탄 난 결혼 생활에서 살아 돌아온 터였다.

카버는 원래의 예정보다 한 학기를 앞당겨서 1980년 1월 말에 시러큐스대학에 부임한다. 전임자인 작가 조지 엘리엇의 건강 상태가 급격히 악화되어 예정보다 일찍 퇴임하게 되었기 때문이다. 카버는 마흔한 살의 나이에 처음으로 정규직 교수가 되었다.

시러큐스는 그다지 알려져 있지 않은 것에 비해서는 의외로 큰 도시다. 2010년 기준 인구만 해도 14만 5000명 남짓에다가, 이 도시를 생활 기반으로 하는 인근 지역 인구까지 합치면 66만 명을 넘어선다. 뉴욕주 안쪽 깊숙이 들어와 있는 이 도시가 이렇게 성장하게 된 것은, 미국 내륙의 거대 호수인 온타리오호와 이리호에서부터 허드슨강의 상류까지를 이어주는 이리운하와 그 주변에 조성된 철도 시스템의 중심이 바로 이곳이기 때문이었다. 1825년에 완공된 이 인공 운하는 총길이가 584킬로미터로, 당시에는 중국 대운하에 이어 세계에서 두 번째로 긴 운하였다.

시러큐스대학 캠퍼스는 언덕의 경사면에 넓게 펼쳐져 있다. 영문과 건물은 그 중심에, 가장 권위 있어 보이는 건물에 자리 잡고 있다. 그런 건물에 정교수로 부임하다니, 늘 급조된 인생으로 주변부만 떠돌아온 카버로서는 감명 깊었을 것이다. 카버는 시러큐스에서 1983년 말까지, 꼬박 만 4년을 보낸다. 사람의 인생에 더 중요하고 덜 중요한 순간이 있을 수 있겠느냐만, 카버는 시러큐스에 머무는 동안 소설가로서 전성기를 보낸다.

카버는 1980년 2월 15일에 리시에게 보낸 편지에서 선집 한 권을 묶을 만한 분량의 단편들을 끝냈다고 쓴다. 총 열일곱 편 중 「내거야」(「대중 역학」)「멍청이」(「우리 아버지를 죽인 세 번째 이유」)「외도」

(「봉지」) 「여자들한테 우리가 나간다고 해」(「여자들에게 우리가 간다고 말해줘」) 등의 초기작과, 알코올의존증이 심화된 시기에 쓰거나 마무리 지은 「집에서 이렇게 가까운 곳에 물이 이렇게 많은데」(「너무나 많은 물이 집 가까이에」) 「거리」(「그에게 달라붙어 있는 모든 것」), 맥킨리빌 시절에 쓴 「춤추지 않을래?」(「춤 좀 추지 그래?」) 「뷰파인더」 이렇게 여덟 편 외에 나머지 아홉 편을 반년 남짓한 기간에 써낸 것이었다 (이상 괄호 안의 제목은 『사랑을 말할 때 우리가 이야기하는 것』에 수록된 작품명이다). 카버는 5월 초에 뉴욕으로 건너가 리시에게 제목을 정하지 않은 선집을 위한 원고 뭉치를 건넨다.

카버의 금주 생활은 제 궤도에 올라 있었다. 5월 말에는 갤러거가 시러큐스로 올라왔고, 두 사람은 공동 명의로 메릴랜드애비뉴 832번지에 집을 구입한다. 이 집은 카버가 샌프란시스코 시절에 살던 카스트로스트리트만큼은 아니지만 꽤 가파른 비탈길에 있다. 하지만 그 한 가지를 제외하면 시러큐스에서의 삶은 그전과는 모든 면에서 달랐다. 카스트로스트리트 시절 카버는 가족으로부터 떨어져 나와 남의 집 꼭대기 층 좁은 방에 세를 얻어 살면서 경사진 천장에 머리를 부딪히지 않게 조심해서 다녀야 했고, 아침부터 제대로 된 음식이 아닌 도넛과 싸구려 샴페인에서 필요한 열량을 얻는 알코올의존자였다. 당연히 생계도 불안정했다. 고물 차를 타고 40여 분을 가야 하는 서점에서 시간제 근무로 일하다가 그나마도 쫓겨나고 만 가련한 처지였다. 한마디로 모든 것에 조심조심하며 살아야 하는 취약한 입장이었다.

그로부터 불과 4년이 지난 뒤, 카버는 자기 소유의 집 2층에서 하루 종일 글을 쓰고, 걸어서 불과 10여 분 거리에 있는 대학에, 그러나 걷는 대신 새로 장만한 대형 벤츠 자동차를 타고 출근하는 정규직 교수가 되었다. 그는 강의에 들어가서는 문학에 대한 평소의 자기 생각을 특유의 어눌한 말투로 주섬주섬 늘어놓다가, 학생들이 자기에게 표하는 경탄과 존경을 마음껏 즐긴 뒤, 다시 벤츠 자동차를 타고 돌아와 글을 썼다. 이 변화는 그가 술을 끊고 꾸준히 작품을 써내고 있다는 두 가지 사실 때문에 가능했다. 카버는 이 새로운 인생을 놓치지 않겠다고 기회 있을 때마다 주변 사람들에게 다짐하곤 했다. 그리고 이 새로운 인생을 놓치지 않으려면 무슨 수를 써서라도 이 두 가지, 즉 금주와 창작 활동을 계속해야 했다. 카버에게 이 두 가지는 서로 긴밀하게 연결되어 있었다. 금주를 유지하는 한 글을 쓸 수 있었고, 글을 계속해서 쓰고 발표하면서 자긍심을 유지하는 한 금주를 유지할 수 있었다. 그러나 이 행복한 결합 관계는 그것이 외줄로 연결되어 있다는 점에서 불안한 성격 또한 필연적으로 가지고 있었다. 그 외줄을 가장 심하게 흔든 것은 아이러니하게도 팰로앨토 시절의 옛 친구 리시였다.

고든 리시, "카버는 내가 만들었다"

리시는 카버와 이웃으로 같이 일하던 팰로앨토를 떠나 뉴욕으로 가서 《에스콰이어》의 소설 부문 담당 편집자가 되었다. 《에스콰이어》는 잘 알려져 있다시피 남성 패션을 주로 다루는 잡지다. 모순적

이것도 대공황의 여파가 절정에 달한 1933년에 그와 같은 목적으로 창간되었고, 아직까지 그 정체성을 유지하고 있다. 그러나 이 잡지는 더 많은 성인 남성 독자를 끌기 위해 패션 외의 다른 분야에도 공을 들여왔는데, 1960~1970년대에는 문학이 그것이었다. 이 시기에 《에스콰이어》는 노먼 메일러 등의 작가를 필두로 문학적 서사 기법을 접목한 '뉴저널리즘'을 선보였고, 캡틴 픽션이라는 별명을 얻을 정도로 소설에 관한 안목을 인정받았던 리시를 통해 단편 소설의 중흥기를 이끌었다. 소설로써 독자를 끌어보려 한 것은 《에스콰이어》만이 아니었다. 준도색잡지로 알려진 《플레이보이》도 이 무렵에는 상당히 수준 높은 소설 섹션을 유지하고 있었다. 카버는 1971년에 리시를 통해 《에스콰이어》에 「이웃 사람들」을 발표하면서 중앙 문단에 진출하게 된다. 미국이라는 철저한 자본주의사회에서 중앙 문단의 전국 규모 잡지에 작품을 게재한다는 것은, 단순히 지역 문단의 문학 전문지에 작품을 내는 것보다 더 큰 명성을 얻을 기회를 얻는다는 의미에만 그치지 않는다. 지역의 작은 잡지들이 상징적인 금액을 원고료로 책정한다면, 앞서 말한 두 잡지를 비롯해 《뉴요커》나 《애틀랜틱》 등의 전국 규모 잡지들은 '작품을 판다'라는 말이 무색하지 않을 만큼의 상당한 금액을 고료로 지불한다. 한 해에 서너 편만 게재하면 넉넉하지는 않더라도 그럭저럭 그해는 살아갈 수 있는 수준이다. 이를테면 마이너리그와 메이저리그의 차이다.

카버가 리시에게 보낸 편지들을 보면 카버는 자신을 중앙 무대로 이끌어준 리시에게 신세를 졌다는 느낌을 늘 가지고 있었던 것 같

Neighbors

by Raymond Carver

A cup of sugar, an egg, a stick of butter, and thou

《에스콰이어》에 게재된 「이웃 사람들」(1971)

카버의 단편소설 「이웃 사람들」은 고든 리시가 '공격적으로' 편집한 첫 작품이다. 이후 리시의 손을 거친 카버의 첫 소설집 『제발 조용히 좀 해요』가 출간된다. 리시의 편집은 점점 더 과감해진다. 카버의 두 번째 소설집인 『사랑을 말할 때 우리가 이야기하는 것』에서는 초고의 40퍼센트를 덜어내고, 열 편은 심지어 결말까지 바꾸게 된다.

다. 리시가 자기 작품에 손을 대도 크게 반발하지 않고 심지어 초기에는 고맙다는 인사까지 건네기도 했던 것은, 그가 리시의 안목과 편집자로서의 실력을 인정했기 때문이기도 하겠지만 이와 같은 부채 의식도 적지 않은 역할을 했을 것이다. 창립 이래 주로 공학 계열의 책을 내던 맥그로힐출판사에서 문학작품을 출간하기로 하고 그 작가 선정을 리시에게 맡겼을 때, 리시는 리스트의 제일 앞에 카버를 놓는다. 주류 출판사에서 출간한 카버의 첫 번째 선집『제발 조용히 좀 해요』는 이렇게 해서 세상에 나오게 되었다. 그러니 카버가 두 번째 선집을 위한 원고를 당시 크노프출판사서 편집자로 일하던 리시에게 가지고 간 것도 지극히 자연스러운 일이었다.

그런데 여기서 문제가 발생한다. 당시 리시는 자신의 출판 경력에서 절정의 시기를 맞았을 뿐만 아니라 예일대학에서, 그리고 개인 워크숍을 통해 소설 창작을 가르치면서 그에 관한 한 자신이 최고 수준에 도달해 있다는 믿음을 가지고 있었다. 그와 동시에 그의 편집은 점점 과감해져가고 있었다.

카버가 두 번째 작품집을 위한 원고 A를 보내고 나서 약 한 달 뒤인 6월 중순, 리시가 카버에게 자신의 편집본 B를 보내왔다. 카버는 이 편집본을 본 뒤 계약서에 서명했다. 그리고 그로부터 약 3주 뒤에 리시가 새로운 편집본 C를 보내왔다. 편집본 C는 원고 A에서 불필요한 지방을 걷어내는 데 그치지 않고, 구조를 복잡하게 만드는 듯한 잔뼈와 거기에 붙은 근육과 살들까지 통째로 들어낸 것이었다. 리시는 원래의 원고에서 몇 작품의 제목을 바꾸고, 본문의 약 40퍼센트를 발라내고, 전체 작품 중 열 편은 심지어 결말까지 바꿔서 사실상 재창작이나 다름없는 편집본을 보내왔다. 카버는 처음에는 애절하게 호소하고 격렬하게 저항하면서 이 편집본을 반대했지만 결국에는 이 원고가『사랑을 말할 때 우리가 이야기하는 것』이라는 이름의 선집으로 묶였다. 그리고 이 책은 대성공을 거두었다. 카버는 이 책으로 '미니멀리스트'라는 별칭을 얻었다.

리시는 소설에서는 미니멀리즘을 지향했지만, 현실에서는 그리 깔끔하지 못했던 모양이다. 카버가 명성을 얻는 정도를 넘어서 새로운 문학의 기수처럼 여겨지고 젊은 작가 지망생들이라면 누구나 그의 스타일을 흉내 내는 수준에 도달하자 리시는 여기저기에 "카버는 내가 만들었다", "『대성당』이전의 작품들은 내가 쓴 것이나 마찬가지다" 같은 이야기를 퍼뜨리고 다녔다고 한다. 작가 돈 드릴로는 리시가 허물없이 이런저런 문제를 의논하는 가장 가까운 동료 중 하나였는데, 그가 리시에게 건넨 조언은 입 다물고 가만히 있으라는 것이었다. 아무튼 자기가 카버의 작품을 새로 쓰다시피 했다는 리시의 주장은 그저 성공한 작가에 대한 편집자의 질투 정도로 받아들여졌던 것 같다. 무엇보다 리시 자신이 1983년작『친애하는 카포티 씨』를 비롯하여 몇 권의 소설을 발표했는데, 이들 중 어느 하나도 캡틴 픽션의 위용에 어울릴 만한 규모의 독자를 얻지 못했다는 사실도 그의 주장의 신뢰성을 떨어뜨리는 데 한몫했을 것이다. 그런데 현역 편집자에서 은퇴하기 몇 해 전인 1991년, 리시가 인디애나주립대학의 릴리도서관 수장고에 자신이 소장하고 있던 자료 전부를 매각하면서 사태는 달라진다.

판도라의 상자가 열리다

인디애나주립대학 릴리도서관 수장고의 자료들에는 카버가 보내온 원고 위에 리시가 적어 넣은 수정 제안들과 그것을 반영한 원고, 그리고 그와 관련해 카버와 주고받은 편지들이 고스란히 포함되어 있었다. 1998년 8월 9일 자《뉴욕타임스》에 D. T. 맥스가 쓴 「카버 연대기」라는 제목의 장문의 기사는 미국 문학계에 상당한 충격파를 일으켰다. 맥스는 릴리도서관에 가서 리시의 자료들을 살펴본 최초의 언론인이자 작가였다. 맥스는 그 자료들을 처음 보았을 당시를 이렇게 묘사한다.

> 그곳에서 「뚱보」와 「여자들한테 우리가 간다고 말해줘」 같은 단편들의 원고를 보기 시작했을 때 내 눈에 들어온 것은 지면을 가득 채운 편집 지시 사항들—삭제와 삽입 표시, 그리고 여백에 리시가 기는 듯한 손 글씨로 적어 넣은 코멘트들이었다. 마치 성질 고약한 일곱 살짜리 어린애가 어쩌다가 소설 원고를 손에 넣고 주무른 것처럼 보였다. 그것들을 읽고 있는데 문서 관리인 한 사람이 다가왔다. 나는 도서관의 규칙을 어겼다고 나를 질책하려는 줄 알았다. 하지만 그녀가 내게 다가온 것은 그 때문이 아니었다. 그녀는 카버에 대해 이야기하고 싶어 했다. "그 문서들을 읽기 시작했는데," 그녀는 이렇게 말했다. "하지만 그 안에 적힌 내용을 알게 되면서 그만두고 말았어요."
>
> ─ D. T. 맥스, 「카버 연대기」,《뉴욕타임스》(1998. 8. 9.)

그 문서들에 들어 있는 내용은 이처럼 낯선 이에게 말을 건네고 싶어질 정도로 카버를 좋아하던 이들 모두에게 충격이었다. 맥스는 리시가 카버의 첫 작품집인 『제발 조용히 좀 해요』에도 상당 부분 손을 댔지만 『사랑을 말할 때 우리가 이야기하는 것』의 경우는 훨씬 심해서, 원래 원고를 절반 가까이 덜어내고 많은 부분을 고쳐 썼을 뿐만 아니라 아예 그가 새롭게 써넣은 부분도 꽤 있다는 사실을 알게 되었다. 결정적으로 작품 열세 편 가운데 열 편의 결말 부분은 그가 다시 쓴 것이었다. 맥스와 만난 리시는 이러한 자신의 행위에 자부심을 보이면서 카버가 "고마움을 모르는 배신자"라고 말한다. 맥스 이전에 리시의 편집 스타일을 지적한 목소리가 책으로 출판된 적이 전혀 없었던 것은 아니다. 캐럴 폴스그로브는 1995년에 펴낸 책에서 이미 리시가 《에스콰이어》에 보내온 카버의 「이웃 사람들」을 "공격적으로" 편집해서 자기가 좋아하던 작가 제임스 퍼디 스타일로 "건조하고 미니멀"하게 바꿔놨다고 지적한 적이 있다. 리시는 2015년에 《파리리뷰》와 한 인터뷰에서 폴스그로브의 이런 견해를 그대로 반복하면서, 자기가 카버에게서 본 것은 또 다른 제임스 퍼디가 될 수 있는 가능성이었다고 말한다. 폴스그로브는 맥스와의 인터뷰를 이렇게 마무리한다.

> 리시의 역할을 인정하는 것이 어떤 식으로든 카버 작품의 평가 절하로 이어지긴 하죠. 하지만 글쓰기와 출판을 하나의 사회적 행위로 본다면, 저는 그렇게 보는데, 그 작품들은 그것들 자체일 뿐이에요.
> ─ D. T. 맥스, 「카버 연대기」, 《뉴욕타임스》(1998. 8. 9.)

창작과 편집이 어떤 관계를 맺고 있든 그 관계의 내용과 생산 과정에 대한 이해만 정확히 한다면 작품의 가치가 문제가 될 이유는 없다는 것이다.

카버 본인도 이와 유사한 태도를 보인 바 있다. 1982년에 애크런대학에서 한 학생들과의 대화에서 어느 학생이 편집자와 작가의 관계에 대한 질문을 던졌을 때, 카버는 에즈라 파운드와 T. S. 엘리엇, 맥스웰 퍼킨스와 토머스 울프의 관계 등 문학사상 유명한 '과격 편집'의 예를 나열하고 나서 이렇게 말했다.

> 위대한 시가 쓰이는 것은 무척 중요한 일입니다. 하지만 그것을 누가 썼느냐 하는 건 손톱만 한 차이도 만들지 않습니다.
> ― 애크런대학 학생들과의 대화 중

그러나 이런 관점은 이것이 과연 작가나 비평가들에게 얼마나 의미 있게 받아들여지고 있는가 하는 의문과도 무관하게, 일반 독자들이 문학작품에 전통적으로 기대해온 작가적 독창성과 독립성, 심지어 천재성에 맞서기에는 아직은 역부족인 듯하다. 그렇기 때문에 카버의 옹호자들은 무언가를 해야 했다.

테스 갤러거의 움직임은 수세적 옹호와는 거리가 멀었다. 갤러거는 카버의 작품들을 '사회적 행위'로 보고 그 안에 카버와 나란히 앉을 수 있는 리시의 자리를 만들어주는 너그러움 따위에는 전혀 관심이 없었던 것 같다. 그러는 대신에 그녀는 오랜 시간에 걸친 지루하지만 격렬한 싸움을 택한다. 리시가 편집한 판본을 정본의 자리에서 밀어내고 그 자리에 카버의 판본을 앉히기 위한 싸움을 시작한 것이다. 갤러거가 싸움을 선언하면서 《뉴욕타임스》와 《뉴요커》에 다양한 목소리를 담은 기사들이 잇달아 올라왔다.

모코토 리치가 2007년 10월 17일 자 《뉴욕타임스》에 쓴 기사에 의하면 갤러거는 이렇게 말했다. "나는 그저 그동안 비밀처럼 여겨지던 카버의 책이 모습을 드러내는 것이 무척 중요하다고 생각할 뿐입니다." 그러면서 영리하게도 이렇게 덧붙였다. "나는 『사랑을 말할 때 우리가 이야기하는 것』을 출판 시장에서 없애기를 원하는 게 절대 아닙니다. 이것 역시 이제는 역사의 한 부분입니다."

10월 28일에는 찰스 맥그래스의 기사가 뒤를 이었다. 출판계를 담당하는 리치의 글과 《뉴요커》에서 편집자로 일하며 1982년부터 카버의 원고를 실제 봐왔고 함께 작업했던 맥그래스의 기사는 당연히 결이 달랐다. 그럼에도 "이것이 바로 카버 스타일이다"라고 강력하게 각인시켰던 초기의 두 작품집, 특히 두 번째 작품집인 『사랑을 말할 때 우리가 이야기하는 것』에 수록된 작품들 대부분이 리시에 의해 심하게 변형되었다는 기본적인 사실을 지적하는 데서는 차이가 없었다. 맥그래스는 카버가 원고에서 쉼표 하나 빼는 데도 심사숙고를 거듭하던 것을 기억하면서 「블랙버드 파이」와 「심부름」 같은 후기의 작품들은 '미니멀리즘'이라는 평을 들었던 초기작들과는 전혀 다르게 깊고 풍부한 '맥시멀리즘'이었다고 회고한다.

그러나 동시에 맥그래스는 카버는 원래 '맥시멀리스트'였고 그 특질이 리시에 의해 억압되어왔을 뿐이라는 갤러거의 주장에는 의문을 표한다. 그는 편집 이전의 판본이 더 나을 거라는 기대는 하지

'불 관리인' 테스 갤러거

테스 갤러거는 카버 사후 그의 작품을 원래 모습으로 복구하려는 노력을 아끼지 않았다. 비타협적이고 열정적인 불 관리인이었던 갤러거는, 지난한 싸움 끝에 결국 리시의 편집본인 『사랑을 말할 때 우리가 이야기하는 것』을 밀어내고 카버 원고 그대로인 『풋내기들』을 복권시킴으로써 완전한 승리를 거두었다.

말라고 충고한다. 덧칠한 그림을 벗겨내면 그 밑에 숨어 있던 걸작이 튀어나오는 것과 같은 일은 일어나지 않을 것이라고 말한다. 그는 기사를 이렇게 마무리한다.

> 작가 자신이 생전에 모든 작품을 원래의 모습으로 복구하려는 노력을 하지 않았다는 사실은 (리시의 편집본들에 대해) 최소한 양가적인 감정 정도는 가지고 있었다는 것을 의미한다. 그러나 우리가 알고 있는 대로 카버는 결국에 가서는 리시를 넘어섰다. 레이먼드 카버가 그렇게 된 것, 그리고 만년에 모두의 예상을 뛰어넘어 만개할 수 있었던 것은, 시간이 지나면서 그가 자신의 작품에 대한 최고의 편집자가 되는 방법을 배웠기 때문이다.
>
> — 찰스 맥그레스, 「나, 편집자 아니 작가」, 《뉴욕타임스》(2007. 10. 28.)

이 모든 논의에서 필자들이 공통적으로 주장하는 한 가지가 있다면, 「별것 아닌 것 같지만, 도움이 되는」의 경우처럼 제목을 「목욕」으로 바꾸기까지 하면서 지나치게 미니멀하게 만들어 작품의 미덕을 상당 부분 훼손한 몇몇 경우를 제외하면 리시의 편집 작업이 명백한 문학적 성과를 거둔 것은 사실이며, 카버의 작품들을 카버보다 더 '카버답게' 만들었다는 것이다.

문학 전문 기자, 평론가, 편집자 들의 이런 조심스러운 주장과는 달리 갤러거는 카버의 작품은 애초부터 만년의 작품들이 보인 풍성함을 가지고 있었는데 리시가 그것을 훼손했을 뿐이라고 주장했다. 그런 가운데 1982년 이후로 카버가 줄곧 작품을 발표해온《뉴요커》가 2007년 12월 24일 자에서 파격적인 지면 편성을 선보인다. 카버가 1969년부터 1983년에 걸쳐 자신의 작품 편집에 관해 리시에게 보냈던 편지들과『풋내기들』의 편집 전 원고를 수록한 것이다.

그뿐만 아니라 같은 잡지의 온라인 판에는 리시가 첨삭한 내용들을 그대로 보여주는 원고가 게재되었다. 이 원고에는 리시가 문장의 한 부분 혹은 전체를 삭제하고 이어 붙이고 재구성하고 아예 새로 써넣으면서 전체적인 분량도 40퍼센트가량 줄이고, 제목과 심지어 결말 부분마저 전혀 다르게 바꾸어버린 과정이 해부대 위에 오른 사체처럼 적나라하게 전시되어 있었다.

카버의 원고와 리시의 편집본이 모두 공개되면서 이 문제는 이제 문학계를 넘어서 대중적인 관심으로까지 확장되었다. 카버 생전에 그와 가까운 사이였던 작가들은 대부분 카버의 원고 그대로『풋내기들』을 재출간하겠다는 갤러거의 편에 섰고, 편집자들은 굳이 그런 작업을 할 필요가 있겠느냐는 입장에 섰다. 카버와 함께『내가 전화를 거는 곳』을 만든 편집자 게리 피스케천 역시 후자 쪽 입장이었다. 피스케천은『내가 전화를 거는 곳』을 만드는 과정에서 카버가「사랑을 말할 때 우리가 이야기하는 것」(『풋내기들』에서는「풋내기들」)과「너무나 많은 물이 집 가까이에」,「목욕」(『풋내기들』에서는「별것 아닌 것 같지만, 도움이 되는」) 세 편은 리시의 편집 이전 상태로 되돌렸지만, 다른 네 편은 그대로 두었다고 했다. 그는 이 사실을 들어 "만약 그 지점이 이야기의 끝이 아니라면 뭐가 끝이겠느냐"라고 지적했다.

또한 크노프출판사는『풋내기들』이 다른 어딘가에서 출간된다

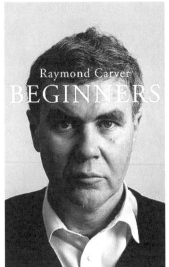

『풋내기들』(2009)과 『사랑에 대해 우리가 말할 때 이야기하는 것』(1981) 표지

『풋내기들』은 『사랑을 말할 때 우리가 이야기하는 것』에 수록된 작품들의 편집 전 초고를 복원한 것이다. 『사랑을 말할 때 우리가 이야기하는 것』의 편집자였던 리시는 과격한 편집으로 카버에게 미니멀리스트라는 칭호와 상업적 성공을 안겨주었다. 카버는 리시가 제안한 편집안을 결국 받아들였지만, 이후에는 리시의 관여를 제한했다.

면 그것은 『사랑을 말할 때 우리가 이야기하는 것』의 판권을 가지고 있는 자신들의 이해관계와 상충하기 때문에 법적 행동을 취할 수밖에 없다는 입장을 보였다. 라이브러리오브아메리카 측에서는 이 문제가 먼저 해결되어야만 자신들이 내는 선집에 『풋내기들』이 수록될 수 있을 것이라고 못 박았다.

이 문제를 해결하기 위해 갤러거는 미국 내에서 가장 영향력이 있는 에이전트인 앤드류 와일리를 고용했다. 그 뒤로 어떤 일이 벌어졌는지 정확히 알려진 바는 없지만, 그로부터 2년 뒤인 2009년 가을에 라이브러리오브아메리카의 카버 선집과 조너선케이프출판사의 『풋내기들』이 연달아 출간된다. 이 작업은 이미 1980년대 중반부터 카버의 작품들을 연구해왔고 그의 사후에 발간된 선집을 모두 편찬한 윌리엄 스털과 모린 캐럴 부부에 의해 이루어졌다. 여론도 대체로 리시가 월권을 했다는 쪽으로 기울었다. 긴 싸움은 불 관리인 갤러거의 완전한 승리로 끝이 났다.

『대성당』

다시 시러큐스 시절로 돌아가보자. 카버는 1980년 7월 8일 리시에게 보낸 편지에서 리시의 편집안(C)대로 『사랑을 말할 때 우리가 이야기하는 것』이 출간되는 것을 적극 반대한다. 그러면서 그 책이 리시의 편집안대로 출간될 경우 그동안 간신히 유지해온 자신의 금주 상태가 무너질 것이고, 따라서 자신의 정신도 무너지게 될 것이라고 절박하게 호소했다. 그러나 어떤 이유에서인지 불과 이틀 만인 7월 10일에는 다시 이렇게 쓰면서 출간을 허락한다.

> 동봉한 『사랑을 말할 때 우리가 이야기하는 것』 선집 전체 원고를
> 검토해주기 바라오. 여기서 내가 제안하고 있는 수정 사항들은 모
> 두 작지만 중요한 것이고, 이미 당신이 내게 보냈던 첫 번째 편집본
> 에 들어 있었던 내용이오.
> ─ 카버가 리시에게 보낸 편지 중(1980. 7. 10.)

나흘 뒤인 7월 14일에는 이렇게 쓴다.

> 나는 이번 책과, 그게 곧 나올 거라는 사실 때문에 흥분되어 있는
> 상태요. 신이 나서 다음 책에 대해서 이미 생각하기 시작하고 있어
> 요. 실은 생각만 하고 있는 게 아니오. 사실을 말하자면 다음 학기
> 를 쉬면서 다른 아무것도 하지 않고 여름까지 내처 쓰기만 하면 어
> 떨까 하는 생각을 하고 있소.
> ─ 카버가 리시에게 보낸 편지 중(1980. 7. 14.)

7월 8일의 애처로운 호소에서 시작해 7월 14일의 기대감과 자신
감에 이르기까지, 롤러코스터를 타는 듯한 그의 감정 상태를 들여
다보는 것은 괴로운 일이다. 불과 한 주 동안의 일이다. 그사이 그의
마음속에서는 어떤 일이 벌어졌던 것일까? 한 주라는 짧은 시간 동
안 카버는 극단적으로 마음을 바꿔야 했다. 나는 '바꿨다'고 쓰지 않

고 굳이 '바꿔야 했다'고 쓴다. 잘 알지도 못하면서. 그러나 이 책은 전기가 아니므로 이렇게 써도 된다고 억지를 부려본다. 불가항력적이거나, 이런 굴욕을 감수할 만한 어떤 이유가 있었을 것이라고 상상하지 않고서 그 변화를 어떻게 이해하겠는가. 내가 상상할 수 있는 이유는 단 하나다. 그래야 그가 살 수 있었기 때문이다. 카버는 그 자리에 멈추어 서지 않고 계속 쓰는 것만이 다시 술독에 빠지지 않고 계속 살아갈 수 있는 유일한 길이라고 생각했을 것이다. 더 써야 할 것이 있다, 삶이 돌아왔다, 참고 건너가자, 싶었을 것이다. 물론 실제로 그가 어떤 생각을 했는지는 알 수 없다. 인간은 상상보다 훨씬 추악하고, 훨씬 비열하기도 한 존재다. 어찌 알겠는가. 우리가 분명히 알고 있는 것은, 카버가 이 문제와 관련해서 첫 편지를 쓴 7월 8일로부터 두번째 편지를 쓴 10일까지 이틀 사이에 카버와 리시가 전화 통화를 했고, 리시가 아닌 카버가 생각을 바꿨다는 것. 그것 하나다.

1981년 이른 봄에 나온 『사랑을 말할 때 우리가 이야기하는 것』은 5월 초에 벌써 하드커버 장정 초판 1만 5000부가 모두 팔려 추가 제작에 들어가는 한편, 페이퍼백 출간도 준비하기 시작했다. 단편집으로는 유례가 없다시피 한, 단편소설의 중흥을 기꺼이 입에 올릴 만한 성적이었다. 카버는 스타가 되었다.

카버는 혹 리시의 편집본이 훨씬 더 큰 성공을 거둘 거라 예견했기에 입장을 바꿨던 것일까? 나는 그렇게 생각하지 않는다. 나는 카버가 '쓰기 위해서' 저 굴욕을 감수했다고 믿는다. 그렇게 믿는 이유는 단 하나다. 그가 곧바로 「대성당」 집필에 들어갔기 때문이다.

© Bob Adelman

스타가 된 카버

1981년, 카버의 두 번째 선집 『사랑을 말할 때 우리가 이야기하는 것』이 나오면서 단편집으로
는 유례가 없을 만큼 큰 성공을 거둔다. 미니멀리즘이라는 말이 여기저기서 들려왔고, 카버는
이제 스타가 되었다. 이어서 나온 『대성당』은 전작보다 더 큰 성공을 서두고 카버는 대가의
반열에 올라섰다.

「대성당」의 세계는 리시가 손을 댄 『사랑을 말할 때 우리가 이야기하는 것』의 수록작들과는 완전히 달랐음은 물론, 리시가 손을 대기전의 카버 원고와도 달랐다. 앞에서 살펴보았듯이 「대성당」의 세계는 깊고, 높고, 풍성하고, 화해의 종소리가 울리는 세계였다. 그렇게 쓸 수 있다는 확신, 새로운 세계가 자기를 기다리고 있다는 확신이 저런 타협을 가능하게 했을 것이다. 카버는 『사랑을 말할 때 우리가 이야기하는 것』이 출간된 직후인 1981년 봄에 「대성당」을 쓰기 시작했고, 1982년 8월에는 『대성당』에 수록할 열두 편의 단편 중 「목욕」의 원래 원고를 다시 살린 「별것 아닌 것 같지만, 도움이 되는」을 제외한 열한 편의 집필을 모두 끝냈다. 카버는 이 원고들을 리시에게 보내고 나서 8월 11일에 이런 편지를 다시 보냈다.

하지만 한 가지는 확실하오. 이 새 선집에 들어갈 작품들은 이전의 책들에 들어 있는 것보다 더 충만한 것이 될 거요. 그리고 이건, 천만다행으로, 오히려 잘된 거요. 난 예전과 같은 작가가 아니오. 내가 당신한테 건네주는 열네다섯 편의 이 작품들 중에 당신이 내키지 않아 하는 것들이 있으리라는 건 알고 있소. 카버의 단편이란 이런 것이라고 생각하는 사람들—당신, 나, 독자들, 평론가들—의 견해에 맞지 않는 것들이 있을 거요. 하지만 난 그들이 아니고, 우리가 아니고, 난 나요. (…) 하지만 고든, (…) 나는 상자에 딱 맞춰서 넣고 뚜껑을 닫을 수 있게 하려고 사지를 잘라내고 여기저기 바꿔 끼우는 과정을 겪을 수는 없소. 사지와 머리통이 삐져나오도록 내버려둬야 해요. 그 외의 다른 어떤 것도 나는 받아들이지 않을 거요.

— 카버가 리시에게 보낸 편지 중(1982. 8. 11.)

이렇게 쓰고 나서 카버는 "이 책은 내게 가장 중요한 책"이고, "지난번 책은 마치 꿈이라도 꾸는 것처럼 나를 스쳐 지나갔지만, 이번 책은 그렇게 될 수 없으며, 우리 둘 다 그 사실을 잘 알고 있"다는 말로 편지를 마무리 짓는다. 리시를 편집자로서 여전히 존중하지만, 이번에는 자신이 작가의 역할을 절대 포기하지 않을 것이라고 못 박고 있는 것이다. 리시는 1982년 11월 19일에 이런 답장을 보내왔다.

내가 다시 작업한 「내가 전화를 거는 곳」을 보내오. 내가 보기에 반드시 그렇게 돼야 하는, 그러나 가능한 한 최소한만 건드린 것이오. 나는 이 작품들에 대해 가능한 한 최소한의 편집만 하기로 우리가 동의한 사실, 그리고 당신이 내가 지난 두 권의 선집에서 했던 것 같은 적극적인 편집을 원하지 않는다는 사실을 잘 기억하고 있소. 그러니 그렇게 합시다, 레이. 지금 이 샘플에서 당신이 보는 건 우리가 합의한 그 최소한의 것이오. 편집을 이보다 더 줄인다면, 내 판단으로는, 당신을 너무 지나치게 드러내는 결과가 될 거요. (…) 이 원고가 당신의 희망 사항에 부합하는 거라면 속히 전화를 해서 그렇다고 말해주기 바라오. 그러면 나머지 작품들에 대해서도 이 작품에 준해서 작업하게 될 거요.

— 카버가 리시에게 보낸 편지 중(1982. 11. 19.)

여기에서 "당신을 너무 지나치게 드러내는" 결과라는 표현은, 이전의 두 선집이 온전히 카버의 것이 아니라는 점이 드러나게 되리라는 협박이거나 최소한 비아냥거림으로 들린다. 그러나 카버는 처음의 태도를 바꾸지 않고 밀고 나간다.

1982년은 카버에게는 과거와의 결별이라고 이름 붙일 만한 해다. 6월에 메리앤과 이혼 절차에 들어가 10월에 마무리되었고, 9월에는 카버에게 처음으로 소설을 가르쳤고 주말마다 자신의 연구실을 작업 공간으로 내주었던 가드너가 오토바이 사고로 사망했다. 그리고 리시와의 관계도 완전한 결별을 향해 가고 있었다.

나는 미니멀리스트가 아니다

『사랑을 말할 때 우리가 이야기하는 것』이 나온 직후 '미니멀리즘'이라는 말이 여기저기서 들려왔다. 카버는 1982년 말 혹은 그 이듬해 초에 《파리리뷰》와 한 인터뷰에서 이 문제에 대해 이렇게 말했다.

지난번 책을 리뷰하면서 어떤 이는 나를 두고 '미니멀리스트' 작가라고 했습니다. 그 사람은 칭찬으로 한 말이었어요. 하지만 나는 그 말이 마음에 들지 않았습니다. 미니멀리스트라는 말에는 내가 싫어하는 협애한 시야와 그것은 글로 옮겨놓는 방식을 지적하는 어떤 요소가 있어요. 하지만 『대성당』이라고 이름 붙인 새 책에 들어갈 작품들은 18개월 만에 다 썼는데, 어느 한 편도 그렇지 않아요.

—『파리리뷰』(1982)와의 인터뷰 중

이 말에는, 다른 이들은 눈치챌 수 없었겠지만, 카버 자신에 대한 것뿐 아니라 리시에 대한 부정적인 평가 또한 들어 있다. 이 인터뷰는 사실상 리시의 문학관을 향한 공격이었고, 여태까지 리시가 해온 역할과 그의 존재 자체를 부인하는 것이었다. 리시의 입장에서는 배은망덕도 이만저만이 아니었을 것이다. 카버가 이런 인터뷰를 할 수 있는 명성을 얻게 된 것이 모두 자신의 과감한 편집 덕이라고 생각했을 텐데, 바로 그 인터뷰에서 자기 문학을 공격한 셈이니 말이다.

애크런대학 학생들과의 대화에서 카버가 언급했던 편집자 맥스웰 퍼킨스도 토머스 울프의『천사여, 고향을 보라』를 편집하면서 원고의 30퍼센트 이상을 들어냈지만, 그 작품이 비평적으로 좋은 평가를 얻었을 때 그것이 자기 덕분이라는 식의 과시를 하지는 않았다. 그러나 리시는 달랐다. 그는 특히『사랑을 말할 때 우리가 이야기하는 것』은 자기 것이고, 백번 양보해서 카버와 공동 작업한 결과물이라고 여겼다. 그는 "인디애나주립대학에 소장 자료를 넘겼을 때, 나중에 그것들이 논란을 일으키게 되리라는 걸 알고 있었는가?"라는 질문에 이렇게 대답한다.

그렇게 기대하고 있었을 겁니다. (…) 나는, 어느 시점에선가, 카버 이슈가 불붙게 되리라는 걸 예상하고 있었을까요? 그렇게 될 걸 기대하고 있었을까요? 그렇게 됨으로써 내가 받아 마땅하다 믿고 있는 인정을 비로소 받게 될 거라고 생각했을까요? 이 질문들에 대해 '그렇다'고 대답하지 않는다면 난 거짓말쟁이일 겁니다.

—『파리리뷰』와의 인터뷰 중(1982)

이어지는 인터뷰에서 리시는, 자신은 다른 사람의 작품을 고치는 행위를 통해 하나의 문학작품을 지고의 수준으로 밀어 올리고자 했다고 말한다. 그러면서 자신이 그렇게 했기 때문에 카버가 그렇게 주목받을 수 있었다고 주장한다. 그러니『사랑을 말할 때 우리가 이야기하는 것』으로 명성을 얻은 카버가 그 작품집의 성공에 결정적으로 기여한 리시의 역할을 전혀 인정하지 않고 비밀로 덮어버린 채 모든 것을 자신의 공로로 돌려버렸을 뿐만 아니라 심지어 그의 문학을 공격하는 모습까지 보여주었을 때, 리시는 카버를 용서할 수 없게 되었을 것이다.『대성당』은 1983년 9월에 출간되었다. 두 사람의 관계는 그것으로 끝났다.

더러운 리얼리즘을 넘어

『대성당』은『사랑을 말할 때 우리가 이야기하는 것』보다도 더 큰 성공을 거두었다. 출간 후 얼마 되지 않아 3쇄를 찍었고, 그해의 전미 도서상과 퓰리처상 후보에도 올랐다. 표제작인「대성당」은 이미 1981년 9월에《애틀랜틱》을 통해 발표되어 주목을 받았고,「비타민」과「셰프의 집」역시 메이저 잡지에 수록되었다. 이런 양상은

1982년에도 계속 이어졌다. 카버는 이제 《에스콰이어》 《애틀랜틱》 《뉴요커》 등의 전국 규모 메이저 잡지들이 언제든 환영하는 대가의 반열에 올라섰다.

1983년 5월에 카버는 스트라우스 기금의 수혜자로 선정되면서 5년 동안 매년 3만 5000달러를 받게 되었다. 기금 수령의 유일한 조건이 해당 기간 동안 다른 고정 수입이 있어서는 안 된다는 것이었기 때문에 카버는 시러큐스대학 교수직을 사임하기로 결정한다. 정규직 교수가 된 것에 감지덕지하던 게 불과 2년 전이었는데, 이제는 그것을 서슴없이 내던질 수 있는 위치에까지 이른 것이었다. 이 무렵 영국에서 간행되어 세계적인 영향력을 키워가고 있던 잡지 《그란타》는 '더러운 리얼리즘'이라는 제목의 특집호에서 카버와 리처드 포드, 토바이어스 울프, 바비 앤 메이슨, 제인 앤 필립스, 엘리자베스 탤런트, 프레더릭 바셀미의 작품을 한데 묶었다. 《그란타》는 더러운 리얼리즘이라는 특집 제목을 내세운 이유에 대해 이렇게 썼다.

> '더러운 리얼리즘은' 새로운 세대의 미국 작가들이 내놓은 소설이다. 이들은 우리 시대 삶의 배면—버려진 남편, 미혼모, 자동차 도둑, 소매치기, 마약중독자 등—에 대해 쓰되, 불편한 거리를 유지하면서, 때로는 코미디와의 경계를 오가면서 쓴다. 이 이야기들은 낮은 목소리로, 아이러니하게, 때로는 아주 거칠게, 그러나 항상 연민을 잃지 않으면서 소설의 새로운 목소리를 직조해낸다.
>
> —『그란타』 중(1983)

그러나 이 특집에 실린 카버의 작품은 「칸막이 객실」이었다. 이 작품의 주인공 마이어스는 스트라스부르에서 대학에 다니는 아들을 만나기 위해 밀라노에서 기차를 타고 올라가는 중이다. 소설 전반부에 나와 있는 설명으로 미루어볼 때 이들의 가정이 오래전에 폭력으로 파탄이 난 것은 맞지만,《그란타》에서 설명하는 것처럼 전형적인 하층민을 소재로 한 작품은 아니다. 카버는 이 이야기에서 더러운 리얼리즘을 지나 문학적으로 다른 곳을 향하고 있다. 다른 말로 하자면 카버에게 더러운 리얼리즘은 첫 두 권의 선집에서 다룬 세계였고, 『대성당』에서 그는 이미 다른 곳으로 향하고 있었다. 카버가 더러운 리얼리즘 특집호에 「칸막이 객실」을 보낸 것은 그가 이 사실을 명확히 자각하고 있었다는 방증으로 보인다. 그리고 그로 인해 카버가 이 그룹의 선두 주자라는 점이 오히려 명확하게 드러난다.

비평가들과 젊은 소설가들 중 일부는 미니멀리즘이니 더러운 리얼리즘이니 하는 새로운 표어를 몰고 다니는 카버를 두고 미국 소설의 '뉴웨이브의 아버지'라고 부르기도 했다. 카버는 그런 호칭에 동의하느냐는 질문에 이렇게 유머를 섞어서 대답했다.

난 내 아이들의 아버지일 뿐입니다. 하지만 많은 젊은 작가들이 내 경험과 성공을 보면서 내가 걸어온 길을 따라 걸을 용기를 내고 있는 것 같다는 생각은 듭니다.

—《파노라마》에 실린 인터뷰 중 (1986. 3.)

카버는 이미 자신을 하나의 흐름 속에 고정시키기를 거부하는 수
준으로 성장해 있었다. 그러나 리시에 대한 언급 없이 그 변화, 즉
성장의 계기에 대해 명확한 문학적 설명을 내놓는 데는 한계가 있
었을 것이다.

그레이비 시절

내 작은 배 위에서

낚시광 카버

　스트라우스 기금을 수령하면서 미련 없이 교수직을 내려놓은 카버는 글쓰기에만 전념하기 위해 갤러거가 사놓은 집이 있는 워싱턴 주 포트앤젤레스로 옮겨 갔다. 포트앤젤레스는 카버가 여태 살아온 곳들과는 많이 다른 지역이다. 카버가 어린 시절을 보낸 야키마와 같은 워싱턴주에 속해 있기는 하지만, 야키마가 내륙의 건조한 지역이었다면 포트앤젤레스는 여름에는 건조하고 서늘하면서 겨울에는 그리 춥지 않고 거의 매일 비가 뿌리는 지중해성 기후를 보이는 지역이다. 올림픽반도의 끄트머리에 위치하면서 뒤로는 올림픽산국립공원을 두고 앞으로는 바다를 사이에 두고 캐나다의 빅토리아시와 마주 보고 있어서 경관 또한 수려하다. 캘리포니아 남단에서부터 태평양 연안을 따라 올라오는 경치 좋기로 유명한 101번 도로가 끝나는 곳이 바로 여기다. 카버가 젊은 시절 살았던 곳들 중 아르카타, 유리카, 팰로앨토, 맥킨리빌 등이 모두 이 도로 선상에 있는 지역이었으니 이것도 인연이라면 인연이겠다.

포트앤젤레스는 코뿔소의 뿔처럼 생긴 올림픽반도의 안쪽에 자리하고 있다. 등 뒤로는 올림픽국립공원, 앞으로는 물을 바라보고 있는 형국이다. 폭이 넓지 않은 그 물은 얼핏 만처럼 보이지만 건너편으로 보이는 캐나다 땅이 사실은 거대한 섬(밴쿠버섬)이므로 해협(후안데후카해협)이다. 자연스럽게 국경 역할을 하고 있는 후안데후카해협은 빙하의 운동으로 형성된 것이라 거대한 선박은 물론 잠수함까지 드나들 수 있을 정도로 깊고 좁고, 복잡한 지형을 지니고 있어 상대적으로 잔잔하다.

올림픽반도의 거의 대부분을 차지하고 있는 것은 올림픽국립공원이다. 이 공원은 만년설로 덮여 있는 올림픽산을 중심으로 해발 2000미터를 넘어가는 여러 개의 봉우리가 약 4000평방킬로미터, 그러니까, 강원도의 4분의 1 정도에 달하는 방대한 넓이에 걸쳐 펼쳐져 있어서 빙하 지역이 있는가 하면 태평양 쪽으로는 온대 우림까지 다양한 생태계를 지니고 있다.

이 지역에 가볼 기회가 있다면 놓치지 말아야 할 곳은, 포트앤젤레스에서 멀지 않은 엘와강이다. 올림픽산에서 발원하여 후안데후카해협으로 흘러들어가는 엘와강은 한때 댐 건설로 생태계가 왜곡되었지만, 댐이 철거되면서 다시 패류와 갑각류의 새로운 서식지가 되었고, 연어와 송어류의 개체 수도 서서히 불어나고 있다.

엘와강이 아니더라도 이 지역에는 이 해협으로 흘러들어가는 작은 강들이 여기저기 있어서 계절에 따라 강으로 거슬러 올라가기 위해 들어오는 연어들과 캐나다 쪽으로 올라가는 고기들, 그리고

카버가 말년을 보낸 워싱턴주 포트앤젤레스

카버는 스트라우스 기금을 수령하면서 시러큐스대의 교수직을 버리고 갤러거가 사놓은 집이
있는 포트앤젤레스로 들어온다. 이곳은 여태 그가 살았던 곳들과는 많이 다르다. 여름에는 건
조하고 서늘하면서 겨울에는 그리 춥지 않고 거의 매일 비가 뿌리는 지중해성 기후를 보이는
지역이다. 이곳에서 카버는 평생 원하던 삶을 누린다.

그것들을 노리고 들어오는 핼리벗 등이 풍부하게 모여든다. 낚시광인 카버가 이런 조건을 놓칠 리 없었다. 카버는 내륙 지역에서 살면서 주로 송어 낚시를 해왔지만, 곧 연어와 핼리벗에도 적응했다.

해협에서 낚시를 하려면 배가 있어야 했다. 카버는 포트앤젤레스로 옮겨 온 지 얼마 되지 않아 낚시용 배를 장만한다. 카버는 자신이 살아남았을 뿐만 아니라 이처럼 자기 배까지 가질 수 있게 된 것을 어린아이처럼 기뻐했다. 얼마나 기뻤는지 「내 배」라는 시까지 썼다. 이 시에서 카버는 "내 배가 주문대로 만들어지고 있다. 이 배는 지금 막 조선공의 손에서 떠나려는 참이다. 나는 선착장에 이 배를 위한 특별한 자리를 마련해놓았다. 그 배에는 내 친구들 모두를 위한 자리가 있을 것이다"라고 쓴 뒤 그동안 가까이 지내온 친구들과 가족의 이름을 열거한다.

삭제 불가능한 상처

카버는 평생 원하던 삶을 누리고 있었다. 아침에 일어나면 꼬박꼬박 한 편씩 시가 쏟아져 나오는 시기도 있었고, 『대성당』이후로 거의 3년 동안 소설을 못 쓰고 있었지만 그의 명성은 점점 더 높아지고 있었다. 인터뷰가 줄을 이었고, 그의 서평과 추천사를 원하는 편지들이 사방에서 날아왔으며, 얼굴이라도 내밀어달라는 문학 행사도 항상 있었다. 무엇보다 많은 젊은 작가들이 그의 문장을 흉내내고 있었다. 카버는 이 모든 요구에 성실하게 임했다.

카버는 사망하기 얼마 전에 쓴 시 「그레이비」에서 인생이라는 불판 위에서 구워지던 시절 이후의 삶은 구수하고 달콤하고 고통 없는 것이었다고 회상한 바 있지만, 유명 작가로서 누리게 되는 혹은 감당해야 하는 이런 생활이 반드시 이상적인 것만은 아니었을 수도 있다. 이를테면 이 무렵에 쓴 「물살」이라는 시를 읽어보자.

> 이 물고기들은 눈이 없다
> 꿈속에 내게로 오는 이 은색 물고기들,
> 알과 정액을 내 뇌 속
> 구멍들에 뿌리고 다니는.
>
> 그런데 그중에서도 한 놈
> 육중하고, 흉터가 있고, 다른 놈들처럼 아무 소리 없는,
> 물살에 맞서 그저 버티고 있는 놈,
> 물살에 맞서 캄캄한 입을
> 다무는, 물살을 지탱하느라
> 입을 다물었다 벌렸다 하는.
>
> ─「물살」, 『불』, 120쪽

이 시에는 자신이 즐기고 있는 것들의 이면, 그것들에 압도당하고 있는 자아에 대한 자각이 있다. 그리고 그 자아를 들여다보고 있는 묵시록적인 존재가 드러나 있다. 물살에 맞서 자신을 지탱하느라 '캄캄한 입'을 다물었다 벌렸다 하는 육중한, 흉터를 지닌 존재.

얼핏 보기에는 카버 자신을 말하는 것 같지만 문장의 구성상으로는 명백히 주체의 바깥에 위치한 이 위협적인 물고기는 내 안에서 나를 들여다보는, 동시에 나에 의해 보이는 어떤 존재일 것이다. 그런 식으로 나를 성찰하고, 억압하고, 결과적으로 규정하는 존재. 그것이 무엇이라고 딱 짚어서 말하는 것은 무리가 있겠지만, 기억이 그런 역할을 하기도 한다는 정도로는 이야기할 수 있겠다. 외부의 빛은 거의 허용되지 않고, 허용되더라도 굴절된 형태로만 들어오게 되는 깊은 물속 같은 그곳에서 한순간도 몸에서 힘을 빼지 않고 버티고 있는 것, 카버는 그 존재에게 점점 더 밀착된다. 사냥을 나가 들판에 누워도 이미 오래전에 세상을 떠난 아버지에 대해 생각하게 되고, 낚시를 해도 이미 헤어진 전처와 가족에 대한 생각에서 벗어나기 어렵다. 「책상」이라는 인상적인 시가 있다. 좀 길지만 전체를 인용해보자.

> 애로우 호수에서의 낚시는 형편없다.
> 비가 너무 많이 왔고, 수위도 너무 높고.
> 하루살이 부화철이 왔다가 지났다고
> 한다. 하루 종일 나는 볼링둔에 있는 빌린 오두막 창가에
> 앉아, 날이 개기를
> 기다린다. 벽난로에 태우는 마른풀에서는
> 연기가 오르지만, 여기에 로맨스 따위는
> 없고 다른 어떤 것도
> 없다. 창밖에 놓여 있는 쇠와 나무로 만든

오래된 학교 책상이 날 벗해줄 뿐.

잉크병 아래에 무어라

칼로 새겨져 있다. 상관없다

내용이 뭐든, 궁금하지 않다. 그 글씨들을

새겨넣은 도구에 대해 상상하는 것만으로

충분하다.

내 아버지는 죽었다,

그리고 어머니는 정신이 오락가락하고.

이제는 다 자란 아들과 딸 처지가 얼마나 나쁜지에 대해서는

말을 꺼내기도 어렵다.

그 아이들은 나를 한번 길게 쳐다보고 나서

내가 저지른 실수들을 그대로 반복하려 애썼다.

끔찍한 노릇이다. 아이들이 운이 나쁜 거지,

내 사랑스러운 아이들. 내 첫 아내에 대해서는

아직 언급하지 않았던가? 어떻게 내가 그럴 수가

있지? 하긴 그럴 처지도 못 된다.

해서는 안 되기도 하고. 전처는

그렇잖아도 내가 자기에 대해 너무 많이 말했다고 비난한다.

그리고 자기는 지금이 행복하다고, 그러면서 이를 간다.

또 주 예수께서 자기를 사랑하신다고,

자기는 괜찮을 거라고도. 평생을 갈 거 같던 그녀에 대한 내 사랑은

그렇게 끝났고 정리됐다. 그러나 그 사실이 내 삶에 대해

말하고 있는 건 무엇인가?

내가 사랑하는 이들은 수천 마일 밖에 있다.

하지만 그들은 볼링둔의 이 오두막 안에도

있다. 그리고 요즘 내가 자다 깨어나는

모든 호텔 방들에도.

비가 그쳤다.

해가 얼굴을 내밀고, 예기치 못했던

하루살이 떼가 나타나 누군가의 말이 틀렸음을

증명해준다. 우리는 떼를 지어

문으로 향한다, 내 가족과 나.

밖으로 나간다. 거기서 나는 책상 위로 허리를 숙여

그 거친 표면을 손가락으로 쓸어본다.

누군가 웃는다, 누군가 이를 간다.

그리고 누군가, 누군가는 내게 애원한다.

"제발, 나한테서 등을 돌리진 말아다오."

라고 말하면서.

당나귀 한 마리가 끄는 수레가 오솔길을 지나간다.

수레를 몰던 이가 입에서 파이프를 떼면서

손을 들어올린다.

눅눅한 대기 속에 라일락 향기가 있다.

하루살이들이 라일락 위를,

내 사랑하는 이들의 머리 위를 맴돈다.

수백 마리의 하루살이들이.

나는 걸상에 앉는다. 책상에

엎드린다. 기억난다

펜을 쥐고 있는 아이. 맨 처음,

단어들의 모양을 들여다보고 있던 모습.

그것들을 쓰는 법을 배우던 때, 천천히,

한 번에 한 글자씩. 꾹꾹 눌러 쓰면서.

한 단어. 그리고 다음 단어.

무언가를 깨친다는 느낌.

거기서 오는 흥분.

세게 누르는 일. 처음에는

표면에만 가해지는 상처.

그러나 다음에는 더 깊이.

이 꽃봉오리들. 라일락.

달콤함으로 대기를 채우는 것들!

하루살이들이 허공에 떠 있다 수레가

지나가는 동안―물고기들이 올라오는 동안.

　―「책상」, 『울트라마린』, 93~95쪽

　여기서 화자는 아일랜드에 있는 애로우 호수에 가 있다. 카버가
이 지방에 간 것은 1985년 영국에 북투어를 갔을 때다. 자신의 작품

홍보를 위해 갤러거와 함께 갔던 여행이지만, 그가 지금 머물고 있는 오두막에는 "수천 마일 밖에" 있는 자신의 또 다른 가족들, 즉 이미 세상을 떠난 아버지, 정신이 오락가락하는 어머니, 전처, 그리고 딸과 아들이 함께하고 있다. 그들은 "내"가 움직일 때, 하루살이 떼와 더불어 같이 움직인다. 젊은 시절 카버가 작가가 되는 꿈을 품고 캘리포니아에서 아이오와로 차를 몰고 가던 시절, 그들은 가장 싼 모텔을 골라 묵고 식사는 메리앤이 두 시간 동안 웨이트레스로 일해주는 대가로 얻어먹으면서 갔다. 카버가 삶의 여기저기에 붙는 불들에서 문학을 배웠다면, "한 번에 한 글자씩" 배우던 그 고통스러운 과정에는 항상 그들이 같이 있었다. "표면에만 가해지는 상처"에서 서로 삭제 불가능한 상처를 주고받은 시절까지. 그러니 그가 삶을 버리지 않는 한 어떻게 같이 있지 않을 수 있겠는가. 어디를 간들.

죽음과 소멸에 대한 생각

카버는 포트앤젤레스로 옮겨 온 뒤로 모두 세 권의 시집을 냈고 (한 권은 사후에 간행), 1985년 여름부터 한 해 동안 일곱 편의 단편을 몰아서 썼다. 이 일곱 편은 아직 우리말로 번역되지 않았다. 그중 두 편은 전처 메리앤의 기억과 관련된 이야기이고(「가까움」「블랙버드 파이」), 두 편은 어머니와 동생에 대한 이야기(「상자들」「코끼리」), 한 편은 과거 술을 마시던 시절의 이야기(「메누도」)다. 기억과 직접적인 관련이 없는 작품으로는, 한밤중에 깨어나 잠 못 이루고 죽음과 이런저런 질병과 고통 등에 대해 이야기하는 「누가 이 침대를 사용하고 있었든」, 체호프의 죽음을 다룬 「심부름」 두 편뿐이다. 이 두 편 중 「누가 이 침대를 사용하고 있었든」에서는 남자가 재혼한 뒤 아무 시간에나 전화를 걸어오던 전처와 그 사이에서 난 아이들이 그랬던 것처럼, 어떤 술 취한 여자가 한밤중에 전화를 걸어와 버드라는 사내를 찾으며 잠을 깨우는 것으로 이야기가 시작된다. 결국 불안의 근저에는 전처가 있다. 그녀와 헤어졌다는 사실, 한때 그녀와 같이 살았다는 기억, 그리고 그 동행이 파괴되었고 그런 일은 죽음을 통해서든 단순한 결별을 통해서든 앞으로도 또 일어날 수 있다는 무의식 차원에서의 자각이 자리 잡고 있는 것이다. 기억은 입을 크게 벌리고 시간을 버티면서 현재 속에 알과 정액을 뿌려놓는다. 그리고 그 끝에는 죽음을 어떻게 바라볼 것인가, 어떻게 그것에 대해 말할 것인가 하는 문제가 놓여 있다.

화자는 전화벨 소리 때문에 깊은 밤 잠에서 깨어나 꼬박 밤을 새우며 아내와 죽음과 질병에 대한 불안을 이야기한다. 그런 다음 출근해서 매우 피곤한 하루를 보내고 돌아온다. 화자는 전날 새벽에 이야기하다가 내버려둔 주제—죽음의 순간에 관한—를 마무리 짓는다. 화자는 아내가 원하는 대로 그녀가 생명 유지 장치에 의존해야만 하게 될 경우, 그것을 중단해주겠다고 말한다. 그러면서 자기는 끝까지 그 장치를 유지하고 싶다고 한 간밤의 이야기를 다시 한번 강조한다. 두 사람은 그제야 간밤의 이야기가 마무리되었다는 느낌을 받는다. 작품의 말미에서 화자는 이렇게 말한다.

나는 내가 어떤 종류의 보이지 않는 선을 넘어섰다고 느낀다. 나는 내가 와야 한다고 생각해본 적이 없는 지점에 와 있다고 느낀다. 나는 내가 어떻게 여기에 왔는지 모르겠다. 여기는 이상한 곳이다. 무해한 짧은 꿈과, 그에 이은 이른 아침 잠에서 덜 깬 상태에서의 대화가 나를 죽음과 소멸에 대한 생각 속으로 이끌고 온 곳이 여기다.

— 「누가 이 침대를 사용하고 있었든」, 『내가 전화를 거는 곳』, 442쪽

화자가 도달한 이 "지점" 혹은 장소는 아닌 게 아니라 좀 이상한 곳이다. 이미 각자 이별을 경험해본 성인 남녀가 죽음과 소멸, 마지막 순간에 어떻게 대처할지에 대해 생각하는 것이야 뭐가 그렇게 이상한 일인가. 그러나 화자는 생각을 통해 구체적인 결론을 내리고, 그것을 다시 입 밖에 냄으로써 어떤 "보이지 않는 선"을 넘었다고 느낀다. 그리고 이곳은 화자의 생각이 도착한 지점인 것을 넘어서서 화자를 "죽음과 소멸에 대한 생각 속"으로 이끈 장소, 다시 말해 그 생각이 발생한 장소라고 서술함으로써 애당초 추상적인 관념처럼 보이던 "지점"에 구체성을 부여한다. 이 지점에서 이 작품의 제목 「누가 이 침대를 사용하고 있었든」의 의미가 환기된다. 여기서의 "누가"는 밤에 전화를 해온 여인과 그녀가 찾던 버드일 수도 있겠고, 어떤 식으로든 결별을 경험한 어떤 사람일 수도 있겠다. 그리고 그 결별의 그림자는 고스란히 화자 부부에게도 드리워질 것이다. 침대는 그 구체적인 장소의 가능성으로 기능하게 될 것이다.

카버에게 침대는 항상 중요한 장소였다. 어쩌면 우리가 카버를 찾아 현실 속의 어떤 구체적인 장소로 가려면 제일 먼저 찾아가 깊이 탐색해야 할 곳은 우리 부모의 침대, 우리가 지금 사용하고 있는

침대일지도 모르겠다. 카버가 즐겨 인용한 체호프의 말처럼 재떨이에 대해 이야기를 하더라도 거기에 사내와 여자가 등장하면 결국 그 이야기의 지주 역할을 하는 존재는 그 사내와 여자다. 사내와 여자는 곧 그 세계의 남극과 북극이고, 모든 이야기의 세계에는 이 두 기둥이 있다. 이 두 기둥이 나란히 서고,—그보다는 아마도 눕고—충돌하고, 화해하고, 화해하지 못하는 곳이 침대다. 그러므로 부부 사이의 감정을 다루는 카버의 이야기에서는 거의 예외 없이 침대가 중요한 역할을 한다.「학생의 아내」「제발 조용히 좀 해요」「무슨 일이오」「너무나 많은 물이 집 가까이에」 등에서 두루 그랬고,「보존」에서는 역으로 침대에 들어가지 않는 사내가 문제였다.

체호프에 대한 오마주,「심부름」

카버가 마지막으로 쓴 단편「심부름」에서도 침대가 중요한 역할을 한다. 다만 이 침대는 갈등과 화해, 욕망과 의심, 결렬의 침대가 아니라, 그 모든 것이 다 지나간 뒤 죽음의 침대다. 이 침대에 누워 있는 이는 카버가 흠모했던 작가 안톤 체호프다.

이 이야기는 카버가 앙리 트루아야의 체호프 전기를 읽으면서 구상했다고 한다. 카버의 마지막 작품이라는 애틋한 의미도 있지만, 무엇보다 그가 무언가를 새롭게 시작하고 있었던 모습을 보여주기 때문에 자세히 들여다볼 가치가 있다. 이 이야기는 크게 다음의 네 부분으로 구성되어 있다.

1) 1897년, 체호프는 모스크바의 고급 식당에서 알렉세이 수보린과 저녁 식사를 하다가 각혈하고 병원으로 실려 간다. 톨스토이가 찾아온다. 톨스토이는 체호프를 사랑했지만, 문학에 대해서는 두 사람의 견해차가 드러난다. 톨스토이는 인간과 동물을 포함하는 모든 존재는 우리가 아직 잘 모르고 있지만 엄연한 어떤 핵심과 목적을 원칙으로 삼아 살아가고 있다고 믿지만, 체호프는 그런 것을 전혀 인정하지 않는다.

2) 1904년 6월, 체호프는 독일의 온천 타운 바덴바일러에 "죽기 위해" 와 있다. 그러나 체호프는 자신의 건강에 대해 계속 낙관적이다. 7월 2일 자정이 조금 지난 시각, 체호프의 의식이 혼미해지자 체호프의 아내 올가 크니페르는 옆방에 묵고 있는 러시아인 청년에게 슈뵈러 의사를 불러달라고 부탁한다. 슈뵈러는 응급조치를 취하지만 별 효과가 없다. 슈뵈러가 산소 공급기를 가지고 오라고 해야겠다고 말하는 순간, 체호프가 갑자기 깨어나 조용히 말한다. "그럴 필요 뭐가 있겠소? 그게 도착하기 전에 나는 시체가 돼 있을 거요." 슈뵈러는 잠시 생각에 빠졌다가 전화로 그 호텔에서 가장 좋은 샴페인을 한 병 주문한다. 그리고 이렇게 덧붙인다. "그리고 서두르시오. 알겠소?"

3) 잠에서 깨어난 벨보이가 술과 잔을 가지고 온다. 슈뵈러 의사는 벨보이를 내보낸 뒤 병을 따서 세 개의 잔에 따른다. 체호프는 1~2분에 걸쳐 잔을 비운 뒤 고개를 돌리고 숨을 멈춘다. 슈뵈러는

카버가 흠모했던 작가 안톤 체호프

카버가 마지막으로 쓴 단편 「심부름」은 안톤 체호프의 죽음을 그린 것이다. 이 작품은 카버의
마지막 작품이라는 애틋한 의미도 있지만, 무엇보다 그가 무언가를 새롭게 시작하고 있었던
모습을 보여준다는 점에서 주목할 만하다.

체호프의 맥을 짚은 채 초침이 시계를 세 바퀴 돌 때까지 기다렸다가 사망을 선고한다. 이때 열어놓은 창으로 커다란 검은 나방이 날아 들어와 전기 램프에 세게 부딪힌다. 크니페르는 체호프의 사망 소식이 밖으로 알려지기 전에 혼자서 그의 시신과 몇 시간을 보내고 싶어 한다. 슈뵈러는 "방을 나섰고, 그렇게 해서, 역사로부터 떠났다". 그런 뒤 샴페인 병에서 코르크가 저절로 튀어오르고, 열린 병에서 샴페인이 흘러넘친다. 그녀는 나중에 이렇게 썼다. "거기에는 사람 목소리도, 아무런 일상적인 소리도 없었다. 거기에는 오직 아름다움, 평화, 죽음의 장엄함만이 있었다."

4) 체호프의 시신과 크니페르만 있는 방에 어젯밤의 벨보이가 목이 긴 노란 장미 세 송이를 들고 들어온다. 크니페르는 문간에서 이 젊은이를 맞는다. 젊은이는 그새 무슨 일이 일어났는지 모르고, 다만 어젯밤에 자기가 가지고 온 쟁반과 샴페인 병과 잔들을 가지러, 그리고 바뀐 아침 식사 스케줄을 알려주러 왔을 뿐이다. 이제 독자는 이 젊은이와 크니페르의 시선을 번갈아가면서 실내를 보게 된다. 묘사는 훨씬 정밀해진다. 크니페르는 젊은이에게 장의사를 불러달라고 심부름을 시킨다. 그러고는 젊은이가 자기 심부름을 수행하는 장면을 상상한다. 그러나 크니페르가 이런 상상을 하고 있는 동안 젊은이는 자기 발밑에 떨어져 있는 샴페인 병의 코르크 마개에 대해 생각하고 있을 뿐이다. 그리고 그는 시선을 바닥으로 떨구지 않은 상태에서 허리를 굽혀 그것을 손 안에 넣는다.

카버는 트루아야가 잡아놓은 다큐멘터리적 골격을 그대로 따라가되 어조와 관점을 능수능란하게 조절하면서 죽음이라는 보편적인 현상을 매우 낯설고 특수한 사건으로 바꾸어나간다. 죽음을 맞는 순간의 방 안이 사물에 대한 묘사만으로 가득 차 있다는 사실에 주목해 보자. 사제가 죽음을 준비하고 있어야 할 자리에는 샴페인을 주문하는 의사가 있고, 그 의사는 기도 대신 전화기로 "잔 세 개!"를 외친다. 숫자 3을 가지고 이루어지는 이런저런 배치도 흥미롭다. 체호프는 새벽 3시에 세상을 떠나고, 의사는 초침이 시계를 세 바퀴 돈 뒤에야 체호프의 사망을 선언한다. 의사가 떠난 뒤에는 벨보이가 장미 세 송이를 가지고 들어온다. 이 벨보이는 "잔들, 얼음 버킷, 그리고 쟁반" 이 세 가지를 가지러 왔다. 이것은 영원한 삼위일체 신의 자리에 일시적인 세속적 즐거움의 사물들을 대신 채워 넣은 것 아니겠는가.

　　그러나 이 작품에서 장난기에 가까워 보이기도 하는 이런 시도보다 훨씬 더 중요한 것은 크니페르와 벨보이 청년이 마주하고 선 마지막 장면의 묘사다. 크니페르는 러시아인이고 벨보이 청년은 독일인이다. 두 사람은 지금 프랑스어로 의사소통을 하고 있는 것으로 보인다. 크니페르가 "그러니까, 체호프 씨가 죽었어요. Comprenez-vous? 젊은이? 안톤 체호프가 죽었다고요. 이제 내 말을 잘 들어요"라고 말한 뒤 청년의 손에 돈을 쥐여주고 장의사를 불러오라는 심부름을 시키는데, 청년은 "무언가 잘못됐다는 것"을 느낄 뿐이다. 청년은 이미 열려 있는 방문을 통해 다른 방 안에 누군가가 "완벽하게 아무런 움직임 없이, 그리고 조용하게" 침대에 누워 있는 것을 봤는데, 다시 그 방 안을 들여다보지 않기로 마음먹는다. 가슴이 빨리 뛰고 이마에는 땀이 배어나온다. 청년은 눈을 어디에 두어야 할지 모르겠고, 들고 있던 화병을 어딘가에 내려놓고 싶다. 그러니까 두 사람은 지금 의사소통이 원활하지 않은 것이다. 청년이 간신히 고개를 끄덕이자 크니페르는 청년이 호텔 밖으로 나가 장의사를 불러오는 것을 상상한다. 청년은 장의사의 문을 세 번(역시나) 두드릴 것이며, 장의사는 '체호프'라는 말을 듣고 곧 젊은이를 따라나서겠다고 결심하게 될 것이다. 크니페르는 말한다. "이제 모든 게 준비됐어요. 우리는 준비됐어요. 갈 거죠?" 그러나 그 질문에 대해 카버는 이렇게 쓴다. "그 순간 그 젊은이는 아직 자기 발끝 가까운 데 놓여 있는 코르크에 대해 생각하고 있었다."

이 결렬에 대해 생각해보자. 체호프는 다른 방 안에서 시체가 되어 누워 있고, 그의 아내는 현관에서 벨보이에게 심부름을 시키기 위해 애쓰고 있지만, 어젯밤과 달리 멀끔하게 차려입은 그 벨보이는 자기 발치의 코르크 마개만을 생각하고 있을 뿐이다. 크니페르는 이제 모든 것이 준비됐다고 말하지만, 그것은 스스로에게 하는 말일 뿐이다. 이 세 사람은 세 개의 잔보다 더 따로따로 놓여 있다. 앞서 슈뵈러 의사가 방을 나가는 장면을 두고 "방을 나섰고, 그렇게 해서, 역사로부터 떠났다"라고 쓴 것을 기억하는가? 그가 떠나고 난 뒤 역사의 모습이 바로 이 결렬이다. 영원한 정신을 대체한 일시적 존재들의, 불통의 삼위일체. 「대성당」에서 여러 겹으로 이질적인 두 존재가 화합해서 그려낸 세계의 모습과는 완전히 다른 것인데, 이것이 이후 카버가 보여주었을 세계였을까? 혹은 그 두 이질적인 세계 사이의 진자 운동이 그것이었을까? 우리로서는 이제 영영 알 수 없게 되었다.

나의 죽음에 부쳐

이 작품에 죽음의 그림자가 짙게 드리워져 있다고 느끼게 되는 것은 꼭 카버의 마지막 단편소설이라는 것을 이미 알고 있기 때문만은 아니다. 카버는 1986년 무렵에 받은 신체검사에서 정상이라고 진단받았지만, 이미 자신의 폐에 문제가 있다는 것을 느끼고 있었다. 주변 사람들도 그의 숨소리가 정상이 아니라는 것을 알고 걱정하고 있었다. 카버는 그가 항상 죽음을 의식하고 있음을 보여주는 시들을 여러 편 썼다. 그중에서도 「나의 죽음」은 자신이 언젠가 직면하게 될 죽음의 순간에 대해 다루고 있다. 이 시는 흥미롭게도 「누가 이 침대를 사용하고 있었든」에서 화자가 자기의 죽음에 대해 가지고 있던 태도(수명 연장 장치를 끄지 말아달라고 하던)를 그대로 반복해서 보여준다.

> 만약 내가 운이 좋다면, 온갖 줄을 다 꽂은 채 병원 침대에
> 누워 있겠지. 튜브가 내 코로도
> 기어들어가고. 하지만, 친구들, 겁먹지 마!
> 지금 얘기해두지만 그거 다 괜찮아.
> 마지막 순간에 그 정도는 요구할 수 있지.

누군가가, 그랬으면 좋겠는데, 모두에게 전화를 돌려서
이렇게 말하겠지, "빨리 와, 얼마 못 갈 것 같아!"
그러면 다들 오겠지. 그러면 나로서는 작별 인사를 할 시간이
생길 거야, 내가 사랑하던 이들 한 사람 한 사람에게.
　　　　—「나의 죽음」, 『두 개의 물이 하나로 합쳐지는 곳』, 106쪽

　시는 이런 식으로 죽음을 앞둔 상태에서의 구체적인 작별의 모습
을 하나하나 세세하게 그려낸다. 사람들은 "용기를 내"라거나 "다
괜찮을 거야"라고 말을 건넬 것이고, 화자는 그들의 말대로 모든 게
괜찮을 것이라고 한다. 눈을 감았다 뜨는 것으로 "그래, 들었어. 무
슨 말인지 알겠어"라고 하거나 심지어 "나도 널 사랑해. 행복해" 같
은 뜻까지 전할 수 있기를 바란다. 설령 그런 작별 인사를 나눌 기회
조차 없이 빨리 의식을 잃게 되더라도 자기가 그들을 얼마나 사랑
했는지, 함께 있는 것을 얼마나 좋아했는지, 그들 때문에 얼마나 행
복했는지 알아달라고, 너무 슬퍼하지 말아달라고 쓴다. 화자는 이
시를 1984년 4월에 쓰고 있다고 본문 중에 못 박으면서, 자신이 친
구들과 가족들이 보는 가운데 눈을 감을 수 있어서 다행이라 생각
해달라고 주문한다. 이 시에서 그가 바라보는 죽음은 필연적인, 그
러나 부조리성으로 가득찬 그의 문학 속 결별과는 달리 삶에 대한
감사의 인사를 전할 기회처럼 보인다. 카버의 이런 태도는 그가 암
에 걸렸다는 것을 알게 되고, 치료가 실패한 후 죽음을 앞두고 쓴
「그레이비」나 「말엽의 단편」 같은 일련의 시에서도 일관되게 드러
난다. 이것을 그가 삶에 굴복하지 않았을 뿐만 아니라 자신의 전부

였던 문학에도 굴복하지 않은 증좌라 볼 수 있지 않을까?

카버의 남겨진 집들을 찾아

카버와 갤러거는 포트앤젤레스에 갤러거가 오래전에 사놓은 집을 포함해서 모두 세 채의 집을 소유하고 있었다. 첫 번째 집은 너무 작아 갤러거가 와 있을 경우 카버가 작업할 수 있는 공간이 필요했다. 두 번째 집은 그래서 마련한 것이다. 세 번째 집은 두 사람이 오래 살 집을 가지고 싶어 했기 때문에 장만한 것이다. 카버는 마지막 집을 무척 자랑스러워했지만, 그 집에서는 결국 1년 남짓밖에 살지 못하고 세상을 떠났다.

집이 세 채가 아니라 열 채라 하더라도 주소 없이 찾을 수 있는 방법은 없다. 갤러거는 이미 나와 만나고 싶지 않다는 의사를 밝혔기 때문에 아쉽지 않은 것은 아니었지만, 카버가 마지막 몇 해를 보낸 그 집들을 찾는 것은 포기하고 있었다. 대신 그의 흔적이 남아 있을 법한 지역 도서관을 찾아갔다. 포트앤젤레스도서관은 실내가 시원하게 툭 트여 있는 단층 구조였다. 따로 카버를 위한 서가는 없었지만, 갤러거가 기증해서 만들어진 레이먼드 카버 룸이 도서관 입구에 따로 있었다. 그 방은 카버를 위해서가 아니라 카버의 이름으로 지역 주민들을 위해 만들어진 공간이었다. 내가 찾아갔던 날 그 방에서는 소방서원들이 주민들을 대상으로 해서 응급조치법을 가르치고 있었다. 그런 식으로 주민들에게 실질적인 도움을 줄 수 있는 강의나 모임이 항시적으로 열리고 있었다.

포트앤젤레스는 한 해 재산세가 집값의 1.25퍼센트에 달한다. 따라서 세를 놓기도 어려운 집을 세 채나 유지하기 위해서는 상당한 규모의 지출을 감수해야 한다. 이렇게까지 해가면서 카버의 흔적을 고스란히 보존하고 있는 칠순 노파의 마음이란 어떤 것일까? 이런저런 생각을 하면서 세 개의 주소지를 찾아 나섰다. 기왕 여기까지 온 김에, 기왕 주소를 알게 된 김에, 그냥 분위기나 살피자는 생각이었다.

첫 번째 집은 마당 저 안쪽에 들어앉아 있어서 굳이 들어가보고 싶은 마음이 나지 않았다. 혹시라도 갤러거를 마주치기라도 하면 형편이 궁색해질 것 같았다. 이미 두 개의 다른 채널을 통해 접촉해 봤지만 모두 만나고 싶지 않다고 한 사람을 억지로 쫓아다니는 꼴이 되는 셈이니 말이다. 지도상으로 보아 집 뒤쪽은 바다와 면하고 있을 것이다. 아마 카버가 '스카이 하우스'라고 부르던, 갤러거가 혼자 살 때 사놓은 작은 집이 아닌가 싶었다.

두 번째 집은 바닷가에서는 조금 떨어져 있지만 언덕 위에 높이 솟아 있다. 역시 창문을 통해 바다가 내려다보이는 위치에 있었다. 평전에 묘사되어 있는 것처럼 "과실수가 있는 마당을 말뚝 울타리로 두른" 모양이 아니어서 긴가민가하면서 언덕을 오르다가 재미있는 물건을 발견했다. 창문이 있던 자리를 막고 마무리를 하다 말았는지, 벽면 한 부분의 내부 미장이 끝나지 않은 차고 속에 들어 있는 오래된 승용차였다. 백랍회색의 메르세데스 300D 터보 디젤. 1983년에 카버가 맨발에 슬리퍼를 꿰고 가서 현금을 주고 사왔다

던 그 차였다. 혹시나 해서 인터넷으로 확인해보니 1981~1985년
사이에 생산 판매된 모델이었다. 물론 다른 사람의 소유일 수도 있
겠지만, 갤러거의 소유로 되어 있는 집 차고에 들어 있는 32년 된
동종의 차가 다른 사람의 차일 가능성은 거의 없을 것이다. 나는
그 자리에 서서 한참 동안 차의 뒷모습을 쳐다봤다. 그의 무덤을
두 번이나 다녀왔고, 그가 잘 다니던 바닷가 선착장이며 강변을 걸
어 다녔지만 그것들이 그의 삶과 구체적으로 연결되어 있다는 느
낌은 한 번도 받아본 적이 없었다. 그런데 저 차, 그가 「그 차」라는
시에서 다양한 고물 차들의 기나긴 행렬 끝 마지막 부분에 "저 뒤
주차장에서 기다리고 있는 / 내가 꿈꾸던 차. / 내 차"라고, 점잖지
못하게 캘리포니아인의 벅찬 감정을 숨기지 못하고 써놓은 그 차
를 보는 순간 느닷없이 그의 육체가 느껴지는 것 같았다. 작가의
작품과 그가 남긴 흔적들 사이에는 별 의미 있는 관계가 없다고 생
각하는 편이었는데, 막상 오래된 차를 보며 그런 느낌을 받고 보니
기분이 묘했다. 그가 평생 얼마나 많은 시간을 길 위에서 보냈고,
차 때문에 얼마나 골머리를 앓았고, 저 차를 갖고 나서 얼마나 즐
거워했는지에 대해 이런저런 증언을 접했기 때문이겠지만, 물건으
로 남은 흔적이라는 게 이렇게 강력한 것임을 실감했다고나 할까.
심지어 뒷좌석에 하늘색 휴지통이 있고 거기서 휴지가 조금 뽑혀
나와 있는 것도 그냥 봐넘겨지지 않았다. 저것은 대체 얼마 전부터
저기에 있어온 물건일까? 갤러거가 아직도 저 차를 이용하고 있는
걸까? 아니면 그 옛날부터 그냥 그 자리에 멈춰 서 있어온 걸까?
어쩔 수 없이 헛웃음이 조금 나왔다. 물론 카버의 유품들이 그가

사용하던 방 안에 그대로 남아 있다는 이야기는 여기저기서 들었다. 그러나 하필이면 지금 내 눈 앞에 보이는 것은 그의 글로부터 가장 먼 거리에 있는 것 같은, 마치 졸부의 상징 같은 '벤츠 300'이다. 현금을 주고 '벤츠'를 사서 만나는 사람마다 붙잡고 자랑하던 카버라니. 토바이어스 울프는 태어나서 처음으로 부와 명성이라는 것을 누리던 시절의 카버에 대해 샘 햄퍼트와 한 인터뷰에서 이렇게 말했다. "명성이라는 것은 깃털처럼 가벼운 거지만 그것을 잘 감당할 수 있는 사람은 많지 않다고 장자가 말했는데, 카버는 아주 잘 감당했어요. 카버는 좋은 일에 대해서는 아이처럼 좋아하고 즐기다가 아이처럼 곧 잊어버렸어요."

혹은 이게 카버의 말대로 '그레이비'이기 때문일 수도 있겠다. 오랫동안 다양한 종류의 불길 속에서 구워진 인생에, 그렇게 구워진 대가로 한 국자 끼얹어진 약간의 위로. 굳이 그런 것은 허망한 것이라고 누구도 콕 짚어서 말하고 싶지 않은, 아슬아슬한 달콤함.

세 번째 집은 입구가 숲으로 가려져 있어서 어떻게 생겼는지 짐작조차 하기 어려웠다. 그러나 그곳이 카버의 마지막 집이라는 것은 금세 알 수 있었다. 벽돌 기둥 위에 놓인 우체통에 갤러거와 카버, 두 사람의 이름이 큼지막하게 붙어 있었기 때문이다. 카버가 세상을 떠난 것이 1988년. 저 글씨 스티커들은 불과 1년 만에 주인을 잃고 그 후로 거의 30여 년을 그 자리에 붙어 있었던 셈이다. 그 집에서 세상을 뜨기 얼마 전에 카버는 「필요 없는」이라는 시를 썼다.

테이블에 빈 자리가 있군.

카버의 마지막 집 앞에 있는 우체통

우체통에 카버와 갤러거의 이름이 큼직하게 붙어 있다. 카버는 마지막으로 장만한 집을 자랑스러워했지만, 그곳에서는 불과 1년밖에 살지 못하고 눈을 감았다.

누구 거지? 누구 거겠어? 내가 지금 누굴 속여보겠다는 거야?

배가 기다리고 있어. 노도

바람도 필요 없는. 열쇠는

같은 자리에 뒀어. 어딘지 알지.

기억해줘 나 그리고 우리가 함께한 모든 일들.

이제, 날 꼭 안아줘. 그래 그렇게. 키스해줘

진하게 입술에. 그렇지. 이제

날 보내줘, 내가 가장 사랑하는 이여. 가게 해줘.

우린 이번 생에서는 다시 만나지 못할 거야,

그러니 이제 작별의 키스를 해줘. 자, 다시 해줘

한 번 더. 그래. 이제 됐어.

이제, 내가 가장 사랑하는 이여, 가게 해줘.

떠날 시간이야.

　　―「필요 없는」,『폭포로 가는 새로운 길』, 119쪽

　카버는 자기 운명을 속이는 것을 포기하고 이제 자기를 보내달라고 했지만, 남은 이들은 그렇게 하지 않았다. 카버는 그가 「말엽의 단편」에서 썼듯이, 자신이 평생 원해온 대로 스스로를 사랑받은 인간이라고 일컬을 수 있었고, 사랑받았다고 느낄 수 있었다. 그가 평생의 삶을 통해서 성취한 것이 그 사랑이라면, 그가 세상을 두고 아주 떠난 뒤에도 남겨진 사람들은 그에 대한 사랑을 다시 자기들 삶의 한 부분으로 삼았다.

알프레도, 너 어디 있니?

시집 『폭포로 가는 새로운 길』을 위해 물살을 거슬러 오르는 연어의 이미지를 그렸던 화가 알프레도 아레구인도 그런 사람 중 하나다. 시애틀 시내에서 조금 떨어진 곳에 있는 그의 집에서 만난 아레구인은 카버와 처음 만났던 때의 일을 정확하게 기억하고 있었다. 때는 1980년이었고, 아레구인은 알코올의존증에 깊이 빠져 있는 상태였다. 워싱턴주립대학 시절부터 알고 지내던 갤러거가 두 사람을 소개해주었다. 아레구인은 카버를 보면서 본인도 술을 끊었다. 그는 카버를 회상하면서 이렇게 말했다.

그때 우리는 서로를 아주 잘 알았어요. 그때는 그렇게 생각하지 않았지만, 지내놓고 보니 그래요.

나도 그것이 어떤 것인지 안다. 그 말을 듣는 순간 떠오르는 얼굴들이 몇 있었다. 카버는 「메누도」를 쓰면서 아레구인이 메누도를 만드는 방법에 대해 이야기해준 것을 거의 그대로 받아 적다시피 했다고 한다. 이 작품에는 '나'가 알코올의존증이 심한 이로 나오고, 알프레도가 '나'를 위해 메누도를 만들어준다. 그러나 카버와 이레구인이 만났을 때는 사실은 그 반대의 처지였다. 이야기 속에서는 알프레도가 '나'에게 지금 어려운 처지에 처해 있는 것을 안다고 하면서 이렇게 말한다.

너 내 얘기 들어. 내가 하는 얘기 잘 들어. 지금은 내가 네 가족이야.
—「메누도」,『내가 전화를 거는 곳』, 467쪽

알프레도는 이렇게 말한 뒤 이것을 먹으면 마음을 가라앉히는 데 도움이 될 것이라고 하면서 메누도를 만들기 시작한다. 사실인 즉 카버는 이미 알코올의존증에서 빠져나와 있고 아레구인이 알코올 때문에 곤경에 빠져 있는 입장이었다. 그러나 이야기 속에서는 알프레도가 카버를 도와준 것으로 그려놓았다. 그 선한 의도, 치유의 의도라고 할 수 있는 글을 써준 그때의 우정에 대해 아레구인은 30여 년이 지난 뒤에도 깊이 감사하고 있었다. 그 이야기의 주인공 "나"가 알프레도가 메누도를 만들어주던 것을 회상하는 장면은 "나"가 정원으로 통하는 문을 열고 나가면서 "알프레도, 너 어디 있니?"라고 생각하는 것으로 끝난다. 아레구인은 이 문장 또한 그렇게도 고마웠다고 했다. 이 문장은 한때 알코올의존증 중환자였다가 회복된 카버가 당시 알코올의존증에서 벗어나려고 애쓰고 있던 아레구인을 찾는 음성이었고, 동시에 어떤 식으로든 아레구인을 도와주려는 시도였다. 최소한 아레구인 본인은 그렇게 믿고 있었다. 카버가 자기를 도와주기 위해 일부러 자기를 실명으로 등장시켰다고. 그 우정 어린 호명은 실제로 치유의 힘을 발휘했다. 아레구인은 알코올의존증에서 벗어나 다시 그림을 그리기 시작했다. 카버가 암에 걸렸다는 것을 안 뒤에는 물살을 거슬러오르는 연어들을 그려 〈영웅의 여행〉이라는 제목을 붙여 그 그림을 카버와 갤러거의 결혼 기념으로 선물했다. 카버는 받고 난 뒤에 위에서 인용한「필요 없는」

과 「말엽의 단편」을 비롯한 다섯 편의 시를 더 써냈다. 그리고 곧 세상을 떠났다. 갤러거는 카버의 사후에 나온 시집 『폭포로 가는 새로운 길』 하드카버 앞뒤 표지의 배접지에 이 그림을 인쇄해 넣었다. 아레구인은 카버가 세상을 떠난 뒤에 자기가 잘 "안다"고 생각한 그 존재를 초상화로 옮겼다. 한 번은 연어들과 함께, 한 번은 글씨들과 함께. 그는 연어들로 그려진 초상에 〈레이의 유령 물고기〉라는 제목을 붙였고, 카비의 시 〈내 배〉의 텍스트를 입힌 또 다른 초상에는 〈내 친구 레이〉라는 제목을 붙였다.

사랑이라는 이름의 부드러움과 광기

카버는 1988년 8월 2일 해가 뜬 직후, 그가 포트앤젤레스의 릿지 하우스라고 부른 마지막 자택에서 조용히 세상을 떠났다. 그가 남은 생을 보내길 원한 집이었다. 카버는 그 집에서 8개월이 조금 넘게 살았다. 갤러거는 아일랜드 풍속대로 시신의 옷을 정장으로 갈아입힌 뒤 침대에 눕힌 채 식당으로 옮겨서 그곳에서 경야를 치렀다. 보존 처리를 하지 않은 시신에서는 이틀째부터 냄새가 나기 시작했다고 한다. 카버는 8월 4일에 입관되어 매장지인 오션뷰공동묘지로 옮겨졌다.

카버가 묻혀 있는 오션뷰는 포트앤젤레스와 엘와강의 가운데쯤, 이름에 걸맞게 조용한 바닷가 절벽 위에 위치해 있다. 맑은 날에는 해협 너머로 캐나다 땅이 보인다. 소박한 묘비와 판석들 사이에서 검은색 화강암 벤치와 두 개의 커다란 화강암 패널이 놓여 있는 카버의 무덤은 쉽게 눈에 띈다. 두 개의 커다란 패널들 사이에 놓여 있는 가운데 작은 패널에는 시 「그레이비」가 음각되어 있다. 아마도 그 밑에 카버의 시신이 묻혀 있을 왼쪽의 커다란 화강암 패널에는 그의 이름과 생몰 연월일, '시인, 단편소설 작가, 에세이스트'라고 줄을 바꿔가며 새겨진 밑에, 카버가 마지막으로 쓴 시 「말엽의 단편 Late Fragment」이 음각되어 있었다.

> 어쨌거나, 이번 생에서 원하던 걸
> 얻긴 했나?
> 그랬지.
> 그게 뭐였지?
> 내가 사랑받은 인간이었다고 스스로를 일컫는 것, 내가
> 이 지상에서 사랑받았다고 느끼는 것.
> ─「말엽의 단편」, 『폭포로 가는 새로운 길』, 122쪽

'시인'이라는 타이틀이 단편소설 작가 앞에 놓여 있다는 것이 이채로웠다. 아마도 시인인 갤러거의 관점에서 본 것이 아닐까 싶다. 그리고 이미 읽어본 적이 있는 시지만, 막상 무덤의 패널에 새겨져 있는 형태로 보니 그 제목이 새삼 눈에 들어왔다. 'Last'가 아니라 'Late'였구나. 이 간단한 형용사는 '늦은' '뒤늦은' '말년의' 등을 뜻하고, 'father'나 'mother'처럼 관계를 지칭하는 명사 앞에 오면서 '사망한'이라는 뜻으로 쓰이기도 하는데, '단편' '조각' '편린'이라는 뜻의 명사 'fragment'와 함께 쓰이면서 매우 아리송한 것이 되었다. 쓰고

자 했던 글(시)이 있는데 그것이 말년의 이야기를 담고 있는 것이었고, 그중 한 조각만을 쓸 수 있었다는 것인지, 뒤늦게 깨닫게 된 한 조각의 생각이라는 것인지. 그러나 제목을 무엇으로 옮기든 본문의 뜻은 매우 명확했다. 그 돌 밑에 누워 있는 사내는 스스로에게 '너는 사랑받은 인간이었느냐?'고 물었을 때 그렇다고 대답하고 싶어 했다는 것. 그리고 그것을 성취했다고 느끼고 싶어 했다는 것. 그럼 그가 성취한 사랑은 무엇인가? 그에게 사랑이란 과연 무엇을 의미하는 것일까?

이제 드디어 이 책을 마무리할 무렵이 되어, 난 지금 며칠째 그가 마지막으로 말한 '사랑'이란 말을 이리저리 궁글리고 있다. 처음 이 책을 시작할 때 나는 "자연스럽게 붙어 있어야 할 '삶'과 '사람'과 '사랑'이 결렬되고 또 말라붙고, 그래서 고통받은 것이 카버의 삶이고, 그 고통의 기억이, 그 결렬의 봉합 가능성을 보려 한 것이 그의 문학이라고 생각한다"라고 썼다.

카버는 초기부터 시작해서 글을 써온 기간 내내 부부 사이의 이야기를 여러 차례 다루었다. 출세작이라고 할 수 있는 「제발 조용히 좀 해요」에서는 랠프와 메리언 부부 사이의 윤리가 잠식되는 양상을 세밀하게 묘사한다. 이 이야기에서 제일 흥미로운 것은 이야기의 상당 부분을 차지하고 있는 남편 랠프의 의심과 질투, 분노에 관한 이야기보다 아내 메리언의 이야기다. 이 이야기는 메리언이 별다른 이유 없이 2~3년 혹은 4년 전의 파티에서 있었던 이야기를 꺼내는 것으로 시작된다. 그때 메리언은 술을 더 사오겠다고 어느 남자와 같이 나가 그 밤이 거의 다 지난 다음에야 돌아왔다. 두 사람은 그날 밤에 대한 이야기를 묻어놓고 지내왔다.

카버는 이 작품에서 당시 아내였던 메리앤과 거의 발음이 같은 이름 '메리언'을 사용해서(스펠링은 다르다. 카버의 실제 아내의 이름은 'Maryann'이고, 작품 속 아내의 이름은 'Marian'이다) 이 이야기가 사실과 얼마나 부합하는지를 두고 주변 사람들의 궁금증을 자아냈다. 그나저나 작품 속 메리언은 불륜에 대한 고백으로 이어지는 이 이야기를 왜 갑자기 끄집어낸 것일까? 이 질문에 대해 그녀가 내놓은 대답은 "왜 생각났는지 모르겠어"이다. 그냥 그날의 일이 생각이 나서. 그러나 이 '그냥' 뒤에는 정말 아무런 이유도 숨어 있지 않은 것일까? 그것이 메리언이라는 인물의 윤리성이라고 짐작해볼 수는 있을 것이다. 자신이 한때 부부 관계를 배신하는 짓을 저질렀고, 그것은 명백히 부부의 윤리를 저버리는 행위였지만, 그 배신을 오랫동안 은폐하는 비윤리성까지는 도달하지 못하는 것이 바로 메리언의 윤리성일 것이다. 그렇게 해서 랠프가 못 견뎌 하는 것에는 메리언의 비윤리성뿐만 아니라 윤리성 또한 포함된다. 부부의 윤리를 저버린 아내뿐만 아니라, 정직이라는 개인 윤리를 회복한 아내 또한 견딜 수 없게 된 것이다. 즉 모든 것을 견딜 수 없게 된 것이다. 밤새 방황하고 돌아온 랠프가 목욕탕 안에 스스로를 가둔 채 자기 이름을 부르는 메리언에게 "제발 조용히 좀 해, 제발"이라고 하는 이유가 바로 그래서일 것이다. 랠프는 메리언이라는 존재를 최소한 그 순간에는 견딜 수 없다. 그러나 자신의 면모 전체를 드러낸 메리언은 이제 자유롭다. 처음 이 이야기가 나왔을 때 랠프는 메리언을 추궁하면서 코너로 모는 입장에 있었지만, 밤 사이에 두 사람의 관계는 완벽하게 역전된다. 메리언이 자신의 비윤리성을 드러내는 윤리성으로 인해 자유로워지고, 따라서 자기 자신으로서 존재할 수 있는 권리를 얻었다면, 랠프는 완전한 타자이자 자신보다 추상적으로 낮은 곳에 속한 '깜둥이', 그것도 키 작은 깜둥이로부터 구체적으로 두들겨 맞고 집으로 돌아온다. 그러나 그의 집은 어젯밤에 떠났던 그 집이 당연히 아니다. 메리언이 남아 있는 한 그의 집은 더 이상 자신이 장악하고 있는 공간이 아니다. 여전히 그에게 유일하게 남겨져 있는 공간이지만 동시에 그의 위축된 실체가 드러나는 공간이다. 그는 화장실로 숨어든다. 단편 「보존」의 남편이 아내와 그랬던 것처럼 랠프는 메리언과의 교집합이 0인 상태를 유지할 수밖에 없게 된다. 이때 메리언이 이 교착 상태를 타개할 해결책으로 선택하는 것은 섹스다. 그리고 랠프는 그것을 받아들인다. 랠프는 그 순간 자기 위로 "불가능한 변화"가 덮쳤다고 말하지만, 아마 그 후로도 그들의 결혼 생활은 이어졌을 것이다. 이것은 무엇일까? 이것 또한 사랑일까?

카버가 '사랑'이라는 말을 소설에서 처음으로 전면에 내세운 것은 「사랑을 말할 때 우리가 이야기하는 것」이었다. 이 작품에서는 두 커플이 함께 술을 마시면서 대화를 나누는데, 이들 모두는 이미 전에 결혼이나 동거를 한 경험이 있다. 의대에 가기 전에 신학을 공부했던 적이 있는 심장외과 전문의인 멜 맥기니스는 "진정한 사랑이란 영적인 사랑보다 모자랄 게 없는" 것이라고 믿고 있다. 그의 아내 테리는 멜과 만나기 전에 같이 살았던 남자가 자기를 너무나 사랑한 나머지 자기를 죽이려 했고, 심지어 자살 시도까지 했다는 이야기를 꺼낸다. 멜은 이 이야기를 듣자 인상을 쓰며 웃는다. 이 모습을 본 테리는 그 상황을 더 구체적으로 묘사하고 나서 "이런 사랑에 대해서는 대체 어떻게 해야 하죠?"라고 묻는다. 다른 사람들이 무어라 답하기 전에 멜이 나서서 그것은 절대 사랑이라고 볼 수 없다고 말한다. 술자리는 계속 이어진다. 그동안 사랑이라는 단어는 여러 번 반복된다. 화자의 아내 로라는 "닉과 저는 사랑에 빠져 있어요"라고 말한 뒤 화자의 동의를 구하면서 무릎을 부딪쳐온다. 화자가 아무 반응이 없자 로라는 "이제 당신이 뭐라고 말을 해야지"라고까지 하지만, 화자는 여전히 아무 말을 하지 못하고 조금 있다가 그녀의 손을 들어 거기에 입을 맞춘다. 그러고는 덧붙인다. "우린 운이 좋아요."

운이 좋아서 하게 되는 부드러운 사랑과 사랑이라는 이름의 광기, 이 두 가지 양극단의 사랑을 배경으로 해서 멜은 사실 우리 모두는 이미 한번 사랑에 빠져봤지만 그것을 잃어본 경험이 있는, 그러면서 한때 목숨보다 더 소중했던 사랑이 어떻게 사라지게 되었는지도 모르는 풋내기들이라고 말한다. 그렇다면 지금 각자가 다르게 말하고 있는 사랑이란 도대체 무엇이겠는가. 그는 모르겠다고 말한다. 그러고 나서 이야기는 사랑하는 아내를 볼 수 없는 고통으로 인해 죽어가는 사내와, 그토록 사랑하던 전처를 죽이고 싶어 하는 마음, 눈앞에 앉아 있는 남의 여자에 대한 유혹으로 이어진다.

이때 사랑이란 무엇인가? 카버가 마지막으로 남긴 시에 쓴, 그가 얻었다고 선언한 '사랑'은 이런 것들과 같은 것인가? 다르다면 어떻게 다른가? 그 사랑은 "운이 좋아" 얻은 따뜻한 어떤 것인가? 대상을 죽이고 싶을 정도로 집착했던 광증인가? 앞자리에 앉은 친구 아

내를 향해서도 순간적으로 느끼게 되는 육체적인 이끌림인가? 그
것이 결핍되는 순간 죽음에 이르도록 만드는 것인가? 이 모든 것이
었다가 어느 순간 다 사라져버리는 어떤 것인가? 이 모든 것인가?
우리는 카버가 이 모든 종류의 사랑을, 최소한 그의 상상 속에서는
모두 경험했다는 것을 알고 있다. 그렇다면 카버가 "사랑받았"다고
한 것은 마치 삶에 대해 알겠다, 삶을 다 겪었다는 것과 같은 뜻일
까? "사랑받은 인간이라고 스스로를 일컫는 것, 이 지상에서 사랑
받았다고 느끼는 것." 저것이 과연 무슨 뜻일까? 사랑에 대한 우리
의 상상력은 결렬에 대해서는 예민하게 작동하지만, 그것이 이루어
졌다는 말에 대해서는 쉽게 납득하지 못한다. 아직 겪어야 할 날이
많이 남은 것일지도 모르겠다.

　카버의 묘지에 있는 검은 화강암 벤치 옆에는 군대에서 쓰는 탄
약통처럼 생긴 철제 통이 놓여 있다. 철제 통만으로도 어지간히 방
수가 될 텐데 그 안에는 다시 비닐 봉투에 넣은 노트와 볼펜이 들어
있다. 갤러거가 "2015년 10월 17일에 시작"한다고 적어놓은 노트
가 들어 있었다. 내가 찾아간 것은 그로부터 불과 며칠 뒤였는데, 이
미 17일과 18일 자로 누군가가 메모를 남겨놓은 것을 보니 여전히
찾아오는 이들이 심심치 않게 있는 듯했다. 1988년 이후 몇 번째의
노트일까? 사람들은 여기저기 먼 곳에서 일부러 찾아와서 그들의
마음 한 조각을 남겨놓고 간다. 그 마음들을 다 합해보면 어쩌면 카
버가 남긴 마지막 말 "사랑"과 닮은 무언가가 나올지도 모르겠다.

레이먼드 카버 문학의 키워드

01 자연

카버가 어린 시절을 보낸 야키마는 산과 들과 강으로 둘러싸인 곳이다. 자연은 가난과 다툼이 지배하고 있던 집에서 벗어나는 탈출구가 되어주었고, 처음으로 글을 쓰고 싶다는 욕구를 불어넣어주었다. 카버는 자연 속에서 사냥과 낚시로 모험을 즐기면서 헤밍웨이처럼 그것에 대해 쓰고 싶어 했다. 나이가 들어가면서 사냥과 낚시는 그에게 휴식과 성찰의 도구가 되었다. 그는 그것을 통해 과거의 기억 속으로, 내면의 욕망과 혼란 속으로 들어갔다. 이는 고스란히 그의 시가 되었고, 다시 소설의 내밀한 바탕이 되었다.

야키마강과 협곡

02 가족

많은 이들이 그렇듯이 카버도 가족과 애증의 관계를 유지하면서 살았다. 아버지를 사랑했지만, 알코올에 빠져 있던 아버지는 가정 불안의 원인 제공자이기도 했다. 어머니는 두 형제를 돌보면서도 항상 일을 하면서 아버지의 무능력으로 인한 경제적 공백을 채우는 유능한 여성이었다. 하지만 카버와 그리 살뜰한 관계는 아니었던 것 같다. 카버는 훗날 홀몸이 된 어머니의 존재를 매우 부담스러워했고, 작품 속에서도 그 사실을 감추려 하지 않았다. 자신의 두 아이 역시 마찬가지였다. 카버는 아이들을 자기를 방해하는 '달라붙어 있는 것'으로 묘사했다. 만년에

카버 부부와 두 자녀

가서야 카버는 그동안 버려두다시피 했던 아이들과의 화해를 시도했지만, 딸은 할아버지와 아버지에 이어 3대째 알코올의존증 환자가 되었다. 결국 딸은 카버가 사망하고 얼마 있지 않아 그 뒤를 따랐다.

03 가난

카버는 마흔 살에 술을 끊고 동시에 구겐하임재단의 지원을 받게 되기 전까지는 평생을 가난 속에서 보냈다. 자동차가 없이는 꼼짝을 할 수도 없는 중부와 서부에서 제대로 굴러가는 차를 가져본 적이 없고, 전기가 끊기는 것을 걱정해야 하는 정도의 가난이었다. 메리앤이 하는 일이 잘되고 카버 또한 좋은 자리를 얻게 되면서 먹고살 만하게 되었던 적도 있지만, 곧 그런 편안함이 불편하기라도 한 것처럼 메리앤에게 일을 그만두게 하고 자신도 직업을 버리면서 다시 가난한 신세로 돌아갔다. 이 과정에서 카버는 두 번이나 개인 파산 신청을 했다. 한때 자기 집을 가졌던 적도 있지만, 그 또한 카버의 알코올의존증을 치료하는 비용을 대기 위해 처분해야 했다.

카버와 메리앤이 결혼식을 올렸던 성미카엘성공회교회

04 메리앤과 갤러거

카버는 열아홉 살에 열여섯 살의 메리앤과 결혼했다. 메리앤은 어린 나이에 두 아이를 연년생으로 낳았지만, 항상 카버의 글쓰기를 집안의 최우선 과제로 두고 헌신했다. 메리앤은 오랜 기간 돈벌이를 책임졌고, 그러면서도 틈틈이 대학에 다니면서 앞날을 준비했다. 또한 늘 카버의 첫 독자이기도 했다. 카버는 메리앤의 의견을 항상 새겨듣는 편이었다. 그는 메리앤을 사랑하고 의지하면서도 늘 의심했고, 그런 복잡한 관계를 여러 작품에서 드러냈다. 두 사람의 관계를 결정적으로 망친 것은 술이었다. 두 번째 아내인 갤러거 역시 메리앤처럼 강한 여성이었지만 방향은 달랐다. 갤러거는 자신과 카버의 작가로서의 커리어를 최우선 순위에 놓았다. 운이 좋게도 그녀는 카버가 술을 끊은 뒤에 만나 금주 상태를 유지하면서 글에 전념할 수 있도록 도와주었다. 그뿐만 아니라 카버 사후에도 작품이 살아남도록 최선을 다한다.

05 술

카버는 아홉 살 때부터 마흔이 될 때까지 술을 마셨다. 서른 즈음부터는 심각한 알코올의 존증 증세를 보이기 시작했다. 그의 알코올의존증은 서른여섯 살이 되던 해, 캘리포니아 주립대학 샌타바버라캠퍼스에서 강사를 할 때 최악의 상태에 이르렀다. 그는 샌타바버라에 도착하자마자 심각한 주정뱅이의 모습을 보이기 시작해서 불과 두 주 만에 경찰에 체포되는 지경에 이르렀다. 메리앤도 별반 다르지 않아서 이제 겨우 열여섯 살이 된 딸이 경찰 유치장과 정신병원에 수용되어 있는 두 사람을 찾아가 꺼내주어야 했다. 술은 또한 카버를 폭력적인 인간으로 만들었다. 메리앤을 거의 살해하는 지경까지 가기도 했고, 결국 자신도 죽음 일보 직전까지 몰고 갔다. 카버의 친구들은 실로 엉망진창이었던 이 시절의 그를 '달리는 개'라고 불렀다. 카버는 나중에 술을 끊은 뒤 이 시절의 자신을 '나쁜 레이'라고 불렀다.

06 고든 리시

카버의 편집자였던 고든 리시도 카버처럼 엘리트 코스와는 거리가 있는 길을 걸어왔다. 고등학교를 중도 포기한 뒤 이런저런 일을 하다가 문학에서는 변방이라 할 수 있는 애리조나에서 대학을 다녔고, 고등학교 교사를 하다가 작은 잡지를 운영하면서 문학 인생을 시작했다. 이를테면 독학 인생인 셈이다. 중앙의 대형 잡지인 《에스콰이어》 소설 부문 편집자로 들어가면서 '캡틴 픽션'이라 불리며 명성을 떨치기 시작했다. 리시는 《에스콰이어》를 통해 카버를 중앙 문단으로 끌어올렸고, 그의 주요 작품집 세 권을 모두 편집했다. 리시는 자신의 문학관에 대한 확신이 넘친 나머지 작가들의 작품에 과감하다 못해 재창작에 가까운 편집을 구사했다. 카버의 두 번째 작품집 『사랑을 말할 때 우리가 이야기하는 것』에 실린 작품들은 전체 분량에서 40퍼센트가량이나 들어내면서 카버에게 '미니멀리스트'라는 별명을 안겨주었다. 카버는 우여곡절 끝에 이 작품집의 편집을 받아들였지만, 다음 작품집인 『대성당』에서는 리시의 역할을 극도로 제한했다. 결과적으로 리시와 완전히 결별하고 만다.

07 더러운 리얼리즘

1983년, 영국에서 발행되는 문학지 《그란타》에서 미국의 새로운 문학 특집호를 만들면서 붙인 수식어다. 이 잡지에는 카버를 비롯해 리처드 포드, 토바이어스 울프 등 여섯 명의 미국 작가 단편을 수록했다. 대부분 삶이 불안정한 하층민의 이야기를 다루는 것이었다. 전통적인 리얼리즘이 노동하는 프롤레타리아트의 삶을 다루는 것이라면, 이 작품들은 룸펜 프롤레타리아트나 불안정한 시간제 노동자들의 거친 삶을 다룬다는 점에서 '더러운'이라는 수식어가 붙게 되었다. 하지만 정작 이들 중 대표 작가 격인 카버는 이런 세계로부터 가장 멀리 떨어져 있는 「칸막이 객실」이라는 작품을 실었다. 그는 이미 이런 범주적 규정으로부터 이탈하고 있었던 것이다.

더러운 리얼리즘은 주로 불안정한 노동자들이 처한 침체된 환경을 배경으로 한다 © Phillip Capper/Wikimedia Commons

08 작은 잡지

작은 잡지Little Magazine는 대학이나 소규모의 독립 잡지사들에서 발행하는 문학잡지들을 일컫는다. 2009/2010에 간행된 문학잡지 카탈로그에 따르면 약 1300개의 잡지가 등록되어 있다. 이것들은 미국의 문학 출판 생태계에서 가장 아랫단을 차지하면서 작가들의 등용문 구실을 한다. 미국에는 등단이라는 제도가 따로 없다. 그러므로 작가가 되려면 이런 잡지들에 작품을 발표하면서 꾸준히 경력을 쌓아나가야 한다. 카버에게 처음 문학을 가르친 존 가드너는 훌륭한 시의 거의 전부, 단편소설의 대부분이 이런 작은 잡지들을 통해 소개된다고 하면서 작은 잡지들을 많이 읽고 투고하라고 권장했다. 카버는 말년에 《뉴요커》 등의 대형 잡지에 작품을 싣는 저명 작가가 되기 전까지는 항상 이 작은 잡지들을 통해 작품을 발표해왔다.

09 아메리칸 체호프

체호프는 짧은 '이야기'들을 유머 잡지에 팔면서 작가로서의 이력을 시작했다. 그의 인물들은 하나같이 일상 속에서 큰 존재감이 없다. 그렇기 때문에 거대한 목적이라고는 없이 흔들리는 대로 삶에 대한 소극적인 질문을 던지면서, 그러나 그 질문들에 대한 대답을 기다릴 겨를도 없이 살아간다. 미국 문학에서 처음으로 체호프와 관련된 별명을 얻은 이는 존 치버다. 그는 1950년대 이후 급속히 확대되기 시작한 교외 지역의 군상들을 다루어 '교외의 체호프'라는 별명을 얻었다. 그의 인물들도 체호프의 작품 속 인물들의 부조리성을 그대로 가지고 있었다. 카버에게는 등장인물들의 그런

카버가 사랑한 작가 체호프(1902)

성격 외에도, 농노의 자손이라는 체호프의 신분적인 성격, 그리고 현대 단편소설의 형식을 완성했다는 체호프에 대한 문학적인 평가까지 덧입혀졌다. 그리고 무엇보다 카버는 체호프를 지극히 사랑했다. 그의 마지막 시집에는 체호프의 문장들을 빌려와서 조금 변형한 것들이 상당수가 실려 있다. 마지막 단편소설 또한 체호프의 마지막을 다룬 것이다.

레이먼드 카버 생애의 결정적 장면

1938 5월 25일, 미국 오리건주 클래츠카니에서 아버지 클레비 레이먼드 카버와 어머니 엘라 카버의 장남으로 태어나다.

1941 워싱턴주 야키마로 이주하다

야키마는 미국 북서쪽 워싱턴주 내륙에 위치한 소도시다. 카버는 이곳에서 고등학교까지 마친다. 광활한 산맥 아래에 위치하여 전통적으로 목재 산업과 과수 산업이 발달한 이곳은 카버의 뼈와 살과 피를 만든 곳이다. 카버는 궁벽한 이 소도시를 늘 떠나고 싶어 했지만, 이곳 노동자들의 삶은 훗날 그의 문학을 받쳐주는 소중한 자산이 된다. 야키마에서 보낸 어린 시절의 기억을 바탕으로 쓴 소설로는 「아무도 아무 말도 하지 않았다」 「60에이커」 「멍청이」 세 편이 있다.

야키마의 산맥 아래에 산재한 와이너리

1955 할리우드에 있는 파머작가학교에서 주관하는 통신 강좌에 등록하면서 글쓰기의 첫발을 내딛다.

1956 야키마고등학교를 졸업하고, 캘리포니아주 체스터에 있는 제재소에서 일하다.

1957 메리앤 버크와 결혼하다

2년 전 카버는 어머니가 웨이트리스로 일하는 도넛 가게에서 카운터로 일하고 있던 메리앤 버크를 처음 만난다. 카버는 열일곱 살, 메리앤은 열다섯 살이었다. 그러다가 메리앤이 10대의 나이로 임신하게 되면서 애초 변호사를 꿈꾸었던 그녀는 인생의 진로를 180도 바꾸어 카버와 결혼한다. 둘의 관계는 자신의 목숨보다 진한 사랑과 증오와 연민으로 점철되었지만, 카버가 작가가 될 수 있도록 헌신적으로 뒷받침해준 메리앤이 있었기에 오늘날의 카버도 있을 것이다.

젊은 시절의 카버와 메리앤

1958 캘리포니아주 파라다이스로 이사한 후 치코주립대학 영문학과에 들어가다. 10월, 아들 밴스 린지가 태어나다.

1959 치코주립대학에서 존 가드너를 사사하다

존 가드너

카버가 작가가 되기 위하여 처음으로 들어간 곳은 캘리포니아주 치코주립대학 영문학과다. 이곳에서 그는 존 가드너를 만나 문학 창작 수업을 듣는다. 가드너는 소설 창작에 필요한 기본자세뿐만 아니라, 읽어야 할 작가들과 작은 문학 전문지들을 두루 소개해준다. 일상적이고 단순한 언어를 사용할 것, 필요한 정보를 감추어두지 말 것, 묘사는 인물과 사건의 표면에 집중해서 정확하고 간결하게 할 것 등과 같은 가드너의 가르침은 대부분 카버의 소설 미학의 핵심 요소로 흡수된다.

1960	캘리포니아주 유리카로 옮겨 간다. 낮에는 아르카타에 있는 훔볼트주립대학에 다니고, 밤에는 제재소에서 일하다.
1963	훔볼트주립대학을 졸업하고, 대학원 과정인 아이오와대학 문예 창작 프로그램을 듣는다.

1964 대학 사회를 벗어나 처음으로 생활 전선과 마주하다

아이오와 생활을 1년 만에 접고 부모가 살고 있는 캘리포니아주 새크라멘토로 온 카버는 이제 제대로 된 직업을 구해야 할 때가 되었다. 그러나 영문학사 학위만으로는 쉬운 일이 아니었다. 그는 시내 백화점 지하에서 장난감 조립 일을 한다. 그러나 유통기한도 지난 재고 쿠키를 훔쳐 먹었다는 이유로 얼마 있지 않아 해고당하고 만다. 불안정한 생활이 이어지면서 술을 본격적으로 마시기 시작한다. 전기마저 끊길 정도로 생활고에 힘겨워하던 카버 가족은 결국 뿔뿔이 흩어지기에 이른다.

새크라멘토 시내

1965 새크라멘토 머시병원에서 청소부로 일하다.

1967 파산 신청을 하다. 6월, 아버지가 사망하다. 커트 존슨의 주선으로 캘리포니아주 팰로앨토에 있는 교재 출판사인 사이언스리서치어소시에이츠에서 일하게 되다. 동반자가 될 편집자인 고든 리시와 처음으로 만나다. 「제발 조용히 좀 해요」가 『1967년 전미 최우수 단편소설』에 수록되다.

1968 메리앤이 산호세주립대학 국제 교류 프로그램에 선정되면서 가족이 모두 이스라엘 텔아비브로 떠나다.

1971 메이저 잡지에 처음으로 작품이 게재되다

리시가 편집자로 있던 《에스콰이어》에 「이웃 사람들」이 게재된다. 중앙 문단에 소개되면서 카버의 작품은 본격적으로 주목받기 시작한다. 카버를 새로운 소설의 기수로 소개하려는 리시의 노력도 있었지만, 낭만적 열정으로 들끓던 1960년대가 퇴조하면서 환멸을 경험한 시대적 분위기도 한몫했다. 카버의 기이하게 현실주의적인 이야기를 받아들일 준비가 된 독자군이 서서히 형성되어간 것이다. 이와 함께 캘리포니아주립대 샌타크루즈 캠퍼스로부터 난생처음으로 강의 요청을 받는다. 대부분의 엘리트 작가들이 가는 길의 초입에 들어선 셈이다.

카버의 「이웃 사람들」이 수록된 《에스콰이어》 표지(1971. 6.)

1973 아이오와주립대학 초빙교수로 일하다. 존 치버와 만나다.

1974 샌타바버라대학 초청 작가로 일하게 되지만, 알코올의존증과 메리앤과의 불화로 연말에 사임하다. 두 번째 파산 신청을 하다.

1976 첫 소설집 『제발 조용히 좀 해요』를 출간하다.

1977 스스로를 격려하기 위해 캘리포니아주 맥킨리빌로 이사하다. 6월 2일, 금주를 결심하다. 텍사스주 댈러스에서 열린 문학축제에서 시인 테스 갤러거를 만나다.

1980   시러큐스대학에 정규직 교수로 부임하다

1월 말, 카버는 마흔한 살의 나이로 처음으로 정규직 교수가 된다. 그 자신의 표현처럼 "수많은 급커브들을 품고" 있던 그의 인생은 비로소 살 만해지게 되었다. 알코올중독의 암울한 터널을 지나왔고, 생애 후반부를 함께할 동반자도 옆에 있으며, 문학적으로도 『사랑을 말할 때 우리가 이야기하는 것』『대성당』에 들어갈 작품들을 모두 써내면서 전성기를 보냈다. 시러큐스에서의 삶은 이전과는 모든 면에서 달랐다. 카버는 이 새로운 인생을 놓치지 않겠다고 기회 있을 때마다 주변 사람들에게 다짐했다.

시러큐스대학

1981 크노프출판사에서 『사랑을 말할 때 우리가 이야기하는 것』을 출간하다.

1982 9월, 치코주립대학 시절 스승인 가드너가 오토바이 사고로 사망하다. 10월, 메리 앤 버크와 정식으로 이혼하다.

1983 카버 문학의 정수 『대성당』을 출간하다

『대성당』은 카버가 기존의 미니멀리즘 세계에서 벗어나 더 넓고 너그러운 세계로 접어들었음을 알려주는 작품이다. 익명의 타자였던 흑인을 통해 '남편'은 스스로 내면을 들여다보게 된다. 그리고 마침내 그들과 '공감'을 이야기하고, 공동으로 무언가를 만들어내는 지점에 이른다. 그것은 깊고, 높고, 풍성하고, 화해의 종소리가 울리는 세계다. 이 책은 전미도서상과 퓰리처상 후보에도 오른다. 한편 카버는 미국예술문학아카데미에서 제공하는 스트라우스 기금의 수혜자로 선정되면서 정규직 교수 자리에서도 과감히 물러난다.

「대성당」은 백인과 흑인이 함께 손을 그러쥐고 대성당을 그림으로써 익명의 타자와 화해하는 고양된 세계를 보여준다

1987 체호프의 죽음을 소재로 한 단편 「심부름」이 《뉴요커》에 실리다. 10월, 폐 절제 수술을 받다.

1988 애틀랜틱먼슬리프레스에서 『내가 전화를 거는 곳』을 출간하다. 8월 2일, 포트앤젤레스 자택에서 사망하다. 포틀랜드의 오션뷰공동묘지에 묻히다.

참고 문헌

Carver, Raymond, *A New Path to the Waterfall: Poems*, The Atlantic Monthly Press, 1989.

Carver, Raymond, *Beginners: The Original Version of What We Talk about When We Talk about Love*, Vintage Contemporaries, 2009.

Carver, Raymond, *Call If You Need Me: The Uncollected Fiction and Other Prose*, Vintage Contemporaries, 2001.

Carver, Raymond, *Cathedral: Stories*, Vintage Contemporaries, 1989.

Carver, Raymond, *Fires: Essays, Poems and Stories*, Vintage Contemporaries, 1989.

Carver, Raymond, *No Heroics, Please: Uncollected Writings*, Vintage Contemporaries, 1992.

Carver, Raymond, *Raymond Carver: Collected Stories*, eds. by William L. Stull and Maureen P. Carroll, The Library of America, 2009.

Carver, Raymond, *Ultramarine: Poems*, Vintage Books, 1987.

Carver, Raymond, *What We Talk about When We Talk about Love: Stories*, Vintage Contemporaries, 1989.

Carver, Raymond, *Where I'm Calling from: Stories*, Vintage Contemporaries, 1989.

Carver, Raymond, *Where Water Comes Together with Other Water: Poems*, Vintage Books, 1986.

Carver, Raymond, *Will You Please be Quiet, Please?: Stories*, Vintage Contemporaries, 1992.

스클래니카, 캐롤, 『레이먼드 카버: 어느 작가의 생』, 고영범 옮김, 강, 2012.

Bill Buford(ed.), *Granta: Dirty Realism New Writing from America*, Vol. 8, Granta Publications Ltd., 1983.

Carver, Maryann Burk, *What It Used to be Like: A Portrait of My Marriage to Raymond Carver*, St. Martin's Press, 2006.

Frederick Palmer, *Modern Authorship*, Palmer Institute of Authorship, 1924.

Gallagher, Tess, *Soul Barnacles: Ten More Years with Ray*, University of Michigan Press, 2000.

Gardner, John, *On Moral Fiction*, Basic Books, 1977.

Gardner, John, *The Art of Fiction: Notes on Craft for Young Writers*, Vintage Books, 1991.

Halpert, Sam, *Raymond Carver: An Oral History*, University of Iowa Press, 1995.

Morris, Ian and Diaz, Joanne(eds.), *The Little Magazine in Contemporary America*, The University of Chicago Press, 2015.

Polsgrove, Carol, *It wasn't Pretty, Folks, but Didn't We Have Fun?: Esquire in the Sixties*, Norton, 1995.

Stull, William L. and Carroll, Maureen P.(eds.), *Remembering Ray: A Composite Biography of Raymond Carver*, Capra Press, 1993.

사진 크레디트

클래식 클라우드 013

레이먼드 카버

1판 1쇄 인쇄 2019년 10월 30일
1판 1쇄 발행 2019년 11월 6일

지은이 고영범
펴낸이 김영곤
펴낸곳 (주)북이십일 아르테

문학미디어사업부문 이사 신우섭
아르테클래식본부 본부장 원미선
클래식클라우드팀 팀장 박성근
책임편집 임정우 클래식클라우드팀 김유진 김슬기
마케팅 도헌정 오수미 박수진
영업 김한성 오서영 이광호 제작 이영민 권경민

출판등록 2000년 5월 6일 제406-2003-061호
주소 (10881) 경기도 파주시 회동길 201(문발동)
대표전화 031-955-2100 팩스 031-955-2151

ISBN 978-89-509-8394-9 04000
ISBN 978-89-509-7413-8 (세트)
아르테는 (주)북이십일의 문학 브랜드입니다.

(주)북이십일 경계를 허무는 콘텐츠 리더

아르테 채널에서 도서 정보와 다양한 영상 자료, 이벤트를 만나세요!
유튜브 [클래식클라우드]를 검색하세요.
네이버오디오클립/팟캐스트 [클래식클라우드] 김태훈의 책보다 여행
네이버포스트 post.naver.com/classic_cloud
페이스북 www.facebook.com/21classiccloud
인스타그램 www.instagram.com/classic_cloud21